中国城市住房金融化论

Study on Financialization of Housing in Urban China

李 嘉 著

经济管理出版社
ECONOMY & MANAGEMENT PUBLISHING HOUSE

图书在版编目（CIP）数据

中国城市住房金融化论/李嘉著. —北京：经济管理出版社，2021.2
ISBN 978-7-5096-7818-3

Ⅰ.①中… Ⅱ.①李… Ⅲ.①住宅金融—研究—中国 Ⅳ.①F299.233.38

中国版本图书馆 CIP 数据核字（2021）第 038444 号

组稿编辑：宋　娜
责任编辑：宋　娜　张鹤溶　王东霞
责任印制：黄章平
责任校对：陈　颖

出版发行：经济管理出版社
　　　　　（北京市海淀区北蜂窝 8 号中雅大厦 A 座 11 层　100038）
网　　址：www. E-mp. com. cn
电　　话：（010）51915602
印　　刷：唐山昊达印刷有限公司
经　　销：新华书店
开　　本：720mm×1000mm/16
印　　张：16.5
字　　数：236 千字
版　　次：2021 年 3 月第 1 版　2021 年 3 月第 1 次印刷
书　　号：ISBN 978-7-5096-7818-3
定　　价：98.00 元

本书由中国博士后科学基金项目"住房金融化的空间差异与地方公共财政转型（2018M641039）"资助

序　言

　　博士后制度在我国落地生根已逾30年，已经成为国家人才体系建设中的重要一环。30多年来，博士后制度对推动我国人事人才体制机制改革、促进科技创新和经济社会发展发挥了重要的作用，也培养了一批国家急需的高层次创新型人才。

　　自1986年1月开始招收第一名博士后研究人员起，截至目前，国家已累计招收14万余名博士后研究人员，已经出站的博士后大多成为各领域的科研骨干和学术带头人。其中，已有50余位博士后当选两院院士；众多博士后入选各类人才计划，其中，国家百千万人才工程年入选率达34.36%，国家杰出青年科学基金入选率平均达21.04%，教育部"长江学者"入选率平均达10%左右。

　　2015年底，国务院办公厅出台《关于改革完善博士后制度的意见》，要求各地各部门各设站单位按照党中央、国务院决策部署，牢固树立并切实贯彻创新、协调、绿色、开放、共享的发展理念，深入实施创新驱动发展战略和人才优先发展战略，完善体制机制，健全服务体系，推动博士后事业科学发展。这为我国博士后事业的进一步发展指明了方向，也为哲学社会科学领域博士后工作提出了新的研究方向。

　　习近平总书记在2016年5月17日全国哲学社会科学工作座谈会上发表重要讲话指出：一个国家的发展水平，既取决于自然科学发展水平，也取决于哲学社会科学发展水平。一个没有发达的自然科学的国家不可能走在世界前列，一个没有繁荣的哲学社会科学的国家也不可能走在世界前列。坚持和发展中国特色社会主义，需要不断在实践中和理论上进行探索、用发展着的理论指导发展着的实践。在这个过程中，哲学社会科学具有不可替代的重要地位，哲学社会科学工作者具有不可替代的重要作用。这是党和国家领导人对包括哲学社会科学博士后在内的所有哲学社会科学领域的研究者、工作者提出的殷切希望！

中国社会科学院是中央直属的国家哲学社会科学研究机构，在哲学社会科学博士后工作领域处于领军地位。为充分调动哲学社会科学博士后研究人员科研创新的积极性，展示哲学社会科学领域博士后的优秀成果，提高我国哲学社会科学发展的整体水平，中国社会科学院和全国博士后管理委员会于2012年联合推出了《中国社会科学博士后文库》（以下简称《文库》），每年在全国范围内择优出版博士后成果。经过多年的发展，《文库》已经成为集中、系统、全面反映我国哲学社会科学博士后优秀成果的高端学术平台，学术影响力和社会影响力逐年提高。

下一步，做好哲学社会科学博士后工作，做好《文库》工作，要认真学习领会习近平总书记系列重要讲话精神，自觉肩负起新的时代使命，锐意创新、发奋进取。为此，需做到：

第一，始终坚持马克思主义的指导地位。哲学社会科学研究离不开正确的世界观、方法论的指导。习近平总书记深刻指出：坚持以马克思主义为指导，是当代中国哲学社会科学区别于其他哲学社会科学的根本标志，必须旗帜鲜明加以坚持。马克思主义揭示了事物的本质、内在联系及发展规律，是"伟大的认识工具"，是人们观察世界、分析问题的有力思想武器。马克思主义尽管诞生在一个半多世纪之前，但在当今时代，马克思主义与新的时代实践结合起来，越来越显示出更加强大的生命力。哲学社会科学博士后研究人员应该更加自觉地坚持马克思主义在科研工作中的指导地位，继续推进马克思主义中国化、时代化、大众化，继续发展 21 世纪马克思主义、当代中国马克思主义。要继续把《文库》建设成为马克思主义中国化最新理论成果宣传、展示、交流的平台，为中国特色社会主义建设提供强有力的理论支撑。

第二，逐步树立智库意识和品牌意识。哲学社会科学肩负着回答时代命题、规划未来道路的使命。当前中央对哲学社会科学愈加重视，尤其是提出要发挥哲学社会科学在治国理政、提高改革决策水平、推进国家治理体系和治理能力现代化中的作用。从 2015 年开始，中央已启动了国家高端智库的建设，这对哲学社会科学博士后工作提出了更高的针对性要求，也为哲学社会科学博士后研究提供了更为广阔的应用空间。《文库》依托中国社会科学院，面向全国哲学社会科学领域博士后科研流动站、工作站的博士后征集优秀成果，入选出版的著作也代表了哲学社会科学博士后最高的学术研究水平。因此，要善于把中国社会科学院服务党和国家决策的大智库功能与《文库》的小智库功能结合起来，进而以智库意识推动品牌意识建设，最终树立《文库》的智库意识和品牌意识。

第三，积极推动中国特色哲学社会科学学术体系和话语体系建设。改革开放 30 多年来，我国在经济建设、政治建设、文化建设、社会建设、生态文明建设和党的建设各个领域都取得了举世瞩目的成就，比历史上任何时期都更接近中华民族伟大复兴的目标。但正如习近平总书记所指出的那样：在解读中国实践、构建中国理论上，我们应该最有发言权，但实际上我国哲学社会科学在国际上的声音还比较小，还处于"有理说不出、说了传不开"的境地。这里问题的实质，就是中国特色、中国特质的哲学社会科学学术体系和话语体系的缺失和建设问题。具有中国特色、中国特质的学术体系和话语体系必然是由具有中国特色、中国特质的概念、范畴和学科等组成。这一切不是凭空想象得来的，而是在中国化的马克思主义指导下，在参考我们民族特质、历史智慧的基础上再创造出来的。在这一过程中，积极吸纳儒、释、道、墨、名、法、农、杂、兵等各家学说的精髓，无疑是保持中国特色、中国特质的重要保证。换言之，不能站在历史、文化虚无主义立场搞研究。要通过《文库》积极引导哲学社会科学博士后研究人员：一方面，要积极吸收古今中外各种学术资源，坚持古为今用、洋为中用。另一方面，要以中国自己的实践为研究定位，围绕中国自己的问题，坚持问题导向，努力探索具备中国特色、中国特质的概念、范畴与理论体系，在体现继承性和民族性、体现原创性和时代性、体现系统性和专业性方面，不断加强和深化中国特色学术体系和话语体系建设。

新形势下，我国哲学社会科学地位更加重要、任务更加繁重。衷心希望广大哲学社会科学博士后工作者和博士后们，以《文库》系列著作的出版为契机，以习近平总书记在全国哲学社会科学座谈会上的讲话为根本遵循，将自身的研究工作与时代的需求结合起来，将自身的研究工作与国家和人民的召唤结合起来，以深厚的学识修养赢得尊重，以高尚的人格魅力引领风气，在为祖国、为人民立德立功立言中，在实现中华民族伟大复兴中国梦的征程中，成就自我、实现价值。

是为序。

王京清

中国社会科学院副院长

中国社会科学院博士后管理委员会主任

2016 年 12 月 1 日

摘　要

　　在后金融危机时代，为了应对经济危机，减少其负面影响，我国中央政府出台相关措施，特别是一揽子"四万亿救市计划"，开启了以公共基础设施建设为依托的扩张性公共投资和以新型城镇化为依托的大规模城市投资过程，后者又主要依托于城市的房地产部门增长实现。这一进程对于刺激国内需求，稳定经济增长，确实起到了巨大的推动作用。但是这一进程引发的流动性过剩和经济资源的结构性错配，衍生出了许多长期的负面效应。地方政府对于"土地财政"和地方经济对于"房地产部门增长"的长期依赖是其中最为显著的后果。在这一过程中，城市房地产价格迅猛增长，住房产品投资品属性不断增强，再加上在中国特有语境下，居民部门对于房地产特有的"情结"——置业习俗、家文化等，以及不健全的社会保障系统和"萎靡"的资本市场等多重约束条件叠加，获得城市住房所有权也成为全社会居民在城市生活并获得"社会成功"的标志。在多维因素作用下，金融资本不成比例地向房地产部门倾斜，占据金融系统内流向实体经济资金的大部分。这些资本的本质是债务。债务流动串联起房地产市场的供需两侧，并按照资本价格——利率和资本可获得性等进行不均等分配，这就体现了市场供给端的金融自由和需求端的金融抑制的共同作用。

　　一个与西方发达国家相仿，又具有我国典型特征的住房金融化进程逐渐展开。本书旨在为上述过程提出一个一般性的解释框架。基于经济金融化理论和金融化逻辑，本书提出包括"住房—银行抵押贷款""住房—扩大化社会融资"和"住房—资本市场直接融资"三个阶段的"三级住房金融化"概念。研究认为，在金融化视角下，中国地方经济增长依赖于包括以土地为优质抵押物的政府融资循环过程和以住房为优质抵押物的社会融资循环过程的双重融资循环机制。上述机制为房地产的长期繁荣提供了基础性的实物架构和制度架构。住房金融化从政府部门和银行系统自上而下驱动，沿上述机制结构在市场供给端（房地产开发企业）和市场需求端（居民部门）传导，并深刻影响供需两侧的行为，形成全社会加杠杆的完整闭环（见第二章）。

在此架构下，全社会资本以"债务—信用"流的形式在银行系统、政府部门、居民部门和产业部门之间流动。政府部门主导的政府融资和依托于银行系统传导的社会融资规模扩大导致的债务驱动是住房价格增长的根源，住房部门在这一机制下起到了特殊的产生和吸纳债务的作用。第三章基于各省面板数据的实证研究发现，①在1%的显著性水平上，每一单位金融化规模增加会带动0.126单位住房投资，体现出了显著"以债投房"的经济特征。②在引入空间计量分析后发现：每单位金融化规模上涨带来0.540单位住房价格上涨，考虑空间因素，该数值上涨到2.742，表明金融化规模的扩大对于住房价格的周边区域溢出效应具有显著的推动作用，东部地区尤为显著（系数达到15.238）。③每单位金融化水平提高带来0.850单位住房价格上涨，若考虑空间因素，该数值上涨到2.314，表明金融化水平的提高对于住房价格的周边区域溢出效应具有显著的推动作用。④和其他实证研究一样，研究还发现：预期因素、土地财政和公共基础设施投资等因素，对于地方住房价格上涨和溢出效应具有促进作用。

在住房金融化逻辑下，不仅仅是政府和银行部门的行为发生了根本性转变，市场供给端的房地产开发企业也在通过不断的负债累积，增加自身杠杆，进行快速周转和区域性差别化经营策略等，"跑马圈地""抢滩登陆"。在第四章，本书将住房市场进一步细分为消费市场和投资市场，并提出了"负债—投资发散和收敛模型"。该理论模型认为，在资产价值长期上涨的情况下，房企具有"金融化冲动Ⅰ"，即"高杠杆—高投资"行为。这一行为与房地产市场需求端因素、宏观经济发展水平联动，进入非均衡状态发散通道。但是一旦这种长期上涨趋势遭受逆转，在消费市场

"金融化冲动Ⅱ"，即"加杠杆追涨"的动机也会逆转，由此住房投资行为会加速向原点收敛。本书通过对35个大中城市的面板数据分析，得到如下实证结果：①从全国层面看，房企杠杆率与房地产投资正向关系非常显著，但是这不只是东部地区的贡献。②东部、西部地区房企杠杆率——房地产投资的关系并不显著，中部和东北地区较为显著。③在"负债—投资发散（收敛）模型"框架下分析可得，全国范围内不断扩张房地产投资是整体趋势，东部地区的房企通过快销和房价优势，迅速"补仓"，因此资产负债表状况尚可；中部和东北地区房地产市场去化能力有限，无法平抑房企的杠杆率压力，因此该地区呈现出越投资越负债，越负债越投资的恶性循环。④西部地区房地产投资近年一直处于下行区间，房企反而在加杠杆进入，两者呈现显著负相关，这也反映了西部地区房地产市场的发展阶段，即市场尚未发展或者刚刚起步，房企"抢滩登陆"，积极发展西部地区市场。⑤通过进一步分析发现，按照区域划分的房企杠杆率来看，东部地区确实明显低于全国平均水平且低于中部和东北地区。⑥在引入土地投资变量——土地出让价款替代房地产投资变量后，杠杆率与土地投资关系依然显著，再次验证了研究假说：房企加杠杆从事投资行为主要用于土地投资活动，这是房地产投资开发环节最重要的部分。另外，不考虑消费型和投资型市场产生同一个市场价格以及市场均衡预期的假设，从理论上进一步探讨可得：在金融化冲动Ⅱ的推动下，"负债—投资发散"机制仍然存在且呈现动态特征，但是若资产价值上升趋势出现逆转，金融化冲动Ⅱ也随之消失，则市场非均衡状态将加速向原点收敛，造成投资迅速塌缩，从理论上预测了"负债—投资"机制运行中存在的风险。

在市场需求端，居民部门存在"牺牲"储蓄购房的长期需求（见第五章）。自从2008年金融危机后，伴随经济金融化进程，我国居民储蓄率出现下降。有很多研究基于不同理论解释这一现象。但是，居民储蓄率向投资和消费方向（特别是住房投资和消费）转化的经验证据并不显著，而城市住房资产价值增长对于居民消费的挤出效应有很多有力证明。由此本书提出了"储蓄—住房资本转化机制"，并继续基于35个城市面板数据进行实证研究发现：①从全国层面看，居民储蓄率下降与住房交易量持续增加之间存在长期显著的负相关关系，在1%显著性水平；②居民储蓄率下降，与全社会住房投资行为相辅相成，呈现出了显著的负相关关系；③通过进一步分区域研究发现，居民储蓄率与住房交易和投资之间的关系存在显著空间差异；④在深入探讨后发现，造成上述差异的主要原因与地区之间潜在的"住房需求—价格弹性"分异有关，主要表现在中部地区富有弹性以及东部和东北地区缺乏弹性；⑤土地财政因素、地方政府财政状况、人口因素等与居民部门储蓄行为变动对于住房投资具有协同作用。

在进入住房金融化阶段后，如果供给侧和需求侧的扩张性投资行为不可持续，那么租赁市场是不是城市居民的另一个选项呢？本书的研究继续基于2014年北京市住房租赁市场的微观调查数据对具有典型特征的特大城市住房市场进行研究（见第六章）。实证研究发现：传统西方自由主义经济下的生命周期理论和投资—收入弹性与消费—收入弹性差值理论并不完全适用于当前我国特大城市住房租赁市场的发展阶段。在经济发达国家和地区，住房租赁市场具有高度市场化特征，是"高房价""高负债"的住房销售市场的重要补充。在个人收入—消费的生命周期中，住房租赁市场是个人住房选择的重要选项。传统住房租购选择模型对于影响个人租购选择行为的因素有过很多研究，但是却忽略了正式制度和社会资本在租赁市场中的重要作用，上述因素在我国大城市住房资产价值长期处于高位、购买住房的可支付性极差的基本社会约束条件下，显得尤为突出，因为住房的租与买已经不是一个自由选择问题，租赁已经成为未来住房需求者的必然选择。本书的研究基于传统租购选择模型，并将正式制度和社会资本因素内生化，认为在现阶段市场条件下，正式制度和社会资本因素对于租购选择起到了非常重要的影响。在控制其他因素的情况下，住房租赁市场的正式制度越健全、社会资本越高，承租人越倾向于租房。基于2014年北京市住房租赁市场调查数据，并构建logit模型进行实证研究发现：①正式制度对于承租人租房选择有显著正向影响，且其边际效应大于社会资本的边际效应，承租人租购行为选择高度依赖于正式制度构建给承租人带来的合同稳定的预期；②社会资本对于承租人租房选择有显著正向影响，在承租双方存在良好的信任关系和尊重合同履行等高社会资本因素存在的情况下，承租人更倾向于在租赁市场租房，而非承担高昂房贷和长期债务买房；③教育因素、个人收入、户籍状况等因素对于承租人的租赁选择影响显著，在①和②中正式制度和社会资本因素处在低位的条件下，其他资本因素存在向住房资本转化的高可能性。上述研究结论提供了重要的政策启示："自上而下"构建租赁市场制度，特别是合同备案登记制度并由此形成监管，以及"自下而上"提高承租双方的信任度和尊重感，是完善当前租赁市场、切实推进"租购同权"的重中之重。

基于上述研究结论，本书尝试在住房金融化视域下提出一系列稳定住房市场的长效调控机制，主要包括：①完善资本市场，促进股票市场和债券市场的发展。②坚定"房住不炒"的要求，深刻变革城市住房供应结构，平衡销售—租赁市场比重，重点发展住房租赁市场。③推进结构化住房市场政策调控和精细化市场管理并重，对商品房和保障性住房，以及商品房中的高、中、低端住房进行分类管理，开发科学的住房指数工具系统和"人房合一"的信息库，逐渐实现"因房施策"。④完善住房金融化下的信用评级建设，建立专业机构，并对于各市场主体信用提供长期持续的、科学中立的信用评估，以期为公共政策部门提供科学参考。⑤国有企业在保障性住房建设、城市更新用地腾退等方面履行必要社会责任。⑥改善供地制度。对于特殊类型住房，如保障性住房和租赁住房，应采取差别化的供地方式。⑦从制度建构上，成立专业的住房金融委员会，应当包含土地、住房、金融和财税四方面公共政策部门领导，协同提出一揽子"公共政策工具"，并根据科学公共政策评估工具对市场进行定时监测。

关键词：住房金融化；双重融资循环；金融自由和金融抑制；住房市场转型

Abstract

In post Global Financial Crisis (GFC) era, Chinese Central Government took measures to decrease the negative impact of the crisis. The Package of Four Trillion Buyout was the very crucial one, which starts the process of the expanded pubic investment in public infrastructures and the large-scale urbanization investment focusing on property prosperity in urban areas. Such packages of public policy did play an important role in stimulating the domestic demands, and thus stabilizing the economic growth. However, it resulted in excess liquidity and structural mismatch of economic resources, which has long-term negative impacts on economy: the local governments rigidly rely on land finance and urban economic growth highly relies on housing sector prosperity. During such process, housing prices were skyrocketing and the property of housing products as investment tools was apparently increasing. Moreover, especially in China's situation, some informal constraints such as cultures and customs and some formal constraints such as unsound social security system and subdued capital markets limit the investment channels, making housing ownership in urban area the precious option as a investment tool that all the urban citizens are clamoring for. Henceforth, the financial capital was disproportionately flooding into real estate sectors, which took a large portion of financing capital into real economy. The nature of those financing capital is debts. The debts are a medium of both sides of housing markets and distributed unequally following the rules of interest rates and availability of capital, etc. (discussed in Chapter 2). As there are synergetic effects of financial deregulation on supply side and financial repression on demand side.

China has developed a path of housing financialization which is similar but much different to developed countries. The study is aiming at constructing an analytic framework for the process of housing financialization abovementioned. Based on economic financialization theory and logics, the study proposes the concept of *Three-stages housing financialization*, which includes housing-banking mortgages, housing-expanded social financing and housing-capital markets direct financing. The study argue that the Chinese economic growth after GFC is highly rely on *dual financing mechanism*, which includes the public financing running around high-quality collateral (HQC) -lands owned by local government and social financing running around HQC-housing ownership of residents. Such mechanism provides foundations and institutions for property boom in the long run. The process of housing financialization follows the mechanism channels discussed above and was driven at the very first stage by central and local governments from the top down and then affects both supply side and demand side of housing markets and has great impacts on developers' and residents' behaviours, forming a complete closed loop of adding leverage all across the nation (see chapter 2).

Under the conceptual framework and mechanism, the capital flows across the entire society in the form of 'debts-credits' flow amongst banking systems, governments, residents and industrial sectors. The debts scale expansion which are driven by two financing channels-public financing led by governments and social financing led by banking and non-banking systems resulted in the property price booming afterwards. Housing sectors played a role of producing and absorbing the debts under the institutional framework. Based on the provincial-level panel database, chapter 3 concludes that at 1% significant level. a) The increase of each unit of financialization scale would bring 0.13 unit increase of housing investment, which indicates the debts-driven housing investment. If we incorporate the spatial econometric analysis with spatial weight matrix, it can be concluded that. b) The increase of each unit financialization scale (AFRE) will contribute to 2.742 unit increase of housing price, and the coefficient is 0.540 if the spatial factors are excluded, which indicates that siginificant spillover effects exist in large-and middle-scale cities under the mechanism that expanding financialization process promotes the housing price booming, and it is more significan in the East area (the coefficient is 15.238). c) The increase of 1 unit financialization level (AFRE/GDP) would significantly promote 0.850-unit of housing price, and the coefficient would go up to 2.314 if taking spatial factors into consideration, which also indicates that the increase of financialization level play very important roles in pushing up housing price. Moreover the study find that. d) Expectation factors, land finance and public investment also have significantly positive effects on raising up the housing price and spillover effects, which is similar to other empirical studies.

With the logics of housing financialization, the governments and banking systems are not the only sectors changing their behaviours as market players. On the supply side of markets, the real estate developers accumulate their own debts by adding leverage, rapidly selling and managing with differentiation strategies in different areas, in order to enclose the lands for hoarding and grabbing the markets. In chapter 4, the study divides the housing markets into consumption markets and investment markets and proposes the 'debts-to-investment divergence and convergence model' (DIDC model). The model argues that the developers have the 'financialization impulse I ', that is, high-level investment with high-level financial leverage, which moves into non-equilibrium divergent channel with some other factors including macro-economic factors and housing markets factors on demand side. However, if the condition that the assets value booming was reversed, the incentives of leveraging-up and buying-

'financialization impulse Ⅱ' would be reversed as well, which would lead to a quick convergence process to original point of assets price in housing markets. According to the empirical studies based on 35-cities-level panel data analysis, it can be concluded that a) Nationwide, the leverage increase has significantly positive correlation with housing investment booming but it seems not only the East area contribute. b) If the sample was divided into different area, the study find that in the East and West areas, the correlation between leverage and investment is not significant whereas in the Middle and East-North areas, it is significant. c) If taking a) and b) results into DIDC model for analysis, it can be found that, It's a trend to expand real estate investment nationwide. The developers in the East area have huge advantages in quick selling and asset appreciation so that they could cover the debts increase in balance sheet of developers. On the contrary, the ability of selling out for developers in the Middle and East-North area are not as good as those in the East area, which would not cover the increase of leverage and thus fall into a vicions circle of 'the more debts, the more investment' and 'the more investment, the more debts'. d) The leverage of developers in the West area have significantly negative correlations with the investment, which indicates that the markets in the West area is just in the starting stage and under developing. e) The leverage in the East area was apparently lower than that in other three areas according to further studies. f) As replacing the housing investment by lands investment-land revenues, the correlation between leverage and land investment are significantly positive, which indicates the robust relationship between those two dimensional factors. Based on the empirical results we conclude, we remove the assumptions that there is only one equilibrium price shared in both consumption and investment markets and deduce that if the asset-value growth was reversed, the incentives of 'financialization impulse Ⅱ' would be reversed as well, then it would lead to a quick convergence process to original point of assets price in housing markets, which predicts the quick collapse of housing investment and emphasizes the huge risks ridden in the current housing markets.

On the demand side of markets, residents have the demands of purchasing the property instead of depositing their money. Chapter 5 try to discuss how residents' savings decreases since 2008's GFC and along with the housing financialization progress. Empirical studies find that there is no significant evidence to support that residents' savings turn to investments some other consumptions whereas there are many evidences supporting that the urban asset appreciation did squeeze out some consumptions. Based on the evidence, the study proposes a hypothesis which is called 'savings-to-housing capital transformation mechanism'. According to our empirical studies based on 35 cities panel dataset, we conclude that: a) At the national level, the decrease of redsidents' savings-to-loans ratios have a significantly negative correlation with housing sales in the long run; b) And also the decrease of redsidents' savings-to-loans ratios have a significantly negative correlation with housing investment in the long run; c) Such correlations have spatial diversification that the middle area has the highest elasticity and the east and northeast areas are inelastic; d) As study goes further, such diversification has great relations to the diversification in elasticity of housing demands-to-price; e) We also prove again that land finance, public finance, population flows as well as all together have combined effects to housing investment.

As a result, where are the markets going after the financialization of housing? Will the rental housing markets be another inevitable options for residents if the expanding investments of supply and demand sides don't work any more? At last but not at least, we do further studies to rental housing markets based on the investigation database of Beijing's rental housing markets in 2014 in Chapter 6. The study finds that the life cycle theory and the theory of differential value in between investment-income elasticity and consumption-income elasticity under the traditional western liberal economy are not completely applicable to the current development stage of housing rental market in China's megacities. In developed countries and regions, housing rental markets feature high-rated marketization and autonomy, which is a very essential supplement to property markets. In terms of individuals' income-consumption life cycle theory, housing rental markets are an important option for tenure choice of residents. The classic tenure choice theory provided a framework for analysing the influence factor of choice for housing tenures, but neglecting the role of formal institution and social capital factors, which are playing eminent role in current China's real estate structures with the fundamental social-economic conditions of high-value assets and low-housing affordability in a long run. Buy-or-rent choice is not a matter of free choice, and to rent is a necessity for citizens. The study internalizes the formal institutions and social capital factors into classic Tenure-Choice Model, TCM, and argues that the formal institutions and social capital do matter to tenure choice of tenants. The higher-level the formal institutions are at and the better social capital tenants hold, the higher probability the tenants choose to rent, ceteris paribus. According to the investigation of housing rental markets of Beijing in 2014, the study builds logit model to make an analysis and concludes that a) Formal institutions have a positive correlation with probability of rental ratios and its marginal effects are higher than social capital, which means whether or not the tenants continue to rent highly depends on the stable expectation of contracts that formal institutions contribute. b) The higher social capital in rental markets runs consistently with higher probability of rental ratios, which means tenants prefer to rent under the condition that there exist high-level trust relationships and respect to contracts between landlords and tenants. c) Education, income and household registration systems do have significantly positive effects on tenure choice, which means that there are high-rated possibility of transition from capitals in other forms to property capitals. The results also provide some policy implications that top−down approach of institutional construction, registering and recording the contract for instance, and down−top approach of boosting trust and respect between landlords and tenants are both predominant measures to develop housing rental markets and thus promote 'equal rights to tenants and home owners' in the long run.

Based on conclusions above, this paper attempts to propose a series of long−term regulation mechanisms to stabilize the housing market from the perspective of housing financialization, mainly including: ①Improving the capital market, promoting the development of the stock market and the bond market; ②Firmly adhering to the requirement of "no speculation in housing", making profound changes in the structure of urban housing supply, balancing the proportion of the sales −rental market, and focusing on developing the housing rental market; ③Promoting the structured housing market policy and regulation and the delicacy market management, classifying and managing commercial housing and affordable housing, as well as high−level, medium−level and low−level housing, and developing a scientific housing index tool system and "One house−to−one man" information database and gradually implementing "regulating according to housing information"; ④Improving the construction of credit rating under the financialization of housing, establishing professional institutions, and providing long−term, scientific and neutral credit evaluation for the credit of various market entities, so as to provide scientific reference for public policy departments; ⑤State−owned enterprises should take necessary social responsibilities in the construction of affordable housing and the land supply for urban renewal projects; ⑥Improving the land supply system. For special types of housing, such as affordable housing and rental housing, differentiated land supply methods should be adopted; ⑦From the perspective of institutional construction, the establishment of a professional housing finance committee should include the leaders of the public policy departments in land, housing, finance and finance, and taxation, etc., to jointly propose a package of "public policy tools" and conduct regular monitoring of the market based on scientific public policy evaluation tools.

Key Words: Housing Financialization; Dual Financing Circulation Mechanism; Financial Deregulation and Repression; Housing Markets Transformation

目　录

Contents

6   Post-Financialization of Housing Era: Are Rental Markets an Alter-
     native? ··· 149

     6.1   Problem Statement ································· 149
     6.2   Social Capital and Formal Institutions: A Development of
            Tenure Choice Model ······························· 151
            6.2.1   The Neglect of Informal Institutions in the Classic Tenure
                     Choice Model: A Review ······················ 151
            6.2.2   The Failure of the Classic Tenure Choice Model and the New
                     Explanation under the Financialization of Housing ······ 152
            6.2.3   The Mechanism by which Formal Institutions and Social
                     Capital Influence Tenants' Tenure Choice: North's Institutional
                     Factor Triangle, Financialialization Impulse, and Segmentation
                     between Rental and Sales Housing Market ·············· 154
            6.2.4   Research Hypothesis ····························· 155
     6.3   Empirical Design and Description ····················· 157
            6.3.1   Data: Sample, Questionnaire and Reliability and Validity
                     test ··· 157
            6.3.2   Basic Logit Model and Variables ················· 160
     6.4   Analysis of Empirical Results ······················· 163
            6.4.1   The Significance of Formal Institutions and Social Capital:
                     Significantly Positively Correlated with the Renting-to-
                     Purchasing Probability ratio and the Renting Occurrence
                     Rate ··· 163
            6.4.2   Which is more Important between Formal System and Social
                     Capital? A Test ······························· 167

第一章 绪 论

住房逐渐表现为一种金融现象。

从普通居民通过正规的、非正规的融资渠道进行住房相关融资活动，到房地产开发企业通过银行系统、非银"通道"以及国内外资本市场进行各种融资，再到地方政府和金融系统围绕城市住房市场的持续繁荣，不断推进城市化进程，进行城市更新和城市功能再造，通过土地抵押撬动海量债务融资，又通过政府财政预算外的土地出让金收入弥补债务缺口……这一系列操作都紧紧围绕城市住房的特色属性不断展开，并通过金融管道和金融的方式得以实现。然而，长期以来，住房研究中有关住房产品的金融属性以及金融系统与住房部门之间复杂的相互作用关系被忽略了。我国地方经济增长显著依赖于房地产业，特别是住房部门。住房部门与金融部门之间相互依存和渗透的关系更加深化。这一现象在西方自由主义世界发生金融危机并迅速蔓延至全球经济之后显得尤为突出，深刻影响着市场主体的行为逻辑。

2008 年，金融危机在美国等西方主要经济体爆发，并在全球范围内蔓延，整个西方新自由主义经济体系秩序遭受巨大打击。这场危机在金融系统内部触发，并依托于全球化的金融网络迅速扩大，其根源是房地产市场债务违约行为的大规模爆发，是长期以来新自由主义经济主导的"住房所有权"社会意识形态的崩溃，是房地产泡沫的破裂，是"房地产危机"。在过去长达半个多世纪的漫长时间里，以美国、英国等为代表的西方发达国家房地产价值持续增值，公众心中逐渐达成"房地产永远不会停涨"的共识。伴随着全球范围内的城市化浪潮，公共部门通过政治游说和国家信用增信和担保等形式维系了这一共识，使"住房所有权"在全社会范围内成为一种"准意识形态"。银行部门更是心领神会，积极配合公共部门的政策，一方面开启印钞机，以住房资产为抵押物向全社会公众近乎无差别地兜售廉价住房抵押贷款和各种形式的贷款；另一方面，以住房资产价值持续上涨支撑的抵押贷款为基础进行"再打包"，不断升级进行金融创新，开发诸多金融衍生工具，在金融市场肆意增加金融杠杆，并向全社会和全球投资者发售，进一步扩张潜在风险。在"房地产上涨神话"不灭的预期下，这一进程不断加深，最终在实际上不具备良好信用评级的次级住房贷款抵押者批量性的违约行为和局部范围内瞬间发生逆转的资产价值下跌冲击下演变为一场"危机"，并迅速波及全球主要经济体。以"住房所有权"价值持续增值为核心的这一房地产市场"长牛市"宣告终结。这个围绕住房所有权发生的长期进程本质上是住房金融化过程。

随着宏观经济虚拟化程度加深和金融部门深度发展，作为我国地方经济支柱的住房部门向金融化方向深度演进。住房产品的金融属性逐渐成为其最突出的属性，住房部门与金融部门的联结更加紧密与复杂。在住房金融化的推动下，地方经济的"房地产化"程度进一步加深，不同地区金融化水平的差异成为影响住房部门发展演变空间差异最为显著的因素之一。在财政分权与中国特有的地方竞争模式下，地方政府应对住房金融化的方式面临新的挑战：一方面，以土地财政为基础的地方财政收入模式在土地金融化驱动下存在继续加速扩张的经济预期；另一方面，具有显著地区差异的大规模公共基础设施支出和财政转移支付的现有地方财政支出模式，对于全社会财富的公平分配和公共品的均等化供给存在消极作用。本书旨在从金融化视角出发，构建描述住房部门、地方产业经济、家庭（劳动力）部门、金融部门与地方政府的行为特征和相互作用关系的一般性分析框架，并基于上述分析框架系统阐述住房金融化的演变过程、逻辑和机制，深入分析这一经济现象对地方政府、银行、房地产开发企业和居民部门的影响机理和对他们行为逻辑的深刻影响，并运用空间计量方法进行实证检验。最后，在上述研究基础上，对地方政府在住房金融化背景下的公共政策制定，特别是地方土地财政依赖转型提出政策建议。

第一节 问题提出

一、经济金融化与住房市场

1. 研究背景：经济金融化与我国房地产依赖并存

2017 年房地产业与金融业已成为国民经济贡献率最高的产业。根据国家统计局数据，截至 2017 年底，房地产业总产值为 53851 亿元，占 GDP 总产值的 6.5%，金融业总产值更是达到 65749 亿元，占 GDP 总产值的 7.9%，两个产业合计贡献 GDP 总值的 14.4%，对宏观经济的贡献率最高，同时也是第三产业中贡献程度最高的产业。中国地方经济发展长期显著依赖于房地产业（沈悦、刘洪玉，2004；梁云芳、高铁梅、贺书平，2006；况伟大，2011）。住房部门是房地产业中最为重要的组成部分。2014 年中国社会科学院的有关统计显示，房地产资产占居民非金融资产的 90.7%，占全民总资产的 53.8%，且自 2004 年起，始终占据居民非金融资产的 90% 以上。相较于房地产资产，债券资产占总资产的 5.0%，股票资产占总资产的 3.1%，分别在总资产中居第 4 位（次于房地产资产、存款和银行理财）和第 6 位（次于汽车和保险准备金）。若从个人财富价值衡量的角度来说，在居民部门，房地产成为中国个人财富中最为重要的非金融资产以及居民总资产中最为主要的份额。另外，根据上市公司发布的公告，共有 151 家非上市公司有房地产投资记录（张成思、张步昙，2015），房地产资产不仅是居民部门最为重要的资产价值来源，也是公司机构资产价值的重要来源。房地产或在房地产业中占据最大权重的住房部门生产的已经不仅是传统的、单纯的居住产品，还是一种具备显著金融属性的金融产品。中国地方经济的房地产化与住房部门的金融化相伴而生，并且这种紧密关系在不断深化。

随着住房价值不断提升，住房部门资产总量不断扩大，居民部门置业成本不断提升，金融工具成为置业选择中必不可少的工具。另外，在现有财税分权体制下，地方政府对于地方经济增长和财政收入均存在着隐性的竞争激励（周黎安，2007；周业安、李涛，2013），引致有利于本地的地方政府公共财政行为，土地财政依然是地方公共收入的重要来源（赵燕菁，2019；颜燕、刘涛、满燕云，2013；颜燕、满燕云，2015）。在这样的背景下，房地产业的持续繁荣为地方经济的差异化提供了信号导向（王雅龄、王力结，2015），进一步助推了房地产开发企业的空间布局和进入—退出行为，同时也引致了地方政府土地出让收入与支出的空间差异与供地—公共品供给行为。金融部门的深化发展从两个方面加速了这一过程：一方面，住房抵押贷款业务的发展推动了居民部门的置业行为，推动了住房市场的持续繁荣，进一步推动了居民以住房为核心的资本积累（Smart and Lee，2003）；另一方面，不断完善的金融市场体系为房地产开发企业融资行为提供了多元化的融资渠道，显化了金融杠杆的经济效率，金融工具的使用也为地方政府的公共基础设施建设提供了新的融资手段（地方债券、信托、产业基金等融资平台），地方政府借助金融工具进行城市建设和城市更新，提升城市土地价值，进一步推高土地价格预期。作为住房价格中最为重要的部分，土地价格升高继续推高住房价格及预期，由此形成了因金融化程度加深引致的"地方住房经济"的"自我加速"现象（张成思、张步昙，2015）。

2. 一个新问题：我国住房金融化发生了吗

在上述背景下，一系列问题应运而生：第一，住房金融化趋势已经形成，那么是否呈现出了区域分化的趋势？第二，金融化趋势是否加剧了住房市场的区域分化？或者说住房的空间格局是否被金融化重构了？区域分化是否包括基于地理位置的横向分化和基于城市级别的纵向分化两个向度？由此或许会引致两个结果：一是资本在"住房部门—金融部门—公共部门"的闭合空间中脱离市场供求关系自我循环增值;二是这种增值过程本身又被不断强化进而造成住房资本在经济地理空间的进一步分化。第三,我们需要追问:地区经济的金融化水平不同是否加剧了住房金融化程度的分化,并进一步加剧了住房市场基本特征(投资、土地购置、价格、数量)的区域分化?同时也加剧了居民部门置业选择和房地产开发企业展业布局的区域分化?第四,如果存在住房金融化的区域分化,那么地方政府行为是否助推了住房金融化区域分化的发生?地方政府扮演了什么样的角色?未来又应该扮演什么样的角色?第五,金融化水平的区域差异是否促使地方政府进一步加深了地方经济的"住房经济化"以及住房部门的金融化?第六,在金融化视角下,住房部门、居民部门、房地产商、地方政府之间的行为逻辑和相互关系是否呈现出不同的图景?

二、理论意义和政策意义

1. 地方的"住房经济"依赖与住房部门金融化概念的提出

中国经济发展进入到金融化阶段。本研究在新经济条件下,以金融化为视角,重新审视住房经济在地方经济中的角色和作用,梳理住房部门与地方经济(特别是金融部门)以及地方政府(公共部门)之间的关系,从理论层面提出"住房金融化"的概念,并围绕此核心概念,尝试厘清并刻画宏观(国民经济)、中观(区域性市场)和微观(居民部门、房地产商和地方政府)不同层面行为主体的行为特征和相互作用逻辑。

2. 为金融化背景下的地方经济—住房经济分析提供新的分析框架和理论解释

本书以金融化为视角,尝试构建地方经济—住房经济的新分析框架。在此框架下,根据行为主体不同的行为方式,尝试构建包含家庭、房地产开发商、金融企业、其他相关产业部门和地方政府在内的一般化机制和理论框架,以期对金融化背景下的地方经济活动提供一种理论解释。

3. 为研究住房市场的空间差异问题提供新的研究视角

已有大量文献从区域经济学视角研究中国住房市场的演化或异质性特征、房地产企业开发活动的空间布局等，但是侧重于金融化程度的区域差异因素来研究上述问题的文献仍然不多。本书以金融化为基本研究视角，为研究住房市场的空间差异问题提供了新的研究视角，同时选取住房部门作为金融化空间分化的研究对象，也为金融化理论研究找到了具体的研究抓手。

4. 政策实践意义

在金融化背景下，金融工具的日益丰富为地方政府继续深化"土地生财"模式提供"便利条件"，也为突破地方经济增长的"地产依赖"模式提供机遇。基于理论分析和实证检验结果，本书试图为地方政府公共财政转型提供具体的政策建议，在金融化视角下的地方经济—住房经济新逻辑图谱下，梳理出地方经济去房地产化的相应对策。

第二节 "住房金融化"概念的提出

一、"金融化"理论基础与"住房金融化"概念的提出

1. "金融化"理论基础

"金融化"是在当前国内外经济地理学领域引发广泛讨论，并基于不同经济学分支的研究范式进行理论建构、规范性研究和相关研究的新学术词汇（Pike and Pollard，2010）。从研究范式上，大体可以分为三个研究路径——规制理论、批判社会金融学和社会文化理论（French，Leyshon and Wainwright，2011）以及制度学派和非主流经济学派（Pike and Pollard，2010）。还有一派学者认为"金融化"理论发展主要有四个传统理论基础：

一是包括马克思主义经济学、系统论和现代化理论的功能学派，二是以政治科学和冲突社会学为主流的权力学派，三是以微观经济学和理性选择理论为本体的利率学派，四是以抽象概念（包括话语和修辞等）为主要研究对象的合法性学派（Collins，1994；Engelen，2008）。若按上述传统理论的分类，本书的研究属于微观经济学领域运用一般均衡理论工具对中国住房部门金融化现象的理论化研究，同时又特别关注已有制度对这种金融化趋势的形塑。

那么"金融化"的概念是什么？主要观点汇总如下：第一，从宏观经济学角度看，金融化是资本主义发展到成熟阶段的标志（Arrighi，1994），是金融驱动下加速社会资本积累的一种宏观经济现象（Boyer，2000），同时它也是全球新自由主义运动的一部分，实证研究证明金融化拉大了居民收入差距（Zalewski and Whalen，2010；Lin and Tomaskovic-Devey，2013），加速了社会阶层的碎片化（Dumenil and Levy，2001）。第二，从微观经济学角度层面看，金融化指的是金融市场对于企业部门和居民部门影响日益加深的现象（Erturk，Froud and Sukhdev，et al.，2007），更为重要的是由此引致的金融绩效竞争（Froud，Johal and Leaver，et al.，2006），金融和非金融企业都将金融领域（股票、债券、基金、房地产等）的投资收益当作是否迎合管理者和社会股东日益增长的股东权利需求的标杆（Froud，Haslam and Johal，et al.，2000），这一竞争激励进一步加剧了全社会对于金融部门的依赖程度。第三，从制度演化角度看，金融化也被看作是金融权力的扩张，以及由此带来的围绕这一权力而进行的金融市场制度化，也就是通过多维度法律和政策重塑经济秩序的过程，其结果是"资本主义的多样化"（Hall and Soskice，2001；Pauly and Reich，1997），具体表现形式为金融市场和金融工具在经济活动中的中心地位以及由此形成的新的产业格局和企业运作行为（Lazonick and O'Sullivan，1996）。第四，从货币经济发展角度看，金融化是经济货币化阶段的进一步深化。经济货币化是货币经济向非货币经济部门（实物和易货交易）扩展的过程。经济金融化则是以金融总量替代货币总量并渗透到经济运行方方面面的过程（王芳，

2004)。经济体本身表现出类似金融的性质或状态，主要表现为经济体中金融部门、金融资产相对于非金融部门和实物资产的膨胀，非金融企业的利润越来越多地通过金融渠道而非传统的商品生产与贸易渠道获得，食利阶层财富和权势膨胀，以及金融资产结构视角变化下的资产证券化的兴起（张成思、张步昙，2015）。

根据上述关于"金融化"的定义，我们可以总结出"金融化"概念的三个共性内涵：第一，金融化阐述的是一种由于金融市场影响力扩张而造成的金融部门对于其他部门的渗透、交融甚至替代现象，即金融深化现象的程度加深（Folkman，Froud and Sukhdev，et al.，2006；Pike and Pollard，2010），其具体表现有居民部门和非金融部门持有金融资产比重的增加（Blackburn，2002；Martin，1999）以及金融资产在金融市场闭合场域里的自我循环增值过程（张成思、张步昙，2015）；第二，金融化同样描述的是微观经济主体——居民和企业（特别是非金融企业）行为方式的改变，除了将自由资金或借贷资金投入金融市场领域，其行为预期也由传统产品市场较为长期的成本—利润导向逐渐过渡到金融市场较为短期的投资—收益导向，因此蕴藏着更多的风险和不确定性（Cetina，Karin and Preda，2004；Pike and Pollard，2010）；第三，宏观和微观层面金融化对于经济领域的深刻影响，进一步对社会和政治领域产生影响（Jensen and Meckling，1976；Erturk，Froud and Sukdev，et al. 2007；Savage and Williams，2008），金融化甚至引致了经济和社会空间的转型，受金融化因素影响形成的台北城市更新进程中的乡绅化和区域隔离现象等为此提供了现实例证（Yang and Chang，2018）。

2."住房金融化"概念的提出

从"金融化"的概念内涵出发，我们不难发现，住房部门是金融部门渗透程度最高的部门，同时也是涉及市场主体最多的经济部门。居民通过金融工具购置住房，住房是居民最重要的资产。房地产企业通过金融工具进行融资，金融和其他非金融企业通过持有住房获得资本增值带来的利润。住房产品本身已经显示出金融产品的属性，并与金融市场一起在相对封闭的场域中自我循环增值。作为公共部门的地方政府是住房所需要土地的供给者。地方经济发展同样通过金融工具进行融资活动，而土地增值预期是土地抵押行为最理性的政府信用来源，这种预期体现在区域经济的活跃程度上，其中最为重要的是地区住房部门的价格信号机制（王雅龄、王力结，2015）。这一逻辑又进一步加深了地方经济对于住房部门的依赖，强化了上述住房部门—金融部门的自我循环机制。住房金融化现象因此产生。

住房金融化概念的衡量应该包括三个维度。第一，居民部门维度。衡量指标：居民住房贷款占据其资产结构的比重；第二，房企维度，衡量指标：房地产开发企业，特别是规模房企（销售规模超过1000亿元的15家企业，市场的垄断力量）的金融工具融资（银行贷款，信托贷款，其他渠道如股权融资等）占据其整个资本金的比重；第三，区域维度，衡量指标：地区金融化水平对于住房金融化的贡献，有地区金融产业总值占据地方GDP的比重或FIRE部门（金融、保险、房地产）总产值占据GDP比重等多种衡量方法（数据来源：《中国城市统计年鉴》《中国金融年鉴》《中国统计年鉴》等）。

住房金融化是指住房部门与金融部门的联结程度加深，各种类型资本通过金融市场向住房部门渗透，导致住房产品的金融属性增强，其资产价值在住房—金融闭合系统中自我加速升值的现象。其突出特征是：住房资产价值受到金融行业信贷资金变动的影响加大；房地产开发企业通过多种融资渠道进行房地产开发建设，并与金融机构联合产出涉房类金融产品，致其债务比重急剧扩张；居民部门通过金融市场，甚至是新型金融工具，增加杠杆比例实现储蓄向住房资本转化，导致居民购房债务比重上升。

二、中国住房金融化演变研究

"住房金融化"是本书提出的新概念，也是本书的核心概念。住房金融化的研究主要包括三个层面：第一，微观层面。居民或非房地产开发企业（包括金融企业）通过金融工具（住房抵押贷款、房地产并购基金、REITs 等）在住房部门获利的行为（Krippner，2005；李佳，2014）。以信托机构为例，根据中国信托业协会提供的数据，截至 2017 年第三季度，资金信托行业的资金有 45.35% 投资于金融业，9.63% 投资于公共基础设施，8.94% 投资于房地产业。这三个产业成为信托资金投资最多的三个产业，连同商务服务业和建筑业，共占据整个信托资金流向的 74.43%。金融企业对于金融业、房地产业的依赖程度同样较高。第二，中观层面。住房市场脱离实体经济的其他部门，住房价格脱离市场供需关系，而在较为封闭的住房部门—金融部门—土地部门之间自我循环加速发展的现象，体现出住房产品已经具备了金融产品的属性（张锐，2011）。第三，宏观层面。区域金融化发展水平通过货币传导机制和信贷传导机制深刻影响了上述微观层面居民、房企进行住房投资的金融效率和住房市场的金融化水平，进而影响了住房市场的空间差异（郭琳慧，2015）。

研究中国住房金融化议题的文献尚不多见。但是已有研究证实了部分地区金融化进程对于城市空间再造的深刻影响，金融化所带来的市场效率提升与来自公共权力规划力量的"双向角力"重塑了城市化进程和城市空间格局（Yang and Chang，2018）。在发达市场经济国家，房地产、股票和债券是居民资产分配权重最大的三种资本产品，有研究表明：金融化水平的提升，在客观上加速了通过房地产进行资本积累的活动，导致了居民资产在房地产领域配置的升高（Smart and Lee，2003）。

三、未考虑金融因素的住房市场演化的空间差异研究

金融化水平的差异已经成为不可剔除的深刻影响住房市场空间差异的关键因素。然而，目前有关中国房地产市场空间的研究较少考虑到经济因素，仍然把房地产当作是传统工业产品来看待。从整个房地产发展的区域版图来看，我国房地产经济发展水平从东到西依次递减；整体差异系数逐渐变小，说明区域房地产经济发展水平正逐步趋同；房地产经济发展水平

一直存在显著的空间自相关性和空间异质性（王雪青、陈媛、刘炳胜，2014），而房地产投资确实在空间上呈现出与地区经济发展水平相一致的特征（张立新、秦俊武，2014）。从房地产投资驱动力的区域差异来看，东部地区主要依赖城镇化背景下城镇常住人口的持续性涌入，其投资驱动效应大于中西部地区，而中西部地区则主要依赖城镇建成区的土地要素扩张（蔡俊、项锦雯、董斌，2016）。进一步检验城市规模对于住房价格的影响可以发现，中西部地区房价与城市规模呈现正相关关系，且相关系数均大于东部地区，但是东部地区房价上涨对于城市人口迁移具备显著的"挤出效应"，中部地区城市人口对于房价上涨也非常敏感，但是人口迁移与房价上涨却呈现出正向相关的"跟随效应"，西部地区城市人口迁移与房价上涨之间的关系并不显著（武英涛、陈磊，2017）。从微观视角来看，中国政府的制度性安排对企业展业的空间选择造成的影响是非常显著的（贺灿飞、傅蓉，2009）。同样，房地产企业的区位选择也显著性地受到市场制度框架、地方宏观经济的影响，然而金融市场发育因素等尚未成为影响外资房地产企业区位选择的重要因素（刘作丽、贺灿飞、王俊松，2009）。然而，随着房地产产品的金融属性日益增加，地方金融业的发展程度逐渐成为了影响房地产企业区位选择的显著因素，而且根据金融加速器原理，金融业发展会进一步助推地方经济的"房地产化"程度，因此在新经济发展阶段，区域性因素的内涵需要进一步拓展，"金融化"的区域分化因素需要纳入住房问题空间研究的思考框架中。

四、"因地生财"的地方经济发展模式与中国住房金融化背景下的地方经济发展模式转型

金融化、住房金融化与地方经济增长是不可分割、相伴相生的有机统一体。由于中国现行财政分权体制和地方政府的经济绩效竞争并行（周黎安，2007；郭艳茹，2008；李勇刚、高波、任保全，2013），地方经济发展显著依赖于地方政府以"土地财政"为核心的区域经济发展模式（杜雪

君、黄忠华、吴次芳，2009；陈志勇、陈莉莉，2011）。"以地生财"模式的基本逻辑是：通过地方政府土地出让行为形成地方政府公共基金，进而将公共财政支出用于地方公共基础设施建设，为地方经济的产业发展提供基本价值。然而，传统制造业和工业企业因为生产周期长，在开放经济条件下，受全球化经济周期的市场条件限制，再加上分税制的央地财政分成约束，无法稳定地为地方经济提供经济增长动力，为地方政府提供税收来源。房地产业由于产业特殊性而成为地方政府发展的支柱性产业，地方政府通过出让住宅用地支持房地产业发展，房地产业的持续繁荣转而继续为地方政府提供直接或间接的财政收入，地方政府运用财政收入进行转移支付和公共基础设施建设（张军、高远、傅勇等，2007），进一步推动地方经济发展，形成地方经济增长的正向反馈闭环，而地方政府的土地出让行为和由此衍生出的"土地财政"成为这一经济发展模式的核心（颜燕、刘涛、满燕云，2013；李郇、洪国志、黄亮雄，2013）。

如上文所述，金融化从居民部门和企业两个方面提高了房地产业（主要是住房部门）的资本配置效率，加速了住房产品在封闭市场领域里自我循环式的资产增值过程，这一过程进一步推动了住房置业和住房开发活动，推动了住房市场的持续繁荣，加深了地方经济对于住房部门的依赖程度。另外，区域金融化水平的空间差异同样带来了金融化推动房地产业持续发展程度的空间差异，使得地方经济依赖于房地产业的程度呈现出新的空间分化。在上述背景下，传统的地方财政"因地生财"模式必将受到两方面的冲击：一方面，住房部门的加速区域分化为拉大地区经济发展预期提供了信号传导机制，必然引致投资活动的空间差异，而住房投资是其中的重要组成部分，这给地方政府的区域发展模式带来了冲击。根据金融加速器原理，金融化水平越高的区域，当地住房投资活动往往能得到更大程度的加速，土地需求更加旺盛，土地价值继续上升，因此地方的"土地财政"依赖程度往往更高（郑思齐、孙伟增、吴璟等，2014）；反之则越低，或造成空间上依金融发展水平进行的住房投资分布，中国经济发展水平面临着"富区域更富，穷区域更穷"的分化趋势。另一方面，这一具有显著区域特征的土地价值升值分化现象，为地方政府的公共财政转型带来了挑战和机遇——区域金融化、住房部门金融化引致的土地和住房金融属性显化与脱离实体经济发展的趋势和张力更加明显，但金融市场的发展和金融工具的丰富也为地方政府探索"土地融资"以外的其他融资模式提供了基础条件（颜燕、满燕云，2015）。对于这种金融化趋势是进行政府控制还是借助金融工具发展新型产业，建立现代税制，进而拓宽地方财政收支渠道，这是地方政府将要面临的新课题（谢家智、王文涛、江源，2014）。

第三节　研究内容、方法和框架

一、研究内容

本书的研究目标主要有如下四个：

第一，提出"住房金融化"的概念并界定其内涵与外延，描述统计住房金融化空间差异性的中国证据。

第二，梳理并描述不同尺度下（宏观经济、区域市场和市场主体层面）住房部门金融化的特征，刻画并设定住房部门（家庭与房企）、金融部门（银行及非银行信贷机构）、公共部门（地方政府即土地供应者）、产业部门（住房上下游企业）的行为逻辑，特别关注地方政府—住房部门—金融部门，以土地为核心的土地财政行为、资本积累与增值行为和抵押融资行为。

第三，归纳上述四部门之间的内在联动逻辑，构建包含上述四部门的一般化机制，推导出各部门的行为逻辑和相互联结机理，求解住房市场均衡价格、均衡产量以及金融市场均衡杠杆率等关键变量之间的函数关系，分析金融化视角下住房市场区域差异性的根源，特别是地方政府财政对于住房价格、土地价格和金融杠杆率波动的作用及反馈机制。

第四，基于宏观、微观经验数据，构建计量模型，实证检验新构建理论框架的有效性，并为住房金融化的空间差异提供证据。基于实证结论，分析金融化背景下地方政府公共财政模式转型方向及提供政策建议。

本书的主要内容包含以下六大方面：

1. 住房部门金融化现象的描述及住房金融化的测度

这一部分的研究基于西方经济金融化理论。基于研究问题概念化程度的不断深化和聚焦，住房金融化现象研究包括三个不同层面的研究内容：区域层面的金融化水平描述性分析、基于居民部门的金融化程度测度和基于企业的金融化程度测度。

①宏观层面：宏观经济金融化的理论研究。第一，本部分为背景研究，基于整体宏观经济金融化趋势，推导出局部经济金融化趋势的可能性并寻找实证数据加以支撑。第二，综述已有金融化水平的测度方法，并对于我国宏观经济金融化程度做出初步估计。目前普遍使用的金融化水平指标有：爱德华·肖和罗纳德·I.麦金农（1997）提出的M2/GDP，用于衡量一国经济货币化程度；Goldsmith（1969）提出的某一个时点一定口径的金融资产总额与实物资产总额或名义 GDP 的比重，用于衡量一国经济金融化程度等。②中观层面：一方面，房地产开发企业杠杆率与金融化研究。以规模房企为研究对象，探索测度和衡量房企金融化程度的指标和方法，比如企业融资占整个企业运营资本的比重等指标，并由此刻画出以房地产企业为基础的住房金融化水平的区域性差异。另一方面，居民部门储蓄—杠杆行为与住房资本转化研究。以居民部门为研究对象，探索测度居民部门住房金融化程度的指标和方法，比如住房资产价值占整个居民资产的比重等指标，并由此刻画出以居民部门为基础的住房金融化水平的区域性差异。③微观层面：具体到城市单元，探寻住房市场的细分市场在后住房金融化时期的结构性变动，特别是住房租赁市场的基本特征和市场主体行为特征。

2. 金融化背景下住房部门（家庭和房企）—地方政府—金融部门—产业部门行为方式及交互作用的内在逻辑

这一部分主要包括四个方面的内容：①住房部门—家庭和企业的行为研究。构建家庭和企业行为方程，其中家庭部门的住房效用方程由按揭贷款占整个住房价值的比重、工资率等关键变量构建而成，主要描述金融化程度、收入水平与住房价格之间的函数关系；房地产开发企业的生产函数主要包括各种融资手段资金占企业总资本的比重、土地成本及利润。②金融部门—土地抵押物和住房产品自我循环增值研究。尝试构建金融杠杆率与社会资本需求之间的函数关系，其中社会资本需求主要由住房部门的资金需求和政府部门的资金需求两方面组成，并由此形成借贷资金规模与住房市场金融化程度、公共基础设施融资金融化程度的函数关系。③产业部门—利润率长期下降趋势研究。假设存在单一实体经济生产厂商，可以给社会提供所有社会产品，尝试构建实体产业部门与住房部门（建筑成本）、金融部门（资金需求方）、政府部门（税收供给方）之间的函数关系。④政府部门—金融化背景下住房经济依赖与"地产依赖"研究。假设地方政府是唯一土地供应者，尝试构建包含土地价格和数量的土地—住房部门运行机制，地方政府通过土地价款、住房部门税收以及由土地抵押带来的金融部门融资（债务）支撑地方土地价值增值和区域间的土地价值分化，该方程用于描述土地市场—住房市场—金融市场三个市场关键变量之间的函数关系。

3. "地方—住房金融化经济"理论框架的构建

此部分主要包括两个方面：第一，双重融资机制的构建。在上述四部门行为方程的约束条件下，求区域经济的动态一般均衡解，并由此推导出住房市场均衡价格、土地市场均衡价格、金融市场均衡杠杆率、均衡工资率等关键变量的相互关系。第二，梳理债务—信用流与住房市场关系的理论体系，由此提出更为细化的理论假说，并通过不同尺度的数据进行计量模型估计，为上述理论提供经验证据。

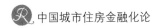

4. 基于上述理论框架的研究假说体系

假说一：债务驱动型住房价格增长假说。

关于中国城市住房市场繁荣的原因探讨很多，本书将进行系统综述。在金融危机后，我国住房市场的持续增长，特别是住房价格和住房交易量的"双涨"主要是因为全社会债务规模的扩大，以及住房部门起到的新的内生性作用——产生并吸纳债务。

假说二："负债—投资发散和收敛"假说。

住房部门的区域发展显著依赖于住房部门金融化程度的不断加深，而住房金融化显著依赖于地方金融化水平。金融化以不对等的方式对住房市场供给侧和需求侧端进行资金分配，表现为供给侧相对宽松的金融资源供应和需求侧相对稀缺的金融资源供应。特别是供给侧的房地产开发企业存在不断加杠杆进行再投资的活动，并由此进入负债—投资的发散通道，呈现出发散的蛛网模型形态。另外，这一过程是债务聚集的过程，同时也是风险聚集的过程，金融系统和住房系统的系统性风险交织和叠加在一起，一旦出现市场行情逆转，房地产开发企业会反转加杠杆行为，以自身资产负债表负债最小化约束取代投资回报率最大化约束，进而进入减杠杆—去投资通道，负债—投资机制会反方向向原点收敛，由此造成市场崩盘。

假说三：储蓄—住房资本转化假说。

地方经济发展对于地方金融化水平的依赖程度越来越高。地方政府通过各种金融渠道，比如地方融资平台、发行地方债、以土地作为抵押物进行直接或间接融资活动等，进一步促进了地方经济的金融化。地区金融化程度的变化和差异将显著影响住房价格增长和住房投资等住房市场特征的转变（假说一）。住房市场行为主体的行为转变是：在供给端，房地产开发商基于金融自由化的加大杠杆的再投资行为以及由此带来的空间分异（假说二）。这一过程同样会显著影响住房市场需求端——居民部门的行为逻辑：居民部门的储蓄资本会由此转移到债务扩张导致的以住房资产价值不断增高为典型特征的住房领域（假说一），并且在卖方——房地产开发商的扩张型销售行为下"接盘"，转化为住房资本形式。中国城市住房金融化各行为主体逻辑上形成了一致性激励或者"激励相容",一种地方经济—住房部门—金融部门的内在循环机制因此产生。

5. 实证研究:来自中国的经验数据

综合运用不同数据类型,构建包含住房市场特征(投资、价格、数量)、住房金融化水平、地区经济发展水平等重要理论参数的动态空间计量方程,实证检验各关键变量之间的相互联系。

6. 城市住房市场的结构转型

在金融化背景下,地方经济发展模式需要重新思考和梳理,理顺"去房地产化""去土地财政化"与金融化之间的伴生关系,形成以地方实体经济为基础的区域性金融市场体系,形成补充甚至替代较为单一的"以土地生财"的地方经济房地产化新模式,实现地方经济去房地产化。在住房市场资产价值已居于高位,且全社会住房供给(非实际供给)已基本可以满足城市居民居住的情况下,从产权型住房的新增住房市场转向存量市场,特别是租赁市场是一个必然选择。那么,在这样的趋势下,住房租赁市场现阶段的约束条件和建构路径需要深入分析。

二、研究方法和研究框架

1. 研究方法

本书的选题存在一定创新性。"住房金融化"是住房研究和区域经济研究中的新概念,因此在研究方法的选择上重点把握"问题中国化,方法规范化,视野国际化"的大原则,强化三点要求:第一,找准中国住房经济发展现实与理论解释力之间的缺口;第二,发展西方有关"金融化"理论的最新思考对中国住房金融化理论构建的适用性和可操作性;第三,突出中国住房金融化现象的特殊性与理论上的一般性。在此大原则下,主要使用两种研究方法。

(1)基于文献分析、实地调研和概念化过程的质化研究方法

本书研究的核心议题"住房金融化的空间差异"来源于中国本土的社

会经济实践，具有很强的本土性、区域性和特殊性，因此采取基于市场现实的、本地化的文献分析，实地调查研究以及概念化综合交叉学科的复合知识系统等技术手段，对于构建本课题的新概念和新理论是非常必要的。本书计划对重点研究对象——地方政府、金融机构、房地产开发企业和居民部门在住房金融化背景下的行为特征及信息进行实地调查和访谈，进而形成以"金融化主体行为"为专题的特色数据库，为本书中"住房金融化"新概念的提出打下更为坚实的微观基础。

（2）基于一般均衡模型扩展并探讨住房市场的动态和非均衡问题

本书的研究除了提出"住房金融化"的核心概念之外，最为重要的任务是围绕"住房金融化"，构建可以准确刻画和解释这一背景下地方经济、地方政府、金融机构与住房部门供求两端主体之间的相互作用关系的新理论框架，即地方—住房金融化理论框架。因为住房产品的特有属性、建设周期导致的交易滞后性、房屋的异质性、空间不可移动性等，住房市场本质上并非"完全出清"的市场，传统的"一般均衡"分析框架并不完全适用于住房市场的分析。因此，本书的另外一种研究方法是借助一般均衡框架的分析手段，采取新的概念框架和理论逻辑体系解构住房问题，并从新视角出发解释住房市场变化，对比一般均衡假设之下市场出清与非均衡框架下（新框架）市场非出清状态的市场特征异同，最终推导出具有中国现实解释力的"地方—住房金融化经济"理论框架。

2. 研究框架

基于上述研究目标、主要内容和研究方法，本书的研究形成如图1-1所示的技术路线图。遵循技术路线，本书分为三部分。

第一部分为全书的总论部分，包括第一章和第二章，提出问题以及勾勒出全书的分析框架。第一章绪论部分，详细介绍住房金融化议题的产生背景以及研究意义，并尝试谨慎地提出"住房金融化"的概念。这部分详尽阐述了本书的研究目标、研究的主要内容以及研究方法。第二章系统梳理了我国城市住房金融化的演进过程、深层逻辑和机制。在这一部分中，本书的核心概念和理论框架在住房金融化演进的描述性论述中被全景式地

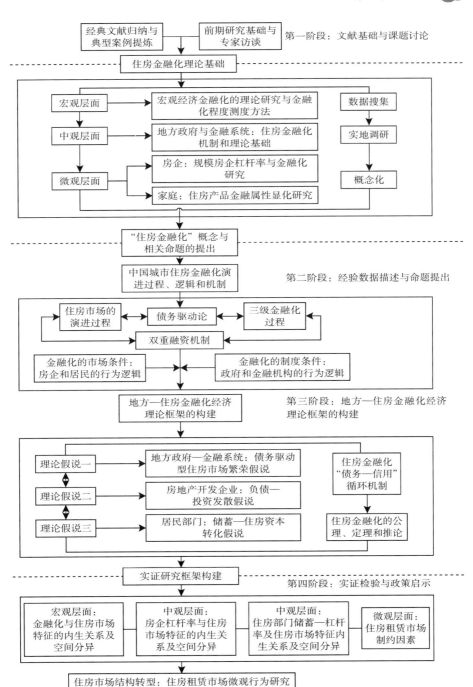

图1-1 本书研究技术路线

呈现，并且该部分还勾画出了全书主要的分析框架。债务驱动论、三级金融化和双重融资机制等将会在第二部分的实证研究章节被分别展开详细阐释和检验。该章还提出了一个新观点，后金融危机时代我国城市住房价格上涨原因：市场供给侧的金融自由和需求侧的金融抑制。

第二部分为全书的实证研究部分，包括第三章至第六章。本质上，这四个章节是由四个逐步递进的问题贯穿起来的，分别针对四组不同的研究对象：政府和金融机构、房地产开发企业、居民部门、租赁市场，这四个问题分别是：第一，后金融危机时代的住房价格上升是债务驱动型住房价格上涨吗？在这个影响机制中地方政府和金融机构分别起到怎样的作用？第三章论述了三级金融化过程中的双级金融化阶段，并详细阐述双重融资机制及其在推动住房市场繁荣中的基础性作用。第二，房地产开发企业为什么负债越高投资行为越多？这背后的逻辑和蕴含的风险是什么？第四章尝试使用"负债—投资发散（收敛）模型"将住房金融化下房企行为的完整逻辑理论化，并用经验数据加以验证。第三，居民部门储蓄率出现下降，那么居民部门的储蓄是否推动了住房投资？亦即是否存在一种居民储蓄向住房投资的转化机制？第五章延续第四章的解题思路，阐述市场需求端——居民部门的行为逻辑，并用经验数据精确检验居民储蓄率与住房投资、价格之间的相互关系。第四，在住房金融化现象发生之后，如何应对？住房租赁市场是不是居民部门的一个选项？如果不是，制约它的瓶颈是什么？如果是，政策突破点有哪些？第六章基于微观调查数据分析北京市住房租赁市场当下承租人的租购选择问题，详述了包括户口、收入、教育等内在显著影响租赁市场发展的一系列因素，并强调社会资本和正式制度在推动租赁市场发展中特殊和重要的作用。

第三部分为全书结论。这一部分再次梳理了本书的主要发现，并尝试提出破解住房金融化下"地产依赖"的政策建议。

第二章 中国城市住房金融化演化研究：过程、逻辑和机制

第一节 问题提出

1998 年住房制度改革是影响中国房地产市场发展、城市发展甚至整体经济发展的重要事件。对于"1998 年房改"的性质，学者们有不同观点。有部分学者认为，此次房改为住房商品化改革，将传统计划经济体制下的单位配额供给（"福利分房制度"）、单位—住户—国家"三三制"供应等住房分配方式，转化成了以市场机制为主导的商品化住房模式，核心表现为具备完全的住房价格信号，由价格引导住房需求和供给的均衡变动（李剑阁，2007）。也有一种观点认为，"1998 年房改"的本质是住房的货币化，即停止以往实物分配的方式，构建完整住房市场，并通过市场价格机制调整住房市场供给和需求，以货币支付住房产品对价。其实，早在1980 年，"住房商品化"的概念就已经提出[1]，并于当年在全国分批进行试点。另外也有观点认为，"1998 年房改"的本质是城市住房改革，并不涉及全体居民，没有城市户口的农民并没有享受到这次住房改革的红利（戴维·哈维，2016），但不可否认的是，此次房改是在一个宏大的城市化

---

[1] 1980 年 6 月，《全国基本建设工作会议汇报提纲》第一次提出"住房商品化"改革的概念。

浪潮背景下进行的，对于城市化进程中的农民和农村地区居民的居住状况等也产生了深刻影响。上述观点都阐释了近年来中国住房改革的特性。为应对 2008 年全球金融危机，中国政府开启了以扩张性债务融资为特征的大规模基础设施建设以及以房地产（住宅为主）开发为导向的快速城镇化过程，使国家整体经济增长得以维持，并拉动实体经济迅速从全球性金融危机中恢复。伴随这一过程，以全社会融资规模扩大为主要指标的债务扩张过程迅速放大，并推动整体经济进入金融化阶段（张成思、刘泽豪、罗煜，2014），住房部门金融化程度也随之加深，并与金融部门、地方经济形成更加错综复杂的"绑定关系"。西方发达国家同样经历了住房金融化过程，这从某种程度上成为 2007~2008 年全球金融危机的源头。从经济金融化视角来重新审视中国房地产市场自金融危机以来的发展过程和逻辑，厘清市场背后的内在机理，为房地产市场发展新阶段提供新的解释框架，并为未来房地产市场政策调控的长效机制提供理论工具，兼备理论和实践价值。

第二节　解释我国住房市场繁荣的一般性观点：一个综述

一、住房私有产权的赋权过程：住房所有权社会？

有关"1998 年房改"最常见的一种说法是，其本质是住房所有权向城市居民的赋权过程（李剑阁，2007）。但是这一赋权过程其实早在 20 世纪 80 年代初就已经展开。首先，1980 年后住房商品化试点在全国分批展开，经过 1982 年"三三制"补贴[①]试点，1982~1985 年我国住房市场迎来第一波"成长"高峰期。随后，1986 年《中华人民共和国土地管理法》出台，1988 年《中华人民共和国宪法修正案》赋予了土地使用权依法转让的法律基础，1988 年 12 月，《中华人民共和国土地管理法》修改议案提出"国家依法实行国有土地有偿使用制度"。1988 年 1 月"第一次全国住房制度改革工作会议"召开，同年 2 月《国务院住房制度改革领导小组关于在全国城镇分期分批推行住房制度改革的实施方案》由国务院批准印发。1994 年 7 月 18 日，国务院发布《国务院关于深化城镇住房制度改革的决定》（以下简称《决定》）。《决定》确立了住房建设投资新的格局，由传统的国家—单位二元统包过渡到国家—单位—个人三个主体合理分担的新格局；在住房分配方面，也由传统的实物分配方式，过渡到以按劳分配为主的货币分配方式；在住房供应方面，同步建立面向中低收入者的、具有社会保障性质的经济适用房体系以及面向高收入者的商品房供应体系；在住房金融制度方面，提出建立住房公积金制度。因此，住房私有产权的赋权过程并非始于"1998 年房改"，而是经历较长的政策实践历程和市场实验积累的。在这样的背景下，全国范围内整体性的、大规模的住房所有权赋权过程才逐渐展开。另外，这一过程与全球其他国家的住房私有化过程几乎同时发生，是全球新自由主义经济和政治条件下"住房所有权社会"的演化过程，购买住房已经是城市居民一种具有意识形态色彩的选择（Ronald，2008），特别是在东亚地区特有的"安居乐业"文化氛围下，中国的住房私有化过程显得尤为迅猛。

二、供给—需求决定论和预期决定论

住房所有权赋权论特别强调了房地产需求端在自上而下政策推动下形成的巨大市场力量。然而，这个观点却忽略了房改带给市场供给端的巨大

---

① "三三制"补贴政策，即对于实行补贴出售住房的试点，政府、单位和个人各自分担房价的 1/3。

激励以及供给端住房供应的巨大能力，这两个方面的共同力量推动市场向更均衡的位置快速移动。有很多学者借助供给—需求框架解释中国房地产市场的周期和资产价值泡沫的产生原因和背后逻辑（肖立顺、徐娜、山显雷，2012；Carrillo，2012；蒋雪梅、麦音华、汪寿阳，2013；施昱年，2014）。然而，住房产品的特殊属性决定了住房产品的供应要显著晚于需求，供需存在着显著的时间滞后性，再考虑到住房产品的空间固定性和流动性差等特点。因此，从房地产市场供需关系长期来看是非均衡的（朱咏敏，1992；陈浮、刘伟、王良健等，1998；王万力，2011；高帅、张红，2014），这种时间的滞后性常常是实质性的（戴维·哈维，2016）。投资性需求的产生更多依赖于公共政策的管制程度，自主性需求既受政策影响，也受家庭收入的影响（王万力，2011）。另外有研究特别强调了预期因素对房地产市场非均衡程度以及对住房价格持续升高的正向影响，因为预期因素的存在强化了住房产品的投资品属性，推高了长期需求曲线，并由此加速推高了市场价格（况伟大，2011）。资产价值的长期上涨进一步扭曲了市场预期，扩大了市场非均衡程度，并对市场主体的行为选择产生了巨大干扰。

三、货币超发论

供求决定论和考虑预期因素之后的（非）均衡分析为解释我国住房市场长期繁荣（成交量和价格齐升）提供了一般性的分析框架。然而，它并没有解释住房商品化过程中的"媒介"——货币所起到的特殊作用。住房产品不同于普通商品，生产和消费（或投资）都需要大量资金。1998年，《国务院关于进一步深化城镇住房制度改革加快住房建设的通知》发布，该通知中正式提出了"停止实物分配，逐渐实行住房分配货币化"的改革构想，由此"中国货币化房改"大幕正式拉开。同年4月7日，中国人民银行配套出台《中国人民银行关于加大住房信贷投入支持住房建设与消费的通知》，中国首次出现住房购置按揭政策，以期从需求端鼓励住房消费，从供给端推动商品房建设投资。1998 年 6 月 25 日，《中央国家机关个人组合贷款管理暂行规定》由中央国家机关住房资金管理中心发布，采取递次的住房改革思路，鼓励国家机关人员进行住房消费，并在保证贷款资金安全性、保障借贷双方权益合法性的前提下，充分发挥住房公积金和住房信贷资金加速促进住房消费和投资的积极作用。住房产品的商品化自然产生货币化需求，并与超额货币增发同时发生，一方面各种住房需求衍生出货币需求，提升了整体利率水平，为满足日益增长的货币需求，当局存在增发货币的内在动机（Yao，Luo and Loh，2013；赵燕菁，2018）；另一方面超额增发的货币量会优先进入投资回报率高的领域，在其他资本市场尚不健全的基本状况下，房地产市场成为了新增货币的重要流向，并且依据不同的城市规模呈现出差别化的住房价格增长特征（Wu and Bian，2018）。没有货币流动性的支持，大规模的房地产开发和居民住房抵押贷款增持是不可能实现的。然而，通过怎样的渠道机制才能实现流动性对房地产或住房部门的供给和激励？土地要素在这一完整的机制中起到核心作用。

四、土地财政决定论

2004 年 3 月，原国土资源部和原监察部联合发布《关于继续开展经营性土地使用权招标拍卖挂牌出让情况执法监察工作的通知》，其中规定 2004 年 8 月 31 日以后的经营性土地出让行为必须以"招拍挂"方式进行，即"8·31 大限"，进一步推进了住宅用地供应的市场化程度。这一政策强化了地方政府在土地供应方面的权力，同时也成为地方性"土地依赖"的开端。有很多研究认为，我国自 2003 年以来的住房市场繁荣与地方"土地财政"扩张有着紧密的联系。一方面，为解决地方建设的资金问题，地方政府通过加速进行土地出让活动，一次性变现未来财政收入，在低价补贴工业用地并进行招商引资的同时，高价出让商业和住宅用地，迅速筹集地方基础设施建设所需要的资金，完成了城市的原始资本积累（张莉、高元骅、徐现祥，2013；张莉、王贤彬、徐现祥，2011；陶然，2013；赵燕

菁，2019）；另一方面，由地方政府主导的以土地出让为引擎的地方经济
发展模式引致了地方政府间的土地财政竞争（周业安、李涛，2013），并
由此引致了地方住房部门的繁荣或泡沫和地方债务的积聚（陶然、王瑞
民、刘明兴，2017）。而作为住房成本中最重要的土地成本，高住房需求
又引致高土地需求，进一步抬高了土地价格，由此形成了土地出让——住房
市场量价之间的正向反馈关系，强化了房地产价格和土地价格之间的相互
反馈，特别是在房地产业土地——产出弹性显著大于制造业等其他实体产业
的条件下，投资活动显著向土地投资回报率更高的房地产业倾斜（王贤
彬，2014）。然而，土地财政的形成机理复杂，并非仅是通过土地出让金
的收取而产生。更重要的是，以土地增值为依托、以地方房地产市场繁荣
为信号（王雅龄、王力结，2015），地方经济中的不动产——土地和住房
的资产属性变为优质资产，并被当作优质抵押物（HQC）进行抵押融资活
动，形成了规模更大的地方政府信用机构和衍生机构，如地方政府融资平
台公司等，以及由此派生出来的地方政府债务机构。这些债务通过金融系
统向实体经济部门渗透，被产业部门和居民部门吸收，进而衍生出以全社
会债务扩张为特征的经济金融化现象，这一机制是隐藏在土地财政背后进
一步扩大以住房市场繁荣为主要特征的地方经济增长的深层原因。非市场
化的土地要素市场与市场化程度已经非常成熟的房地产市场构成了不完全
市场机制，一方面，价格信号传导并不能充分体现土地、房地产市场的全
部信息，在资产价值上涨预期下，反而会进一步诱导价格更加偏离非均衡
位置；另一方面，对于公共政策决策和指定机构，非完全信息往往会诱导
公共政策失效和"政府失灵"，因此，非完全市场条件下的周期性风险不
能够被"逆周期调控原则"对冲，造成调控政策陷入"越调越离谱""越
离谱越调"的恶性循环。住房政策的影响也被纳入住房市场繁荣因素的分
析框架中。

五、公共政策调控论

如上文所述，也有一种观点认为，房地产市场的繁荣整体来说属于"政策市"，与中央政府的宏观经济政策和地方政府的区域性政策驱动显著相关（张清勇，2008）。在 2003 年中央政府明确提出"房地产业作为国民经济的支柱产业"之后，房地产市场快速发展的基调被确定下来，各个维度的调控措施均在此基调下实施，直到 2017 年底中央明确"房住不炒"的基本原则，这种情况才有所改变。但是，也有研究证明了，作用于需求侧的强制性房地产政策调控的效果长期来看其实并不显著（叶剑平、李嘉，2018），虽然短期来看，限购令等政策对于住房市场价格和交易量有负向影响。因此，单纯地认为政府公共政策冲击、影响甚至左右住房市场发展有失偏颇。1998 年房改后，住房市场繁荣背后的逻辑和内在机理还是需要在非完全竞争的市场情景下进行探讨，经济金融化为我们提供了更全面的概念框架和分析视角。

六、一个述评

1998 年房改后，中国房地产业在国民经济中长期处于重要位置，与中国经济增长休戚与共。在应对 2008 年金融危机中，中国政府主导的房地产市场繁荣（以住房市场为主体）以及巨大的举债基础设施投资浪潮为减少全球性金融危机的负面影响，保持持续经济增长发挥了重要作用（戴维·哈维，2016）。以往研究对于住房和房地产部门与宏观经济增长之间的相互作用已有很多探讨，但是总体来看，这些研究仍有如下不足：第一，在分析市场供需关系问题时，往往采用传统经济学的均衡框架，对房地产产品本身性质的探讨还不够充分，房地产产品的性质突出表现为住房产品和住房投资时间滞后性所导致的市场信号时滞以及实际投资和交易行为的时滞，这不仅体现在统计数据上，更体现在对市场预期的调整以及对实际市场供需均衡或非均衡位置的影响上，因此这些研究无法充分解释量价信息在市场时空中体现出的相关性和不同于一般商品的行为特征。第二，土地价格是房地产价格的权重最大部分。但是不同于西方完全私有化的土地和住房制度，我国地方政府是城市国有土地的实际供应者和监管者。我国土地一级市场的垄断性和二级市场（房地产销售和投资市场）的竞争性决定了我国房地产市场量价偏离均衡位置的长期性。但是，土地财政的"激增"和巨大作用依然是在我国城市化进程下的地方政府竞争机制中出现的（周业安、李涛，2013），是在金融危机时代后的地方举债竞争中进一步加强的。土地财政本质上是一种未来资产价值一次性贴现的行为，地方政府债务扩张依赖的是作为优质抵押品的土地和城市不动产资产价值的稳定性和中长期上涨预期。因此，不理解土地与地方政府、房地产与居民部门在权利归属关系上的紧密联系，以及土地与房地产天然的金融品属性和行为特征，就无法全面理解地方政府"土地财政"依赖所形成的短期和长期债务的跨期选择行为基础，即地方政府实际上是在平衡短期债务和长期债务的利率期限，以解决当期和远期地方经济发展的融资问题。第三，货币超发论其实是公共政策论中的一部分，房地产业是资金密集型产业，其增长必然依赖货币资本，然而二者之间的相关性不仅仅是由广义货币印发这一种货币供应形式提供支撑，影子银行系统以及经济发展到金融深化阶段的各种衍生工具均为其他资本向住房资本的转换提供了条件。更重要的是，在我国现有金融体系下，上述条件依靠国有经济主体层层担保增信，依靠政府信用增加杠杆，放大经济整体信用规模，"创造"出新的货币，而这部分货币并不是央行通过货币工具提供的。

综上所述，理解我国 1998 年房改后的房地产经济增长需要新的分析框架。在这个框架中，至少需要考虑到如下要素：第一，住房或房地产产品作为金融产品的一般性和特殊性特征，包括资本密集性、优质抵押品属性、价格波动性、建设和交易的滞后性等；第二，需要将住房或房地产部门放在经济发展到金融深化阶段的宏观背景下加以分析，房地产的繁荣既是经济金融化的重要表现，也为其提供了重要支撑；第三，需要将住房或房地产部门、地方政府、金融机构和产业部门共同纳入更为一般性的分析框架，对其在地方经济增长和竞争中的行为选择和逻辑进行分析；第四，需要进一步细分供给侧和需求侧不同主体的不同金融化行为，大致可分为需求侧的金融抑制和供给侧的金融自由，由此引申出需求侧和供给侧住房金融化发展的整体演化机制，并为有的放矢地提出综合性的宏观调控方案提供分析框架。

第三节　债务驱动论：住房金融化的基本逻辑

一、什么是住房金融化

"金融化"在当前国内外经济学界引发广泛讨论，是基于不同经济学分支的研究范式进行理论建构、规范性研究的新学术词汇（Pike and Pollard，2010）。通过梳理已有相关文献，其内涵可以概括为如下三个方面：第一，金融化尝试阐释金融部门对于其他产业部门的渗透、交融甚至替代现象（Pike and Pollard，2010），这其中又以向房地产部门渗透最具代表性；第二，金融化同样尝试描述微观经济主体——居民和企业（特别是非金融企业）行为方式的变化，除了将自由资金或借贷资金投入金融市场领域，其行为预期还由传统产品市场较为长期的成本—利润导向逐渐过渡到金融市场较为短期的投资—收益导向，在金融深化程度不高的经济体中，投资又以债权投资为主，股权投资尚不占据主导地位，金融系统因债务累积而蕴藏了更多的风险和不确定性（Cetina，Karin and Preda，2004；Pike and Pollard，2010）；第三，金融化不仅对经济领域产生了影响，也对社会、政治和文化领域产生了影响，并由此引发了全社会多层面、多维度的转型（Erturk，Froud and Sukhdev，et al.，2007；Savage and Williams，

2008；Yang and Chang，2018）。

在经济金融化趋势下，住房部门的金融化程度进一步加深。金融资本在住房市场需求与供给两侧加速集聚。由于住房部门在国民经济中的特殊作用，这一过程被进一步放大。住房金融化的特征突出体现在如下三个方面：第一，居民通过金融工具购置住房，住房是居民最重要的资产；第二，房地产企业通过金融工具进行融资，金融和其他非金融企业通过持有住房获得资本增值带来的利润，住房产品本身已经显示出金融产品的属性，并连同金融市场形成特定价值传导机制，在相对封闭的场域中自我循环增值；第三，作为公共部门的地方政府是住房所需土地的供给者。地方经济发展同样通过金融工具进行融资活动，而土地增值预期是土地抵押行为最理性的政府信用来源，这种预期体现在区域经济的活跃程度上，其中最为重要的是地区住房部门的价格信号机制（王雅龄、王力结，2015）。这一逻辑又进一步加深了地方经济对于住房部门的依赖，强化了上述住房部门—金融部门之间的密切互动，住房金融化现象开始形成。从已有研究的定义可知，住房金融化是金融资本在房地产领域聚集积累的过程，同时也是内生于整体经济结构性转化过程中的房地产部门向金融深化发展的过程（陈享光、黄泽清，2017；Aalbers，2017；Palley，2013）。综合前述研究，本书将住房金融化定义为：住房产品金融属性增强，资产价值脱离市场基本供求关系，在住房—金融—土地闭合系统中自我加速增值的现象，具体表现为在上述三个维度中的债务比重过高。这一过程或引致地方住房市场甚至经济空间格局差异性增加。

在房地产部门长期作为国民经济增长支柱产业的情况下，住房产品高附加值、低风险性特征成为逐利金融资本的优先选项。为了维系投资回报率，更高的附加值需求导致了金融系统中金融工具更广泛的使用、更高的杠杆率以及更大范围的社会债务扩张，这也成为住房金融化趋势的典型特征。在宏观经济金融化和住房部门金融化的趋势背景下，地方经济乃至整体经济对于房地产业，特别是占最大权重的住房部门的依赖度逐渐加深，这种"房地产依赖"的形成过程与三级住房金融化的演变过程一致：一方面宏观经济对于房地产业的依赖内生了住房金融化的需求，另一方面三级住房金融化的递次演变进程也进一步加深了经济社会对于房地产的依赖。

二、城市化浪潮下的金融化与住房金融化

经济金融化现象需要与大规模的城市化过程结合起来讨论。中国经济金融化过程特别需要在整体城市化的背景下予以考察。中国城市化过程是世界范围内城市化过程中的一部分（爱德华·格莱泽，2012；大卫·哈维，2016）。但是，其超大的规模和由此派生出来的超强的生产能力在全球城市化运动中表现独特。特别是在后金融危机时期，全社会整体进入债务扩张过程，这同时也是地方城市化的加速期。2014 年我国政府提出《国家新型城镇化规划（2014~2020 年)》，自上而下明确提出了城镇化发展目标。在这段兼具应对危机和刺激内需的"重大历史责任"的特殊时期，中国的住房和房地产繁荣以及巨大的举债基础设施投资浪潮发挥着主导作用（戴维·哈维，2016）。在这一大规模的"造城运动"中，地方政府一方面通过大规模举债建设基础设施以增加地方投资和 GDP，并通过"土地财政"回笼资金填补债务缺口，以土地作为抵押物通过各种平台公司（如地方融资平台）筹集建设资金，形成巨大的、包含不同期限的债务资金池，撬动天量债务；另一方面通过银行或非银行金融管道向实体经济和居民部门渗透、吸纳民间资金，主要表现为通过各种银行理财、信托计划、资管计划、基金定投、P2P 等纷繁复杂、多层嵌套的金融产品进行全社会融资活动。在城市地区，以住房产品资产价值增值为信号，按照代际或者户籍隔离，"差序"吸纳实体产业部门和居民部门资金，返还到住房和房地产部门或者地方基建领域，形成巨大的融资闭环，将传统经济增长逻辑转化为经济金融化下的经济增长逻辑，地方政府的行为方式也从管理主义式的行为方式转向企业家式的行为方式（大卫·哈维，2017）。在政治经济学范畴，则是从"生产空间的剥削转向生活空间的剥削"（大卫·哈维，2016）。遵循这一逻辑，股东最大化原则对于投资回报率的刚性要求，以及生产部

门边际报酬递减导致的利润率下降，必然会导致资本主义经济的内在矛盾爆发（大卫·哈维，2016）。解决这一矛盾的关键是，既能为利润率持续下降的生产部门及其生产产品找到替代物，又要锁定投资回报率的要求，找到稳定的、持续增值的融资信用来源。土地和住房为地方政府融资和向全社会渗透的社会融资提供了"优质抵押物"，并且平滑了不同债务期限的投资收益曲线，使以"债务扩张"为特征的金融化经济得以维系。这一过程中一系列住房市场现象表现为：住房市场价格持续增高，价格与供应量呈现同向变动，以及在市场繁荣预期下，房地产企业杠杆率不断提高等（Guo，Xu and Zhang，2016）。

住房金融化过程还会体现在空间维度上。住房金融化过程不仅形成了全社会债务流动的物理和制度基础，而且引致了住房市场和区域经济增长形态的分化。在内生经济增长理论框架下，资本增长存在边际报酬递减和人力资本边际报酬递增的情况，后者效应往往大于前者，因此会带来人力资本在空间上的集聚现象。这就解释了为什么具有高资本禀赋优势的地方的人力资本不向低资本禀赋优势的地方流动。人力资本边际报酬递增带来人力资本和资本集聚，集聚带来知识资本溢出，产生企业关联，增加企业收入，企业收入分配到人，增加人的收入，增加地方购买力等（小罗伯特·E.卢卡斯 2014）。在我国，一线城市和区域性核心城市具有中央地方政府关系便利和资本可获得性的禀赋优势，因此较其他城市具有更大的原始资本优势，这点在"房改"开放初期就显现出来。再加上公共政策倾斜，住房资本化优先从一线城市和东部沿海核心城市展开。但是，由于在"房改"初始非一线或非核心城市在资本获取和资本流通等方面的初始禀赋不及一线或核心城市，因此住房资本存量 HK 的边际报酬极高。在住房市场化持续推进，一线或核心城市住房资产价格已处于明显高位的情况下，为什么资本不向具有显著高资本边际报酬的地方流动，而继续向大城市聚集？住房金融化逻辑也可以在内生增长理论框架下对上述现象提供补充解释。首先，资本已不仅仅可以划分为传统的实物资本和虚拟资本。虚拟资本大项下，债务已经作为一种特殊的资本补充到资本内涵中，并表现出了独特的行为逻辑。因为金融工具和技术的发展，债务的获得形式和实现形式日益丰富，资本本身展现出独特的边际报酬递增现象，即在"金融化逻辑"下进行的"理性负债"行为：通过负债追加投资，增大资本规模，但是初始资本（原始资本）却始终不变，在这种情境下，边际收益曲线不仅会高于经典理论下的资本边际递减曲线，甚至会形成边际递增曲线，从而延迟达到经济增长稳态的时间。特别是在金融市场尚未成熟，财政和准财政手段仍然作为资金融通主导形式，依赖政府信用和银行信用兜底，刚性兑付行为普遍的情况下，会产生对存款准备金和资本金保险的"路径依赖"。因此这时的"理性"已经不是传统意义上的利润最大化行为，而是加入负债的投资回报率最大化行为。此时债务存在边际报酬递增的效应：一方面，债务被私人化的企业和个人转化为实际投资行为，比如住房投资；另一方面，这些债务经由整个经济的信用系统和银行系统产生（这个系统属于基础设施范畴，亦由全社会共同建设），又在全社会共同分摊。这就导致了资本的边际收益曲线被不断拉高，在这样的条件和预期下，企业和个人在高资本聚集地之外的区域投资边际成本（主要是计入债务的土地投资成本）大于追加投资的成本（债务成本被全社会分摊，无限低于实际支出的成本），因此并不存在分散投资的激励，反而促进了资本的进一步集聚，进而形成几个"阶层式"的全国性市场的极点或中心，如一线城市的北京、上海、广州和深圳，以及区域性中心郑州、西安、武汉等。因此，西方自由主义经济下"自下而上"的内生型增长模式不能完全解释中国的经济增长，特别是依托于地方（城市）竞争的房地产投资—拉动型经济增长，"债务—投资"模式对于投资边际收益曲线的修正大大提升了经典模型假设下资本边际报酬的收益曲线，并且平滑了不同资本（特别是住房资本）初始禀赋下不同城市和区域经济增长趋近稳态的路径。以住房金融化为主要表现形式的"经济金融化"在这一过程中发挥了至关重要的作用，其作用主要通过三个阶段的发展逐渐实现，并且在这一过程中形成了特定机制以实现制度化。

三、三级住房金融化与双重融资循环

住房金融化过程存在三个阶段，分别为：第一阶段，摆脱财政资金支持和低价租金形式的实物分配制，转而依靠银行系统资金支持的住房抵押贷款阶段，又被称为住房产品的货币化分配阶段。该阶段住房属性仍然以消费属性为主，其特征包括住房自由化率和住房抵押贷款占银行信贷资金比例的显著上升（Aalbers，2017）。第二阶段，非银行资金进入住房开发和住房消费领域，包括信托、基金等在内的非银行金融机构在中国语境下通常被称为"影子银行"系统，这一阶段被称为住房的社会融资阶段。其显著结果体现在两方面：一是利用显著高于银行的贷款利率进行加杠杆操作，提升社会整体杠杆率水平；二是"扬声器"作用，使全社会的住房领域资金需求和供给规模进一步扩大，迅速动员社会资金在短时间内实现流动性扩张，增加了全社会的金融风险（Palley，2013；Aalbers，2017）。第三阶段，第一阶段形成的住房抵押贷款及第二阶段形成的杠杆化的社会融资（载体为各种形式的债权）可以进一步被打包证券化，从而进入资本市场流通，在西方语境下，这是最广义的"影子银行"系统，其特征如下：一是住房领域债务进一步社会化，对接资本市场后，降低了社会资本进入住房领域的成本，进一步扩大了住房领域资金来源；二是集聚并对冲了住房债务风险，并将这种风险通过资本市场在更广大的社会范围内加以分摊。然而，我国现阶段对于第三阶段住房金融产品证券化仍然持非常谨慎的态度，并没有真正意义上的住房证券化产品。我国目前仍然处于住房金融化过程的第二阶段，即住房的社会化融资阶段。在此阶段，住房抵押贷款阶段的显著特征仍然存在，并且与第二阶段叠加并对住房市场产生影响，呈现出"双级金融化"的主要形态。

在三级金融化的演进下，实现并推动金融化演进的物理基础是以政府部门、金融系统、房地产开发企业和居民部门为主体的双重融资循环机制，根据主导主体的不同，这一机制分为由地方政府主导的政府融资循环机制和由市场主体引导的社会融资循环机制。两种机制为金融化演化过程中的"债务—信用—投资—清偿"的资本流、信息流和价值流提供了基础架构，并以地方政府实际控制的土地要素使用权和居民部门实际享有的城市住房所有权为核心，串联起后金融危机时代地方经济增长的独特模式。

第四节　三级金融化过程：住房金融化发展的三个阶段

一、一级住房金融化：银行系统住房类贷款的扩张

早在 1998 年"房改"之前，中国政府就已经开展了个人住房担保贷款试点。1996 年《中国工商银行个人住房担保贷款管理试行办法》是我国个人住房贷款的真正开端。1998 年发布的《国务院关于进一步深化城镇住房制度改革，加快住房建设的通知》于 1999 年在全国范围内推行。同年 4 月 7 日，中国人民银行配套出台《中国人民银行关于加大住房信贷投入支持住房建设与消费的通知》，中国首次出台住房购置按揭政策，以期从需求端鼓励住房消费，从供给端推动商品房建设投资。同年 6 月 25 日，《中央国家机关个人组合贷款管理暂行规定》由中央国家机关住房资金管理中心发布，采取递次的住房改革思路，鼓励国家机关人员进行住房消费，并在保证贷款资金安全性、保障借贷双方权益合法性的前提下，充分发挥住房公积金和住房信贷资金在加速促进住房消费和投资上的积极作用。同年 6 月 28 日，《中国工商银行个人住房贷款管理办法》正式发布，并在沿海发达地区先行试点，中国工商银行成为第一个落实并推动个人住房贷款的商业银行。1998 年，全年各商业银行发放住房开发贷款 74.32 亿元，比上年高 63.2 亿元，发放个人住房贷款 5.66 亿元，比上年增长 4.46 亿元。截

至 2017 年底，金融机构本外币住房贷款达到 405150.18 亿元，占银行各项贷款余额的 32.3%，在五大行贷款比例中，占个人贷款的比例约为 70%，考虑通胀因素，较 1998 年底增长近 7 万倍。经过多年的房改，我国已经完全进入一级住房金融化阶段。

二、二级住房金融化：银行与影子银行系统在住房市场繁荣期的角色

住房市场成为产生与吸纳地区债务的主要经济部门，住房抵押贷款在银行贷款中始终占据重要份额，一级住房金融化阶段已经"坐实"。然而，除了银行贷款对于住房市场价值的巨大"支持"，我国不断发展的影子银行系统，包括投资银行、信托、证券、基金等机构以多层嵌套等方式对于涉房类信贷进行再次打包，将其"加工"成二级金融产品在市场上再次销售给投资者，再度将债务转移到居民部门或非金融和非住房部门，进一步扩大了房地产信贷的杠杆率。以信托产品为例，截至 2018 年，房地产信托产品仍然占整个信托产品份额的 20% 以上，是信托资金最大的投资领域，其次为公共基建类。除此之外，涉房类信贷资金经打包或"再加工"为证券化产品后以低利率在银行间市场交易①，并未流向实体经济，此现象被称为"资金空转"，极大地降低了信贷资金利用效率。然而，银行与影子银行围绕住房产品和政府基建所采取的融资行为，极大"助力"了房地产市场繁荣，特别是住房市场的繁荣。在后金融危机时代，借助政府自上而下引导经济稳定和持续增长的过程，金融部门与住房部门唇齿相依又"心领神会"，以扩张性债务融资的方式，为住房领域和政府基建提供了充足的流动性支持，这主要表现在两方面：一是政府公共基础设施的大规模兴建，二是住房市场价格的持续上涨。依托于金融系统的双融资循环机

---

① 目前我国尚无明确法律允许证券化产品在资本市场进行平台交易。因此证券化产品多依据交易架构中主体所在市场的交易平台进行操作，进行交易最多的为银行间市场。

制为债务融资提供了制度基础。

三、三级住房金融化会发生吗

使用资产证券化与复杂衍生工具，将住房债权打包后并以证券化产品形式在资本市场流动进行"再融资"（罗伯特·M.哈达威，2014），这是三级住房金融化的典型特征。然而，正如上文所说，目前我国监管部门对于三级住房金融化一直采取非常谨慎的态度，其原因有三点：第一，金融创新的市场冲动一直存在，但是监管部门宏观审慎的监管态度，和自上而下的制度建构并没有为各种复杂衍生产品提供足够空间。特别是2018年初发布的《关于规范金融机构资产管理业务的指导意见》要求对于各种复杂金融产品进行穿透式管理、严控杠杆率和清理多层嵌套等，复杂衍生产品的创新与推进存在制度束缚。第二，监管部门采取最严格的监管态度对金融创新产品，一方面是由于美国次贷危机的前车之鉴以及金融衍生产品本身所带来的海量垃圾债务处理问题，另一方面是我国对于金融创新产品的监管仍然缺乏基础技术上的成熟建构，最重要的是缺乏多层次、针对性的金融产品信用评级系统，对金融产品进行监管的数据基础和专业化架构并没有成形，因此监管部门无法像西方发达国家一样对于金融产品进行"数字管理"。第三，住房金融化产品的核心部分——资产的现金流量表核算以及全行业的价格信号、交易信息等市场基础特征信息并没有形成数据基础以及全社会公认的信息基础，具有科学性、权威性的住房租金价格指数，商业地产租金价格指数等价格系统尚未建立，无法在市场上形成有效的价格信号以供市场主体参考或对金融创新产品进行定价，因此监管部门实际的监管行为缺乏坚实的基础。

第五节 双重融资循环机制：债务驱动型住房价格上涨的核心机制

一、双重融资循环机制：政府和住房部门同步债务扩张助推住房市场繁荣

1. 政府部门与金融系统：构建承载信用和债务的公共基础设施

我国政府为应对全球性金融危机对国内经济造成的不良影响，采取了积极干预措施。其中比较重要且效果显著的是"四万亿"经济刺激计划和"新型城镇化建设"。前者通过政府扩大公共投资支出到特定领域的方式，增加了公共领域的信贷供给，特别是公共基础设施建设方面的投入，开启了政府债务扩张的过程。2012~2017 年，30 个省（自治区、直辖市）的地方政府公共财政预算支出均大于预算收入，除了山西（-4.63%）、重庆（-5.78%）、贵州（-2.71%）、青海（-16.00%）四省份财政赤字呈现下降之外，其余省份财政赤字较 2012 年基期均有扩大。但是，政府财政公报的财政赤字仅是地方政府债务的"冰山一角"，更大比例的政府债务通过政府与金融系统共同铺设的"债务—信用"管道——双重融资循环机制，以杠杆乘数形式加速了地方债务扩张。双重融资循环以政府实际控制供应的土地为抵押物和以居民部门实际持有的土地地上物——住房之所有权为核心，分为政府融资循环和社会融资循环两大循环。政府融资循环包括两个阶段：第一阶段，传统的政府融资活动围绕地方土地，通过土地出让行为获得土地出让金进入政府预算外收入账目单独核算，并通过不同地类地价差异，特别是工业用地和住宅用地之间的基本地价差异，实现价格结构上的"居住部门补工业部门"，成产业结构上的二次产业初始低成本生产

的边际报酬递增优势（陈志勇、陈莉莉，2011；颜燕、刘涛、满燕云，2013）。第二阶段，金融危机后，为应对危机对于经济的负向冲击，中央政府采取了以大型公共基础设施为引擎的经济刺激政策。为迅速筹集地方建设资金，地方政府纷纷设立地方融资平台，以土地作为优质抵押物进入资产负债表，并以政府信用为担保，通过土地要素撬动资金杠杆，吸纳海量债务融资，实现土地资产价值从资产向负债的转化。"以地生财"的传统"土地财政"模式逐渐演变为"以地融金"的"土地金融"模式（郑思齐、孙伟增、吴璟，2014）。与这两个阶段相伴的是全体社会债务水平的提升和社会融资循环的扩张运行。一方面，地方政府债务融资产生的巨额债务在银行系统和非银金融机构（比如信托、基金等）予以消化；另一方面，"土地财政"收入通过地方持续的房地产市场繁荣得以维系，一部分在居民部门"再吸收"，转化为居民部门债务，另一部分则是通过居民储蓄形式直接实现私人储蓄向住房资本的转移。依托于政府融资和社会融资两条管道，地方政府和银行系统共同构造了"债务—信用"运行的基础设施，为全社会"债务流"的流动提供了实物基础和制度基础。

2. 房地产开发企业：债务产出与吸纳的主体

以"土地财政"和"土地金融"为主导的政府融资为城市发展所必需的公共基础设施建设迅速完成了资本积累，同时也为全社会债务扩张奠定了基础。上文描述了政府融资循环中债务的产出与回收过程。政府融资中初始产生的债务大部分由银行系统承接，由未来土地收入贴现作为偿还标的。土地出让金的来源涉及产业部门和住房部门，因为我国长期采取"低（甚至零和负）工业用地地价，高住宅用地地价"政策（张清勇，2006；王彦博、沈体雁，2018），所以大部分土地出让金来源于住房部门。涉及房地产开发企业和居民部门的第二层融资循环机制因此产生。其中，房地产开发企业起到了产生和吸收债务的重要作用。首先从债务产生角度来看，基于全国层面数据，2017年房地产开发企业杠杆率为79.1%，在按照工业企业划分的企业类别中高居榜首，在纳入第三产业的全行业排名中亦排名第七位①。如前文所述，房地产开发贷款是商业银行贷款中的主要类型，在主要大中城市房地产行业资产负债率统计中，银行贷款占据房地产开发企业资金来源的 60%~70%，并且呈现出显著的地区性差异。房地产企业除了通过银行系统申请获得开发贷款（往往是低息的）之外，也可以通过非银行金融机构，采用二级金融化手段——贷款再打包、多层嵌套为理财产品或信托计划等方式，获得流动性支持（往往是高于银行贷款利率的），进而进入更大规模的房地产开发环节（一级或二级）。特别是在市场持续繁荣，需求端有足够购买力消化住房市场产量的条件下，行业的高杠杆特性促使房地产开发企业加速"拿地"（一级市场），追加开发投资，并同时提高销售节奏（二级市场；俗称为"走量"，这点在东部发达地区尤为突出），回笼资金以保证稳定现金流和满足追加投资条件，同时为偿还不同期限债务进行一定程度的资金储备，由此形成"负债—投资"不断发散的路径，进一步推升整体杠杆率。因此，房地产开发企业不仅仅产出了债务，同时也"吸纳"了居民部门的债务。在实际操作中，居民部门与房地产开发商购房款的结算通过银行进行，因此实际上是银行将全款划转到开发商账户，而账面上计入购房者首付款（或全款）以及负债款项。在居民部门大部分依然依靠住房按揭贷款购房的基础上，居民部门的债务被房地产开发企业的销售行为"吸纳"并进入第二层融资循环中。

3. 居民部门：分散化所有权与集体化债务分摊

在第二层融资循环机制中，对于住房需求者——消费者或投资者来说，一方面他们可以通过申请商业银行住房按揭贷款获得住房购置的流动性支持，转变为长期债务人；另一方面对于一部分投资者来说，他们还可以通过购买银行理财产品或信托产品等房地产开发投资相关金融产品的方式，即二级金融化渠道，将资金重新投入房地产领域，进而形成短期债务，并成为债权人。这两方面都进一步促进了社会融资规模扩张。其实，居民部门在第二层融资循环中的作用还有两个：第一，城市化进程中不断

---

① 根据《中国统计年鉴》（2018）中的数据核算。

涌现的居民部门购买力为城市住房价格的持续增长提供了稳健的支撑和预期。这反过来引致了带有显著区域性特征的投资和再投资行为。城市住房价格的起落成为地方经济增长和引导区域投资行为的信号（王雅龄、王力结，2015）。第二，居民部门起到了通过住房产品分散住房所有权，并以私人化的形式产出债务的作用，同时这一部分债务又进入银行系统，以住房产品作为抵押的形式，在实际住房供应方——房地产开发企业的账面上以现金或银行支票的形式冲抵了，银行账目上新增了债务，扩大了银行体系的信用规模，在资产价值上涨预期下，这个过程会不断持续并且加强。因此，银行系统会不断增信，追加贷款过程，而这一过程都将以央行再贴现或者流动性支持的方式得以维系，其结果就是增加整体广义货币供应量，降低全社会名义利率水平，提高通胀预期，进而降低实际利率。在这样的机制传导下，私人化的债务借由本是"公共产品属性"的金融系统管道在全社会范围内分摊了，产业部门和居民部门都需要分担（并不平均地）由于通胀预期调整带来的成本压力。另外，长期住房产品价值增值和大规模公共基础投资叠加导致的全社会投资结构失衡，在低利率的条件下进一步被强化，虽然"钱多且便宜"，但是在金融化的逻辑下，却没有除住房产品以外更优的投资品，因此投资极易进入"流动性过剩"阶段，引发"假性流动性陷阱"，即经济在低利率水平下运行，整体投资活动并不活跃，但这种不活跃并不是全行业的一致性行为，其中大部分投资进入单一领域——房地产领域，导致该领域投资旺盛。特别是在居民部门将自己的大部分储蓄已经转化成住房产品形式的条件下，投资活动将更加乏力，因此经济下行的压力也被全社会分摊了。除此之外，在二级金融化渠道上，居民部门中的"高净值人群"同时还可以"认购"债务，化身为债权人，这也从另一个方向强化了上述的债务私人产出与社会分摊机制。

二、"房地产依赖"：供给侧金融自由与需求侧金融抑制

经济金融化是以住房金融化为显著特征的。如前文所述，住房金融化

过程通过政府融资和社会融资双重循环机制在实物和制度基础上得以实现，又通过"债务—信用"形式的资金流在住房市场供给和需求两侧得以串联。但是，融资的难易程度和平衡性在市场供需两侧并不是平均的。这需要放到经济金融化这一更大的视角加以分析。

按照爱德华·肖（2005）和罗纳德·I. 麦金农（1997）的金融深化论，我国金融市场起步较晚，仍然处于非完全竞争市场，特别是资本市场——股市和债市的建构并不完备（吴晓求，2016）。而且，我国到 2013 年左右地方债券市场才刚刚建立，到 2016 年左右才形成市场化的债券价格和利率信号。与此同时，正如前文所述，我国政府对于金融自由化的理论观点始终持谨慎态度，并采取严格管制金融创新活动，采取最为审慎的金融市场开放政策，谨防系统性风险。一方面，这确实对于系统性风险的防范起到了极强的控制和监管作用，但另一方面，长期的金融抑制，扭曲了金融市场，特别是资本市场的价格信号，导致资本价格和利率作为资金供需结构的信号机制几近失效。这从制度和市场根源上导致了各类资本向"非市场均衡"条件下的领域倾斜错配。

2008 年金融危机后，我国实体经济，特别是出口部门承压，国际市场需求大幅度萎缩。在这样的外围市场条件下，我国政府采取积极的财政政策，以扩大地方基建和新型城镇化策略为引擎维持经济增长，避免全球性金融危机的影响，并实施了一揽子具有明确指向的"四万亿"投资计划，其中大部分资金用于地方基础设施建设。"四万亿"计划的初衷符合中央政府"救市"的诉求，然而，金融市场的不完善，特别是长期过度依靠间接融资、轻直接融资的社会整体融资偏好，导致在进行如此大范围的债务融资活动后，资金流向并不能够完全实现"救市"的初衷。首先，在金融化逻辑下，资金自然流向投资回报率高、安全性高且有价值稳定抵押物增值的领域。地方政府实际控制的土地（因为政府融资，地方政府亦需稳定的收入来源）和城镇化进程中城市居民部门的住房（因为未来资产价值和公共服务贴现偏好，易形成一致的增产价值上涨预期共识）成为流动性中的最优流向。其次，金融市场不完善，特别是股市和债市两大直接融资渠道发展不成熟，导致资本市场乃至全社会无法形成有效的利率信号，在居民部门长期高储蓄率的前提下，无法形成有效的储蓄—投资转化，保障社会资金转向最需要资金支持的中小企业和公共服务部门，资本只是遵循市场和"非正式约束"的规律，注入房地产领域。再次，流动性注入房地产领域的过程在市场的供需两侧是不平均的，突出表现为"供给侧的金融自由和需求侧的金融抑制"。如前文所述，在市场供给侧，由于政策和制度阙如，以及"房改"和城镇化进程的共同深化，市场基本面——资产价值长期上涨的预期在全社会已达成共识，大中城市住房市场需求旺盛，房地产开发企业不断进行扩大再投资和销售活动，疯狂购置土地和采用价格歧视机制进行市场分割和"走量快销"。房企进行扩大再投资的方式进入了"二级金融化"，部分房企甚至进入了"三级金融化"阶段，转而进行各种形式的非内源性融资活动，房地产行业杠杆率节节攀高。这一过程进一步助推并扭曲了全社会实际利率水平，引致了流动性过剩，不仅引致虚拟经济部门将优质资质转移到房地产领域，甚至引致实体经济部门转向"房地产领域开发"，形成全社会参与经济部门的"集体性做市"。[①] 最后，这种流动性过剩效应传递到居民部门。自 2009 年以后，我国城市居民储蓄率逐渐降低，原因是全社会流动性过剩导致的实际利率降低，改变了居民部门的边际储蓄倾向，进而扭曲了居民的投资和消费偏好。然而，不同于市场供给侧的厂商行为，由于长期市场利率扭曲导致的信号系统失灵，再加上我国"投资者教育"起步较晚，居民部门显著缺乏多元化的投资管道，长期"金融抑制"引起的负外部性成本转嫁到居民部门，将居民储蓄挤入分散化的住房所有权领域。因此城市居民，特别是刚刚伴随城市化进程"进城"或"被进城"的"新城市居民"也纷纷遵循金融化的逻辑，将自己的储蓄转向了资产价值节节升高的城市住房，甚至不惜采用家庭性"内源性融资"方式——掏空两代甚至三代人的储蓄去购置城市房产。这一过程从需求侧进一步推动了流动性向住房部门转移，同时加剧了资金供需两

---

① 以资金投入巨大的中国足球超级联赛为例，14 支球队的赞助商全部涉及房地产开发领域。

侧的比例失衡。因此，住房金融化的本质是我国地方经济对于房地产资产价值增值的依赖，而房地产资产价值增长又源于市场供给侧的金融自由导致的流动性过剩效应以及市场需求侧金融抑制导致的储蓄—投资转化受阻效应的叠加。

三、一个定理和三个推论

结合上文分析，本书进一步归纳和抽象概念框架和机制，形成住房金融化的概念框架，这个框架包括由一个公理推出的一个定理和三个推论。

公理：住房产品资产价值升值是全社会长期以来达成的共识，且是刚性共识。

定理：因为公理中的刚性共识，住房产品可以跟银行进行抵押品—信用互换，撬动海量债务，在供给侧拥有自有资本 C1，需求侧居民部门拥有自有资本 C2 的情况下，只要债务增长规模可以被住房资产价值增长规模覆盖，债务就会无限增加。

推论一：住房资本存量 HK 包括自有资本 C 和债务两部分。相对于自有资本 C，债务增加本身可能会出现边际报酬递减，但是 C 却始终是边际报酬递增的，因此对于个体来说——无论是开发商还是居民，住房资本存量 HK 都是边际报酬递增的，住房资本存量 HK 由于这种特性从经济增长的总资本存量 K 中剥离出来了，这种特性即住房产品的抵押品特性。

推论二：增加的债务以私人所有权的形式产生（私人认购），但是债务进入金融系统实际上却增加了金融系统的流动性，相当于以 C1 或 C2 的自有资本撬动了更多流动性，再加上乘数，海量流动性在银行系统产生，并降低了实际利率，由此进入"假性流动性陷阱"。利率降低带来的成本——流动性过剩由全体国民集体承担。

推论三：通胀税在债权债务人之间的分配是不平等的（利于债务人），在高收入者和低收入者之间的分配也是不平等的（利于高收入者），这将进一步扭曲洛伦兹曲线，加剧财富在全社会的不平等分配。

第六节　小　结

中国的"房地产依赖"不仅困扰着政府部门和产业部门，还困扰每一个国民。我们为什么会产生这样一种"路径依赖"？本书基于经济金融化的视角，梳理了以往有关于"房改"之后住房—宏观经济增长相互作用的文献，在接受部分观点的同时也指出了其中的缺陷，并在此基础上尝试提出新的解释框架。本书认为，依托于房地产的地区经济增长是与全社会债务扩大为本质特征的经济金融化相辅相成的，或者说我国的房地产市场长期繁荣也是债务扩张的必然结果。要想理解这两者之间的关系，需要将其放在深刻的经济金融化背景下和大规模的城镇化进程中进行思考。在经济金融化过程中，三级金融化阶段递次实现，双重融资循环机制逐渐成形。在这样的时间和空间基础框架下，政府、银行系统、房地产开发企业和居民部门在金融化下采取不同的行为逻辑，并在城市住房部门资产价值持续上涨预期上达成共识，进而从两个层面采取行动：其一，在全社会层面，以私人化形式产出债务，并以"债务—信用"流的形式在全社会金融基础设施里将债务在全社会不成比例地集体化分摊，这导致了市场实际利率下降和全社会债务累积，从而造成假性流动性过剩；其二，在住房市场层面，市场供给侧金融自由和需求侧金融抑制行为长期并存，进一步扭曲了全社会资金供需结构，导致了市场投资品的利率结构进一步失衡，造成流动性过剩效应和居民部门储蓄—投资转化受阻效应叠加，形成全社会的"房地产依赖"。

那么这种"房地产依赖"是否可以破解呢？研究主要从如下几个方面进行阐述：第一，以新的理论视角和分析框架来审视我国房地产市场的变化，特别是金融危机以后房地产市场加速扩张阶段各主体的行为逻辑变化。住房金融化为我们提供了新的视角，三级金融化过程梳理了新阶段房地产依赖加深的形成过程，双重融资机制则形成了解释房地产依赖形成与住房金融化过程之间内生机制的完整框架。第二，在新框架下我们需要准确识别我国房地产市场发展的阶段，我国处于二级住房金融化深度发展阶段以及三级住房金融化发展冲动觉醒阶段。政府要为内生的市场自发演化进程提供必要制度保障和监管规制，具体来说包括三个方面。首先，加快推进资本市场的发展进程，并且逐步完善房地产市场与资本市场在供给端和需求端的联系，在宏观上引导社会投资者（机构和居民部门）的房地产投资行为从"购房投资"向"建房投资"转型，引导房地产开发企业从"增量投资"向"存量投资"转型，引导银行和金融机构从"债权投资"向"股权投资"转型；其次，资本市场的发展以及与房地产市场的进一步绑定有利于房地产产品的价值发现和更为准确的价格信号传递，同时也有利于房地产产品流动性的提高，这也将进一步分离房地产的投资属性和消费属性，并且由此形成完整的市场结构，以实现供给结构和需求结构的匹配，另外，成熟且运行良好的资本市场本身也会成为直接进行实物房地产投资的有效替代；最后，建立健全房地产及其相关行业的信用评价体系，这依赖于构建房地产开发企业资质、信贷机构资质、购房者资质等各方面利益主体资质的完整征信系统和数据信息系统，并基于准确真实的数据信息和扎实的科学评价系统对市场主体行为的"负外部性"行为和整个系统的内生性风险进行全面监督和监管，坚决杜绝类似于美国"次贷危机"式的住房金融化崩盘现象。第三，从宏观经济层面，国家应围绕"新经济""新基建"等新概念，继续支持社会创新投资，壮大高科技产业等创新部门，推进我国产业部门向第三产业的深度升级，并且从财政、金融等政策上支持创新型需求扩张。新业态、新模式、新商业并不像传统行业那样对不同类型的房地产有"刚性"需求，它们从根本上重塑了房地产供给和需求结构。比如，在一线城市中心区域的新型产业聚集区往往不需要占地面积巨大的厂房和高容积率写字楼，这些建筑可能由商住一体式的青年公寓替代。再比如上述工作场景和新产业从业者生活方式的改变同样重塑了居民个体对于住房的需求——完整产权式住房、硬性置业或房地产投资不再是"刚性"需求，居民收入可用于投资回报波谱更宽的投资组合，由此从更深层次形成对于房地产依赖的长期替代效应。第四，从房地产业层面，应从供给端继续深化并完善住房供应结构，加大公共性或社会住房供应力度，结合金融深化的思路，加大支持房地产业投融资机制创新力度，为社会性住房建设提供良性的融资循环机制，顺应住房金融化的发展方向，同时形成有效的监管系统和政策体系；从需求侧积极引导和支持多元化的住房需求，细化租购并举的住房市场格局，加大力度发展住房租赁市场，并按照全社会年龄和收入分配结构，调节不同需求类型和层次住房交易环节的税费、贷款利率、租金水平以及相应政策，平滑住房需求者不同生命周期阶段的资金和资产需求曲线，疏通全社会住房过滤机制，从资产、资金两端形成全社会住房市场完整的需求支持系统。

下一步的研究将试图基于中国已有的数据资料为上述理论提供有力的实证依据。其具体策略为：首先，从全国市场层面，建构双重融资循环机制，并试图验证社会融资规模（绝对指标）的扩大和社会融资水平（相对指标）的提升对于住房市场长期稳定的显著性影响，从而检验银行和政府部门对于住房市场繁荣的先导性作用。其次，从市场供给侧的房地产开发企业层面，基于金融化理论，探讨在这段特殊时期，特别是后金融危机时代，"负债—投资"的行为逻辑，并试图拟合出一个理论模型，描述房企行为路径，并从经验上加以验证。再次，研究将转向居民部门，深入探讨2009 年后居民储蓄率下降与向住房资本转化之间深刻且长期稳定的内在关系，并基于城市层面的数据对其进行实证检验。最后，研究将基于上述理论探讨和经验证据，提出住房金融化趋势下化解市场风险甚至去金融化的可能转向——住房租赁市场，并基于特大城市——北京市的微观调查数据，探讨这一方案在现阶段实行的约束条件和边际改革方向。我们将试图证明，住房金融化现象的发生并非单一部门或单一驱动力推动，而是在政府和金融机构、房地产开发企业和居民部门具有某种一致性的逻辑过程推动下出现，并进一步强化上述各部门的金融化行为。

第三章 地方政府与银行系统：债务驱动型住房价格上涨之因？

第一节 问题提出

西方各国政府在应对全球性的金融危机时通常采取两种不同的方式：一种是以美国、欧洲为主的扩张性货币政策，又称"直升机撒钱"式的货币融资方式，另一种则是以英国为主的被称为"勒紧裤腰带"的财政紧缩方式（Turner，2015）。中国政府为应对2008年的金融危机采取了另一种方式，即以政府赤字融资为先导，大型公共基础设施为抓手的公共赤字融资方式（Chau and Wong，2009；Shi，Guo and Sun，2017；O'Brien and Pike，2019）。然而，这一方式导致了社会信贷整体规模的扩大，中国社会融资规模从2009年起迅速激增，4年之内增长1.5倍。我国经济发展进入向经济金融化演进的发展阶段（张成思、刘泽豪、罗煜，2014；张成思、张步昙，2015；Yang and Chang，2018）。在此背景下，金融部门、产业部门和居民部门等逐渐开始遵循金融化的行为逻辑，运用多样化金融工具，迅速进行扩张性融资活动。在"投资回报率"和"刚性兑付"等融资激励和制度约束条件下，全社会信贷资金并没有完全进入公共基础设施领域，而是通过金融化管道，流向短期投资回报率更高的房地产领域，以获得超额回报，这促进了住房产品的金融化程度，进一步推动了地区住房市场价格上涨和区域间的住房价格分化（Smart and Lee，2003；陈享光、黄泽清，2017；李剑、陈烨、李崇光，2018）。

金融危机后，地方经济发展的主要模式由初始"土地财政"驱动的大规模土地开发模式逐步演化为以土地、住房为优质抵押品的"土地金融化"模式，进而在全社会经济部门内催生出不同期限、不同类型的债务。房地产部门在消化和吸收这部分债务的过程中起到了非常重要的作用，这同时带来了两个结果：一方面，以房地产开发企业部门房地产开发贷款和居民部门住房按揭抵押贷款为主要组成部分的银行系统国内贷款，即一级金融化水平显著上升；另一方面，围绕土地抵押物和住房市场进行的社会范围内的扩大再融资行为，即二级住房金融化水平上升成为住房价格上涨的又一显著推动因素（郑思齐、孙伟增、吴璟等，2014；余靖雯、王敏、郭凯明，2019）。为了覆盖由土地抵押（地方政府）或住房抵押（居民部门或工商企业）带来的未来债务偿付水平，增量和存量住房的库存消化和价格上涨成为了"双级金融化"的必然结果。那么，社会金融化程度的扩大在多大程度上影响了住房价格的上涨？另外，金融化水平的区域空间差异，直接影响到房地产部门供给和需求两端的融资规模和融资成本等金融绩效。因此这又衍生出两个问题：一是在地方性经济增长竞争的背景下，金融化规模和水平的空间差异是否对于房地产市场的影响也存在空间差异？二是金融化规模本身是否具有空间外溢效应，以及这在多大程度上影响了地区间住房价格的空间溢出特征？本书尝试从经济金融化角度系统阐释上述问题。

第二节　文献综述

一、债务扩张和住房部门金融化：经济金融化的典型特征

"金融化"是一个经济发展向金融深化方向发展的过程（Palley，2013）。金融化的内涵丰富：第一，从宏观角度看，金融化是资本主义发展到成熟阶段的标志（Arrighi，1994），是金融驱动下加速社会资本积累的一种宏观经济现象（Boyer，2000），同时它也是全球新自由主义运动的一部分，实证研究证明金融化拉大了居民收入分布（Zalewski and Whalen，2010；Lin and Tomaskovic-Devey，2013），加速了社会阶层的碎片化（Dumenil and Levy，2001）。第二，从微观角度看，金融化指的是金融市场对于企业部门和居民部门影响日益加深的现象（Erturk，Froud and Sukhdev，et al.，2007），更为重要的是由此引致的金融绩效竞争（Financial performance，Froud，Johal and Leaver，et al.，2006），金融和非金融企业都将金融领域（股票、债券、基金、房地产等）的投资收益当作是否迎合管理者和社会股东日益增长的股东权利需求的标杆（Froud，Haslam and Johal，et al.，2000），这一竞争激励进一步加剧了全社会对于金融部门的依赖程度。第三，从制度演化角度看，金融化也被看作是金融权力的扩张，以及由此带来的围绕这一权力而进行的金融市场制度化，也就是通过多维度法律和政策重塑经济秩序的过程，其结果是"资本主义的多样化"（Hall and Soskice，2001；Pauly and Reich，1997），具体表现形式为金融市场和金融工具在经济活动中的中心地位以及由此形成的新的产业格局和企业运作行为（Lazonick and O'Sullivan，1996）。第四，从货币经济发展角度看，金

融化是经济货币化阶段的进一步深化。经济货币化是货币经济向非货币经济部门（实物和易货交易）扩展的过程，经济金融化则是以金融总量替代货币总量并渗透到经济运行方方面面的过程（王芳，2004）。经济体本身表现出类似金融的性质或状态，主要表现为经济体中金融部门、金融资产相对于非金融部门和实物资产的膨胀，非金融企业的利润越来越多地通过金融渠道而非传统的商品生产与贸易渠道获得，食利阶层财富和权势膨胀，以及金融资产结构视角变化下的资产证券化的兴起（张成思、张步昙，2015）。

经济金融化过程至少会引致两个方面的结果。其一，社会总体债务的扩大（Turner，2015；Aalbers，2017），由此引发债务通过银行或非银行金融体系向社会各经济部门的渗透；其二，这种债务偿付压力会引发贷款人和借款人共同谋求优质抵押品（Lazonick and O'Sullivan，1996；Aalbers，2017），而土地和住房产品是同时满足借款和贷款双方需求，最符合优质抵押品条件特征的产品。因此，住房部门是金融部门渗透程度最高，同样也是在金融化经济中与其他各经济部门关联最密切的经济部门。居民通过金融工具购置住房，住房是居民最重要的资产。房地产企业通过金融工具进行融资，金融和其他非金融企业通过持有住房获得资本增值带来的利润。住房产品本身已经显示出金融产品的属性，并连同金融市场在相对封闭的场域中自我循环增值。作为公共部门的地方政府是住房所需要土地的供给者。地方经济发展同样通过金融工具进行融资活动，而土地增值预期是土地抵押行为最理性的政府信用来源，这种预期体现在区域经济的活跃程度上，其中最为重要的是地区住房部门的价格信号机制（王雅龄、王力结，2015）。这一逻辑又进一步加深了地方经济对于住房部门的依赖，强化了上述住房部门—金融部门的自我循环机制。

二、从土地财政到土地金融化——地方债务驱动住房市场繁荣

1. 作为资产投资组合中一项金融资产的土地

中国城市经济增长显著依赖于地方政府主导的"土地财政"。作为住房建设成本中的最大组成份额，土地价格增长可以解释城市住房市场价格扭曲引发的土地和城市住房投资和投机行为（沈悦、刘洪玉，2004；颜燕、刘涛、满燕云，2013；Du and Peiser，2014；Liu，2019）。在这种情况下，土地逐渐变为一种纯粹的金融资产（大卫·哈维，2017）。在土地资产成为地方政府主要财政来源和经济调控工具的条件下，地方政府对于土地的态度也开始转变：其一，土地资产被当作一种价值极高的资产，成为与厂商（如高科技企业等高附加值企业）、金融中介以及房地产开发企业议价的重要筹码。其二，在土地资产价值不断升高的状态下，土地租金最大化成为土地实际所有者或使用者的一般行为准则（Guironnet，Attuyer and Halbert，2016），使用金融工具加速其租金最大化成为一种必然选择，因而土地也变成了一种"严格意义上的金融化的土地"（Christophers，2010），而地方政府的行为方式也从管理主义式的行为方式转向企业家式的行为方式（大卫·哈维，2017）。其三，在后金融危机时代，为解决公共部门和私人部门债务，降低财政风险，同时扩大公共基础设施，地方政府不得不依赖以房地产市场繁荣为主导的地方经济发展形态，住房成为公共部门和私人部门都趋之若鹜的价值稳定增长、投资收益率良好的"准金融资产"（Coakley，1994；Guironnet，Attuyer and Halbert，2016），亦成为各个部门和私人部门众多投资组合中的优质资产选项之一，与政府债券、企业股票、消费者债务等没有差别（大卫·哈维，2017）。其四，这种供给端的市场和政策效率的变化，本质上是对于金融危机后需求端日益高涨的公共基础设施建设和住房市场需求扩张的回应（Guironnet，Attuyer and Halbert，2016）。其五，地方政府在自身"最大化地租"的金融化逻辑下，同样存在放大土

地资产属性为公共建设融资的需求，地方政府利用住房市场繁荣培育本地地产开发商贡献税收的资本流和城市建设（以城市更新项目为特征）的实体流（Guironnet，Attuyer and Halbert，2016），并将之作为优质抵押物，吸引金融中介从实体经济供需两端吸收的债务。在后金融危机时代，在实体经济资金短缺、民间资本动员不足、政府整体预算收紧、社会债务扩张的大背景下，土地的金融属性被深度挖掘出来，土地成为中国乃至世界许多国家实现经济复苏的关键动力因素。

2. 产生债务与吸纳债务：住房市场的复合作用

房地产投机是理解经济停滞与金融化之间动态关系的核心环节之一（约翰·贝拉米·福斯特，2007）。一方面，已有实证证据表明，虽然我国资本市场不如美国等西方国家发达，但是居民杠杆率水平正在显著影响部分区域的住房价格，特别是我国一线和二线城市的住房价格（Guo，Xu and Zhang，2016）。在这些城市，住房价格较高，而且涨幅较大，居民往往依赖银行住房抵押贷款和按揭贷款才可以支付。另一方面，住房价值的持续增值又是居民偿还债务和拥有财富获得感的"靠山"。这样，由住房所有权引发的债务再度被住房所有权升值带来的财富效应吸收了。这进一步地激励了住房投资或投机行为，助推了房地产价值泡沫化程度，扩大了全社会债务积累和债务违约风险。除此之外，由债务驱动的住房市场繁荣也显著影响了社会财富的公平分配，社会财富显著倾斜于计划经济时期的福利住房占有者、房改后的住房所有权获得者以及直接或间接进行投资的房地产投资者（Wu，Bian and Zhang，2018）。事实上，除了住房抵押贷款等与房地产相关的直接债务形式，还有围绕地方政府土地开发，比如兴建公共基础设施项目的债务，以及房地产开发企业贷款、居民贷款。银行和非银行金融机构将这些贷款再打包，开发各种金融理财产品（如银行理财、信托计划等），金融杠杆不断增加，由此衍生出更大范围的社会债务，这些债务融资再次回流到一级土地开发（公共基础设施）或二级土地开发（房地产开发环节）过程中，进一步加深了杠杆化程度，提高了全社会的债务水平。

三、地区债务水平上升与债务—房价空间效应

社会整体债务水平的上升以及对于住房市场的影响在空间上并不是平均分布的。原因有三：第一，我国各地住房市场与金融发展水平具有显著的差异，遵循金融化的行为逻辑，对于资本的吸引能力存在着空间上的差异；第二，应对"招商引资"的普遍压力并不意味着地方政府在政策取向上已经采取了一致的金融化的发展思路（Weber，2010）；第三，房地产市场本身表现出的多重空间效应（如价格溢出效应等）与地区债务空间上的异质性相互叠加，可能会产生更为复杂的空间效应。实证研究表明，我国从东到西房地产投资水平依次递减，但整体差异系数逐渐变小，说明区域房地产经济发展水平正逐步趋同；房地产经济发展水平一直存在显著的空间自相关性和空间异质性（王雪青、陈媛、刘炳胜，2014），而房地产投资确实在空间上呈现出与地区经济发展水平相一致的特征（张立新、秦俊武，2014）。从房地产投资驱动力的区域差异来看，东部地区主要依赖城镇化背景下城镇常住人口的持续性涌入，其投资驱动效应大于中西部地区，而中西部地区则主要依赖城镇建成区的土地要素扩张（蔡俊、项锦雯、董斌，2016）。从微观视角来看，房地产企业的区位选择显著受到市场制度框架、地方宏观经济的影响，而金融市场成熟度因素等尚未成为影响外资房地产企业区位选择的重要因素（贺灿飞、傅蓉，2009；刘作丽、贺灿冰、王俊松，2009）。伴随着房地产产品的金融属性日益增加，地方金融业的发展程度逐渐成为了影响房地产企业区位选择的显著因素。地区金融发展水平直接决定了房地产开发企业和居民部门供需两侧债务融资的能力，而且住房市场特征（如房价）在空间上与周边地区的地理联结也受到地区金融发展水平的影响。因此，在研究社会债务与房价之间的相关性问题时，空间差异性需要纳入整体分析框架中。

第三节　债务——房价溢出的形成机制与研究假说

一、双级金融化机制与住房价格上涨

地区债务扩张从公共领域和市场两个层面同时展开，共同推动了住房领域的金融化进程。在公共领域，政府自上而下地主导了公共基础设施投资和以"人口集聚""城市更新"为主要特征的新型城镇化过程；在市场层面，大规模的房地产开发、投资和消费贯穿了生产部门和居民部门，成为国民经济的支柱产业（郭一凡，2009；詹世鸿，2012；向为民，2014）。地区债务扩张最主要的两个渠道与经济金融化的进程相辅相成，互为依托，在这个复合机制的作用下，住房市场既是债务的输出部门，同时也是债务的输入部门，推动了住房市场发展向住房金融化发展的演进。

1. 双级金融化：银行与影子银行系统的"双重角色"

如本书第二章所述，住房金融化过程存在三个阶段。然而，一方面我国监管部门对于房地产领域的金融创新产品始终处于谨慎态度，对于各类资金流入房地产领域均进行严格管控；另一方面由于我国住房市场从供需结构上正在从增量市场向存量市场转型，对于运用系统性金融工具运作和经营存量资产的市场实践刚刚起步，并没有真正意义上的住房证券化产品，因此，我国目前仍然处于住房金融化过程的第二阶段，即住房的社会化融资阶段。同时，一级住房金融化阶段的主要投融资方式——银行住房类贷款仍然是住房需求者购房和投资住房的主要渠道，一级和二级住房金融化阶段叠加，呈现出"双级金融化"的主要形态。在这一阶段的住房市场有如下几个特征：第一，相当份额的金融系统资金通过银行和影子银行系统进入到住房市场，推动了住房市场繁荣，其中从经济指标看最显著的特征是社会融资规模绝对值与住房价格的同时期上涨；第二，伴随这一"双上涨过程"，双级金融化过程继续深化，将进一步加深市场主体的行为逻辑（见第四章），其中最为显著的是，地方政府作为城市土地出让的实际供应方，将"孤注一掷"以未来具有价值上涨预期的土地为抵押，与利用公共财政负债运营的扩张性的基础设施建设投资进行"对赌"（相对于未来收益，当期的土地要素、劳动力要素以及资金成本仍然相对较低），具体表现为社会融资规模、土地出让金规模、公共基础设施投资与住房价格同步上涨；第三，双级金融化过程及其影响将伴随快速城市化过程在空间上展开，体现在住房领域，将带来住房价格从局部区域到全国范围内的空间溢出。在上述住房金融化过程中，银行和影子银行系统扮演了双重角色：其一，基于我国金融体系，银行和影子银行系统自上而下系统地传导了中央、地方政府信用，进而显著扩大了信用—债务的转化规模，在大部分信用资金进入房地产领域后，增大了银行系统向实体部门的资金规模，但同时也推动了债务向单一行业的风险集聚；其二，扮演了金融化的土地和住房的抵押权人以及地方住房金融化资金贷款人的角色。为抵押和偿还债务需要价值形态稳固且具有稳定上涨预期的资产作为抵押。在城市范畴，一方面地方政府推动快速城市化建设以增加城市经济增长效能，提升地方经济、政治绩效，需要扩大化的基础设施建设投资，因此以土地作为杠杆撬动资金成为地方政府迅速提升地方经济水平的"速效药"，推动了土地金融化的过程（Wu，2020）[①]；另一方面，在资本市场不健全、居民部门缺乏优质投资品渠道的情况下，居民部门仍然将城市住房的买卖当作财富储存和升值的优先选项，住房产品已经脱离其基本居住功能，成为一种金融产品，尽管相较其他金融产品，在流动性和交易成本方面并不具备优势（通过其价值快速升值优势弥补）。因此，银行和影子银行系统在这

[①] Wu F., Land financialisation and the financing of urban development in China [J]. Land Use Policy, 2019（12）：1–10.

两方面都成为了土地金融化和住房金融化的"媒介"，在政府部门和居民两端既成为围绕住房金融化过程的"贷款人"，又成为地方政府实际供应的土地和居民部门实际取得的住房所有权的"抵押权人"。银行与影子银行系统也架设了信用流和债务流的运行管道，贯穿住房金融化各主体的双融资循环机制通过该管道形成。

2. 再论双融资循环机制：住房金融化过程的基础架构

如前文所述，银行和影子银行系统为自上而下的"信用—债务"扩张过程提供了基础结构。在此结构下，围绕住房金融化过程运行的双重融资过程由此产生，具体包括以土地金融化为核心特征的政府融资过程，以及以住房金融化为核心的社会化融资过程，后者又从市场供给端和需求端两方面与房地产开发企业和居民部门形成融资闭环（详细机制见第二章）。两大循环以城市土地和土地上的住房为核心形成了双重融资循环的完整架构，也是住房金融化过程的基础架构。这一机制是在各级政府、金融系统、房地产开发企业和居民部门之间共同达成的某种"激励相容"，并在相互作用下形成（基础架构见图3-1）。

政府融资机制。地方政府为维持地方经济增长，实现与其他地区经济比较优势，存在扩大土地出让金收入、显著依赖于土地财政的行为激励（陈志勇、陈莉莉，2011；颜燕等，2013），而这种"以地生财"的模式确实在相当一段时间内为地方政府迅速完成资本积累、扩大公共基础设施投资规模、维持区域经济的持续增长做出了显著贡献（杜雪君等，2009；李郇等，2013；颜燕、满燕云，2015；Liu Z.，2019）。然而，依靠土地出让金收入"输血"地方公共基础设施建设的方式仅仅是地方融资的一部分。金融危机后，为应对全国范围内更大程度的流动性紧张，地方政府通过设立地方性政府融资平台，以土地作为优质抵押物，吸收银行和非银行机构融资，进而为地方公共基础设施投资建设（如高速公路、桥梁等）提供大规模流动性支持，"以地生财"的传统"土地财政"模式逐渐演变为"以地融金"的"土地金融"模式（郑思齐等，2014），而传统的仅依靠地方政府财政赤字（不包括土地财政收入）的思路，越来越无法解释地方持续的经济增长。地区性的债务扩张更大份额地依赖围绕土地出让金收入和以土地为抵押物撬动的资金规模扩张，并且后者更加显著，直到2012年我国出台《关于制止地方政府违法违规融资行为的通知》（以下简称463号文），依靠政府融资平台的融资增长得到了一定程度遏制。如果说"土地财政"模式下的土地出让收入是未来土地交易价值的贴现，不具备债务的典型特征，那么在"土地金融"模式下以土地为抵押物增加社会融资杠杆获得资金流动性，则是典型的债务。这部分债务之偿付依赖持续增长的土地增值，而能够支撑土地增值过程的是城市房地产（住房）市场的持续繁荣。

　　社会融资循环机制。以"土地财政"和"土地金融"为主导的政府融资为城市发展所必需的公共基础设施建设迅速完成了资本积累，这也为城市房地产市场的持续繁荣提供了"基本面"基础。但是依托于政府融资产生的债务同样需要有出口对债务形成"吸纳"，涵盖需求端——居民部门和供给端——众多关联生产部门（包括房企）的房地产部门是吸纳和消化由土地产生的债务的重要部门（参见前文）。不同于依赖土地的政府融资活动，居民部门融资围绕"地上物"——住房展开。对于住房需求者——消费者或投资者来说，一方面他们通过申请获得商业银行住房抵押贷款获得住房购置的流动性支持，转化为长期债务人，另一方面对于一部分投资者来说，他们仍然可以通过购买银行理财产品或信托产品等房地产开发投资相关金融产品的方式，即二级金融化渠道，将资金重新投入到房地产领域，进而形成短期债务，并成为债权人，这两方面都会导致社会融资规模扩张；对于房地产开发企业，除了通过银行系统申请获得开发贷款（往往是低息的）之外，也可以通过非银行金融机构，采用二级金融化手段——贷款再打包、多层嵌套为理财产品或信托计划等方式，获得流动性支持（往往是高于银行贷款利率的），进而投入到更大规模的房地产开发环节（一级或二级）。特别是在市场持续繁荣，需求端有足够购买力消化住房销售存量和流量的情况下，房地产开发商加速"拿地"（一级市场）和提高销售节奏（二级市场）成为他们优选的经营策略（俗称为"走量"）。加之需求端的住房需求者往往依靠银行抵押贷款购置房屋，以及供给端房地产开发企业扩张性融资方式，大规模的社会融资聚集于房地产领域，而这部分流动性本质上仍然是债务。社会融资规模在房地产市场的供需两端共同作用下显著扩大了。

那么，这种社会融资规模整体上的迅速扩张是否与住房市场呈现出非常显著的关联呢？根据已有实证研究结果表明，城市住房价格的起落成为地方经济增长和引导区域投资行为的信号（王雅龄、王力结，2015）。在以债务融资为主要地区经济竞争和增长模式下的新时期，地区债务（无论是短期还是长期）水平往往也成为地区经济增长的一种信号。债务的偿付（无论是短期还是长期）需要稳定且持续增长的资金回流机制作为制度性支持。以土地为核心的政府融资模式，以及以住房为核心（本质上也是以土地为核心）的社会融资模式共同组成了双层社会总融资模式，本研究称为"双融资循环机制"。这种资金循环机制以地区经济金融化过程为显著特征，这一过程本质上是地区内生性债务的循环机制（见图3-1）。本书认为，以这一机制为体系基础，扩张性的社会融资规模成为后金融危机时代房地产市场（特别是住房市场）持续繁荣的重要因素。

基于上述理论分析，我们提出如下研究假说：

研究假说一：金融化规模扩大助推城市住房投资扩大。

在后金融危机时期，地区金融化规模显著增加，其标志性特征为社会融资规模的扩大。按照金融化的行为逻辑，增加的社会融资（增量）往往遵循利润最大化的逻辑，流向资金回报率高、风险相对低的领域。住房市场成为资金流向最主要的实体经济领域之一，资金市场过剩的流动性和债务偿付压力以及住房市场旺盛的需求（部分是由于对于住房市场繁荣的预期）相互叠加和促进，显著引致住房投资持续增长。在对政府融资行为进行规范后（2013年以后），两者仍然呈现出显著正相关关系。

研究假说二：土地财政与房企金融化水平助推城市住房投资扩大。

除了金融化规模因素之外，"土地财政"抬高地价水平，间接影响了房价水平。房地产企业资金来源更依赖银行系统，双融资循环机制的建立

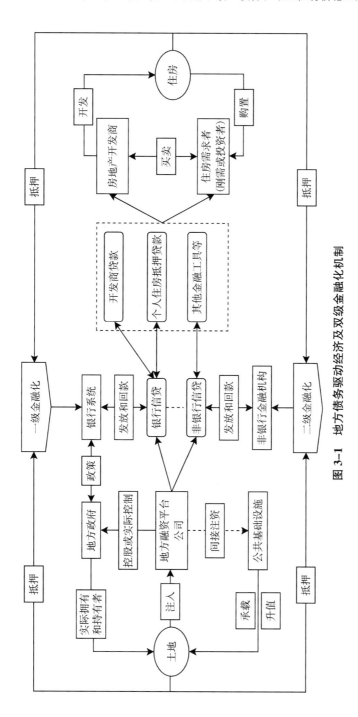

图 3-1 地方债务驱动经济及双级金融化机制

为更大规模的企业贷款提供了便利，国内贷款规模增大间接影响了房价水平。因此，本书的研究假设土地财政与房地产企业金融化水平（以国内贷款规模为主要特征）和社会范围内住房投资水平扩大存在显著正相关关系。

二、地区债务空间锁定—溢出机制与住房价格溢出

本书的研究还关注了以债务扩张为本质特征的金融化过程对于住房市场空间效应的影响。已有大量实证研究证实了住房投资在空间上的显著自相关性和与地方经济增长之间的显著正相关关系（张洪、金杰、全诗凡，2014；张立新、秦俊武，2014；蔡俊、项锦雯、董斌，2016）。住房价格是住房市场繁荣与否的代表性指标，同时也成为引导地方性投资活动和人口集聚的显著"信号机制"（王雅龄、王力结，2015）。已有研究表明，住房价格在空间上具有异质性和溢出效应，GDP、人口等区域经济因素对于住房价格溢出存在显著影响（王少剑、王洋、蔺雪芹等，2016；武英涛、陈磊，2017）。地方政府的"GDP锦标赛竞争模式"是拉动中国经济增长的主要模式（周黎安，2007；周业安、李涛，2013；颜燕、刘涛、满燕云，2013）。以GDP为主要考核指标的竞争模式有多重支撑，包括低地价或零地价"招商引资"、多重产业指导政策等。后金融危机时期，地方经济增长从传统的"GDP锦标赛竞争模式"逐渐向以债务扩张为特征的金融化模式转变，"借债发展"成为区域经济增长的主要驱动力，债务与经济增长之间的显著关系已得到数据证实，并且在空间上呈现出显著的异质性（Pan, Zhang and Zhu, et al., 2017）。

根据"双融资循环机制"，扩大的社会融资中有相当一部分流向了住房领域，社会总体融资整体上有两个流向，一个是流向公共领域，主要以公共基础设施投资为标的的公共融资部分，另一个是流向社会领域，以住房投资为主要组成部分的社会融资部分。公共基础设施投资为地区经济增长提供了良好的物质基础，拥有优质公共基础设施的地区，往往"熟地"地价较高。作为住房价格中的主要成本，地价升高推升了住房成本。政府

融资与政府预算内赤字——传统财政收支赤字一起构成了政府总体债务。在主要依靠中央财政转移支付和地方性财政收入分成的传统财政收支体系下，地区之间的债务"锁定"于当地，并不存在地区间债务的流动机制。然而，通过金融化的手段，依托于"双融资循环机制"中的政府融资回路，不仅使区域间资金流动成为可能，出现"溢出"，而且遵循金融化的行为逻辑，资金流向会跨区域流向投资标的物——住房投资回报率较高的地区，进一步推动了住房价格上涨以及住房价格的区域外溢。那么，债务扩张与住房价格上涨之间的相关性如何呢？在多大程度上解释了金融危机后我国区域性住房价格上涨呢？并且在多大程度上影响了区域间的住房价格溢出呢？根据上述理论推导，我们提出如下两个研究假说：

研究假说三：金融化规模提高显著影响住房价格上涨和空间溢出。

金融化规模（社会融资规模）的提高显著推动了住房价格上涨。若考虑到空间效应，金融化规模还显著提高了住房价格的空间溢出效应。

研究假说四：金融化水平提高显著影响住房价格上涨和空间溢出。

金融化水平（社会融资规模占 GDP 的比重）的提高显著推动了住房价格上涨。若考虑到空间效应，金融化水平还显著提高了住房价格的空间溢出效应。

第四节　实证研究设计

一、数据来源和变量选取

本书的研究选取 2012~2017 年我国 30 个省（自治区、直辖市）相关数据进行实证检验，数据主要来源于《中国统计年鉴》（2013~2018）、《中国金融统计年鉴》（2013~2018）、和《中国房地产统计年鉴》（2013~2018）。

变量选取如下,因变量为:①住房投资(REI$_{i,t}$),以城镇住房开发投资完成额为代理变量;②住房价格(HP$_{i,t}$),以商品住房平均价格为代理变量。核心解释变量为:①金融化规模(AFRE$_{i,t}$),以社会融资规模增量为代理变量;②金融化水平,以 AFRE/GDP 增量为代理变量,此处参考 Turner(2016)所使用的指标衡量。其他控制变量为:①经济增长水平(GDP$_{i,t}$)作为自变量,以 GDP 为代理变量;②公共基础设施投资水平(Infrastructure$_{i,t}$),根据《中国统计年鉴》,加总了交通运输业,仓储和邮政业,水利、环境和公共设施管理业投资的数据;③土地市场数据即土地出让收入(Landrevenue$_{i,t}$),以土地出让成交价款为代理变量;④土地存量水平(Landstock$_{i,t}$),以待开发土地面积为代理变量;⑤房地产开发企业数据即企业金融化水平(Loan$_{i,t}$),以房地产开发企业资金来源的国内贷款项为代理变量;⑥地区城镇化发展水平(Urbanrate$_{i,t}$),以当地城镇化率为代理变量。需要特别说明的是,在运行模型时,所有上述数据均为真实值,按照基期 2013 年消费和投资价格指数进行了平减。

本书的研究首先检验在未考虑空间因素条件下,金融化规模、金融化水平与住房投资之间的整体相关性,验证假说一和假说二。然后,再层层推进,加入空间权重矩阵,深入探讨金融化绝对指标"金融化规模"与金融化相对指标"金融化水平"与商品房价格之间的相关性以及对于住房价格空间效应的影响,验证假说三和假说四。

二、未考虑空间因素的模型设定

根据本研究假说一和假说二,首先检验金融化规模与住房投资之间的相关关系,基于上文所选取的核心解释变量和控制变量,基本回归模型设定如下:

$$\ln REI_{i,t} = \alpha + \beta_1 \ln AFRE_{i,t} + \beta_2 \ln GDP_{i,t-1} + \beta_3 \ln Landrevenue_{i,t-1} +$$
$$\beta_4 \ln Loan_{i,t-1} + \beta_5 \ln Urbanrate \times 100_{i,t-1} + \mu_{i,t-1} \qquad (3-1)$$

式(3-1)中,考虑到预期因素对于住房投资的影响,控制变量均采用滞后一期的形式。另外，除了设定上述模型检验全国整体层面核心变量间的相关性之外，本书还按照东部、中部、西部（参考国家统计局划分标准）选取不同数据样本，进一步分析各地区内部各变量之间的相关性。

三、考虑空间因素的空间杜宾模型设定

考虑到本书要探讨金融化规模和金融化水平对于住房价格在时间纬度上的动态效应和空间纬度上的溢出效应，这里选取空间动态面板杜宾模型，表达式为：

$$Y_{it} = \tau Y_{it-1} + \alpha X_{it} + \beta W X_{it} + \mu_t + \varepsilon_t \tag{3-2}$$

式（3-2）中：τ 为被解释变量的时间滞后项系数；α 为解释变量的直接影响系数，衡量解释变量对经济增长的影响程度；β 为解释变量的空间滞后项系数，衡量解释变量对住房价格的空间溢出作用；W 为空间权重矩阵。此外，鉴于动态面板数据广义矩估计法能够使用工具变量的方法有效解决被解释变量与解释变量之间的内生性问题，因此选用广义矩估计法进行模型估计。

1. 空间自相关分析

空间统计分析中经常用到的是空间自相关分析，空间自相关主要是研究数据分布在空间上的特性，将空间关系进行量化，进而了解现象分布的空间相依性，即空间中的现象并非独立存在，彼此相邻的空间单位间具有某种集中或分散的空间关联性。一般而言，正的空间自相关说明相邻地区比不相邻地区的行为差异更小，表征区域中集中分布的各空间单位具有一致性的性质；负的空间自相关说明相邻地区比不相邻地区的行为差异更大，表征区域中集中分布的各空间单位具有差异化的性质。在空间统计学中，用以检测空间自相关的方式主要有全局空间自相关和局部空间自相关（Anselin，1988；Anselin and Florax，1995）。

全局空间自相关主要是通过全局自相关统计量，如 Moran's I 指数、Geary's C 比率以及 Global G 等。本书选取 Global Moran's I 描述整个研究区

域上所有空间对象之间的空间关联程度、空间分布模式及空间差异程度等。

Global Moran's I 指数的定义为：

$$Moran's\ I = \frac{n}{\sum\limits_{i=1}^{n}(y_i-\bar{y})^2}\frac{\sum\limits_{i=1}^{n}\sum\limits_{j=1}^{n}w_{ij}(y_i-\bar{y})(y_j-\bar{y})}{\sum\limits_{i=1}^{n}\sum\limits_{j=1}^{n}w_{ij}} \tag{3-3}$$

其中，$\bar{y}=\dfrac{1}{n}\sum\limits_{i=1}^{n}y_i$，$y_i$ 表示第 i 地区的观测值（本书中代表县域人均 GDP），n 为地区总数（本书中代表县域数），w_{ij} 为空间权重矩阵，表示其中任一元素，采用邻近标准或距离标准，是地区间空间影响方式的体现。

一般对于采用邻近标准的空间权重矩阵 w_{ij}，遵循的判定规则是 Rook 相邻规则，即两个地区拥有共同边界则视为相邻。矩阵 w_{ij} 的设定方式如下：主对角线上的元素为 0，如果 i 地区与 j 地区相邻，则 w_{ij} 为 1，否则为 0。w_{ij} 要经过行标准化处理，用每个元素同时除以所在行元素之和，使得每行元素之和为 1。

对于采用距离标准的空间权重矩阵 w_{ij}，当 $i \neq j$ 时，$w_{ij}=\dfrac{1}{d_{ij}}$，当 $i=j$ 时，$w_{ij}=0$，d_{ij} 为 i 地区与 j 地区的空间距离。

Moran's I 取值区间为 $[-1, 1]$，接近 0 表示观测值空间不相关，大于 0 表示空间正相关，小于 0 表示空间负相关。

本书首先采用 Moran's I 指数检验 30 个省（自治区、直辖市）的住房价格是否存在空间相关性。我们依据 Rook 方法建立一阶空间权重矩阵和依据经纬度建立距离矩阵，计算出 2014~2017 年全国 30 个省（自治区、直辖市）住房价格的 Global Moran's I 统计量的数值。结果如表 3-1 所示，30 个省（自治区、直辖市）住房价格的 Moran's I 统计值均在 0.01 的水平上显著，这表明全国各省份住房价格表现出较强的全局空间正相关，即全国住房价格较高的地区倾向于与其他住房价格较高的地区在地理空间上邻接，住房价格较低的地区倾向于与其他住房价格较低的地区在地理空间上邻接。因此，有必要将空间相关纳入分析框架，建立空间计量模型，进行省际住房价格增长相关因素的空间计量估计和检验。2014~2017 年住房价格 Moran's I 指数如图 3-2 所示。

表 3-1　2014~2017 年住房价格 Moran's I 统计值

Variables	I	E（I）	sd（I）	z	p-value
lnhp（2017）	0.328	−0.034	0.087	4.187	0.000
lnhp（2016）	0.329	−0.034	0.086	4.208	0.000
lnhp（2015）	0.300	−0.034	0.086	3.889	0.000
lnhp（2014）	0.303	−0.034	0.088	3.855	0.000

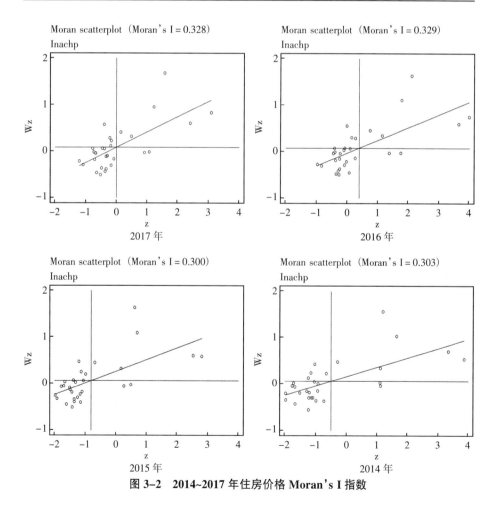

图 3-2　2014~2017 年住房价格 Moran's I 指数

本书首先采用 Moran's I 指数检验 30 个省（自治区、直辖市）的金融化规模是否存在空间相关性。我们依据 Rook 方法建立一阶空间权重矩阵和依据经纬度建立距离矩阵，计算出 2014~2017 年全国 30 个省（自治区、直辖市）金融化规模 Global Moran's I 统计量的数值。结果如表 3-2 所示，30 个省（自治区、直辖市）社会融资规模的 Moran's I 统计值均在 0.01 的水平上显著，这表明全国各省份社会融资规模表现出较强的全局空间正相关。这也验证了前文的前提假设：①全国金融化水平在全国层面存在空间差异；②因为金融系统的发展，空间之间的融资活动和资金流向存在显著的空间相关性；③这也造成了金融化水平越高的地区存在的空间外溢效应越高，即全国社会融资规模较高的地区倾向于与其他社会融资规模较高地区在地理空间上邻接，社会融资规模较低的地区倾向于与其他社会融资规模较低的地区在地理空间上邻接。因此，有必要将空间相关纳入分析框架，建立空间计量模型，进行省际社会融资规模增长相关因素的空间计量估计和检验。2014~2017 年社会融资规模 Moran's I 指数如图 3-3 所示。

表 3-2 2014~2017 年社会融资规模 Moran's I 统计值

Variables	I	E (I)	sd (I)	z	p-value
lnhp (2017)	0.210	−0.034	0.091	2.698	0.007
lnhp (2016)	0.215	−0.034	0.090	2.775	0.006
lnhp (2015)	0.131	−0.034	0.089	1.861	0.063
lnhp (2014)	0.152	−0.034	0.090	2.076	0.038

2. 模型设定

基于上述变量，设定如下计量模型：

（1）金融化规模—住房价格模型

$$\ln HP_{it} = \tau_1 \ln HP_{it-1} + \tau_2 w_{ij} \ln HP_{it} + \tau_3 w_{ij} \ln HP_{it-1} + \alpha_1 \ln AFRE_{it} + \alpha_2 \ln PCGDP_{it} +$$

$$\alpha_3 \ln Landstock_{it} + \alpha_4 \ln Loans_{it} + \beta_1 \sum_{j=1}^{N} w_{ij} \ln AFRE_{jt} + \beta_2 \sum_{j=1}^{N} w_{ij} \ln PCGDP_{jt} +$$

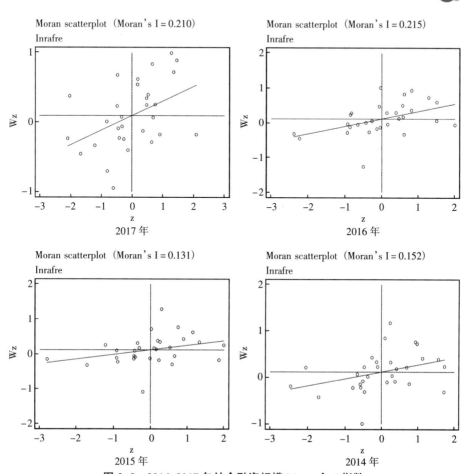

图 3-3 2014~2017 年社会融资规模 Moran's I 指数

$$\beta_3 \sum_{j=1}^{N} w_{ij} \ln Landstock_{jt} + \beta_4 \sum_{j=1}^{N} w_{ij} \ln Loans_{jt} + \mu_t + \varepsilon_t \qquad (3-4)$$

（2）金融化水平—住房价格模型

$$\ln HP_{it} = \tau_1 \ln HP_{it-1} + \tau_2 w_{ij} \ln HP_{it} + \tau_3 w_{ij} \ln HP_{it-1} + \alpha_1 \ln AFRE_{it} / GDP_{it} + \alpha_2 \ln$$

$$Landrevenue_{it} + \alpha_3 \ln Landstock_{it} + \alpha_4 \ln Infrastructure_{it} + \beta_1 \sum_{j=1}^{N} w_{ij} \ln AFRE_{jt} / GDP_{jt} +$$

$$\beta_2 \sum_{j=1}^{N} w_{ij} \ln Landrevenue_{jt} + \beta_3 \sum_{j=1}^{N} w_{ij} \ln Landstock_{jt} + \beta_4 \sum_{j=1}^{N} w_{ij} \ln frastructure_{jt} + \mu_t + \varepsilon_t$$

$$(3-5)$$

其中，w_{ij} 为空间权重矩阵。需要特别说明的是，本书除了在全国整体层面运行式（3-4）、式（3-5）模型之外，还按照东部、中部、西部（参考国家统计局划分标准）更进一步分析各地区内部各变量之间的相关性。全国水平层面省际之间距离对于变量之间的相关性影响较大，而不仅仅存在相邻省区之间的影响，因此选取距离矩阵。对于东部、中部、西部地区，本书主要考察邻省之间的竞争和外溢效应，因此选取空间邻接矩阵。

第五节　实证结果分析

一、未考虑空间因素的全样本估计

1. 全样本描述性分析

从全国层面来看，2008 年金融危机后，我国社会融资规模①呈现出持续上升态势，由 2008 年的 69802 亿元上升至 2013 年的 173169 亿元，增长了近 1.48 倍，金融化水平（社会融资规模/GDP，Turner，2015）由 2008 年的 21.8%增长至 2013 年的 29.1%，在 2009 年曾经一度达到 39.8%。受制于日益严格的监管规定，2013 年以后社会融资规模呈现出下降趋势，由 2013 年的 173169 亿元降至 2015 年的 154063 亿元，然而 2016 年后呈现出反弹上升趋势，截止到 2017 年底已达 194445 亿元（见表 3-3 和图 3-4），这展现出了金融危机后中国持续性的债务扩张过程。

在全社会债务扩张进程中，有相当一部分社会融资进入了房地产领域。以在社会融资规模中占据相当大比例（20%~30%）的信托资金为例，

---

① 社会融资规模是金融系统资金流向实体经济的衡量指标，在很大程度上反映了经济金融化整体规模，因此在模型设定中以"金融化规模"代替。

2009 年后信托资金整体规模呈现持续上涨，从 2009 年的 1359.54 亿元上升至 2017 年的 27772.93 亿元，增长了近 19.43 倍。2015 年之后投入房地产领域的信托资金更是呈现出快速上涨趋势，2018 年房地产信托资金占整体信托资金的 42.12%，房地产业成为信托资金最主要的投资领域（见图 3-5）。

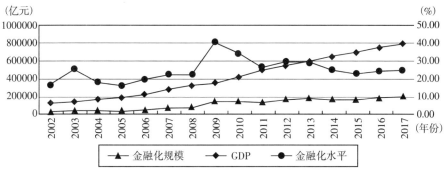

图 3-4　2002~2017 年金融化规模、金融化水平和 GDP 变化趋势

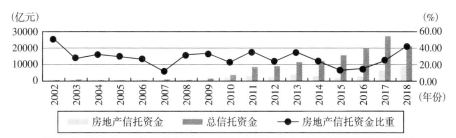

图 3-5　2002~2018 年总信托资金、房地产信托资金及房地产信托资金比重

资料来源：信托业协会。

　　若考虑区域因素，东中西部社会融资规模、金融化水平和房地产投资/GDP 呈现出很强的空间分化（见表 3-3）。首先，社会融资规模呈现出东部>中部>西部的显著特征；其次，金融化水平，东部显著高于中部和西部地区，而中部和西部地区差距却并不显著，说明我国社会融资活动在东部更为活跃。房地产投资/GDP 同样展现出了东部>中部>西部的特征，并且东部和中部、东部和西部、中部和西部之间的这一比值呈现出扩大趋势。金融化规模和金融化水平在多大程度上影响了房地产投资的整体扩大趋势，以及在多大程度上影响了房地产投资在空间上的扩大趋势，需要进一步实证检验。

表 3-3　2013~2017 年金融化规模、金融化水平和房地产投资/GDP

年份			2013	2014	2015	2016	2017
金融化规模（亿元）	东部	总数	514295.27	503429.82	493084.25	481575.38	471518.39
		平均数	5092.03	4984.45	4882.02	4768.07	4668.50
	中部	总数	410800.51	410099.59	409639.43	409237.75	410272.47
		平均数	5071.61	5062.96	5057.28	5052.32	5065.09
	西部	总数	109694.78	90068.52	104822.34	103938.05	103813.99
		平均数	2384.67	2340.99	2278.75	2259.52	2256.83
金融化水平（AFRE/GDP）	东部	总数	22.30	21.96	21.75	21.53	21.18
		平均数	0.22	0.22	0.22	0.21	0.21
	中部	总数	16.10	16.02	15.95	15.88	15.94
		平均数	0.20	0.20	0.20	0.20	0.20
	西部	总数	16.44	15.13	16.20	16.20	16.31
		平均数	0.36	0.36	0.35	0.35	0.35
房地产投资/GDP	东部	总数	13.40	13.71	14.08	14.47	14.88
		平均数	0.13	0.14	0.14	0.14	0.15
	中部	总数	10.47	10.46	10.43	10.40	10.41
		平均数	0.13	0.13	0.13	0.13	0.13
	西部	总数	8.01	7.98	7.92	7.85	7.76
		平均数	0.20	0.19	0.19	0.19	0.19

资料来源：根据《中国统计年鉴》《中国金融统计年鉴》整理。

除此之外，从住房价格角度来看，东部地区，特别是东部沿海地区呈现出"高热"住房价格特征，大部分中部地区房价"热度"较东部有所下降，部分中部地区和西部地区房价进一步降低，住房价格呈现出明显的空间差异。但金融化水平（社会融资规模/GDP）的空间分布，由东部地区向西部地区的递减趋势并不明显，西藏、新疆、青海、甘肃和内蒙古地区的金融化水平仍然较高。按照前文假说，金融化水平的提高引致了社会整体融资规模扩大和经济对于债务的依赖，其中相当比例的资金进入房地产领域，那么金融化水平是否在全国整体层面推动了这一过程，在多大程度上推动了这一过程，以及若考虑到空间分化因素，各地区的金融化水平是否也存在相似的推动作用还是由此产生了分化，需要进一步的实证检验。

2. 金融化规模影响下的住房投资扩大效应

本书的研究首先采用面板数据分析的基本模型——固定效应和随机效应模型在社会金融化规模扩大趋势下，对金融化规模与住房投资之间的相关性进行了检验。通过 Hausman 检验，固定效应模型更为显著，因此运行固定效应模型。实证检验显示了如下结果（见表 3-4）：从全国层面来看，①金融化规模（AFRE）的提高与住房投资的提高呈现出显著的正相关关系，每 1 单位金融化规模增加会带动 0.126 单位住房投资，体现出了显著的"以债投房"的经济特征，验证了假说一；②滞后一期 GDP 的增长与即期住房投资增长在 5% 的显著性水平上具有正向相关性，每 1 单位滞后一期 GDP 增加带来了 0.688 单位的住房投资增长，这也表明了从全国整体层面来看，在房地产投资占 GDP 的比重越来越大，房地产业成为国民经济支柱部门的情况下，经济增长的预期效应反过来拉动了房地产投资，特别是住房投资的增长，GDP 呈现出了一种引导地方投资的"信号"作用（王雅龄、王力结，2015），"越增长，越建房"的经济特征明显；③从土地出让金角度来看，土地出让收入每增加 1 单位，住房投资增加 0.109 单位（1% 的显著性水平），"土地财政"促进住房投资的状况依然存在；④从房地产开发企业角度来看，国内贷款余额（代表企业债务水平）越高，住房投资越高，每单位国内贷款余额增加带来 0.337 单位的住房投资增加，对于房企来说，"借债建房"特征明显（1% 的显著性水平），③和④验证了假说二；⑤另外，我们还控制了省际城镇化发展水平，实证显示城市化水平每增加 1 单位，住房投资在 1% 的显著性水平上提高 2.634 单位。结果⑤在东部、中部、西部各地区模型结果中也有体现。但是，在分区域研究金融化规模与住房投资之间的关系时，我们发现，两者之间的关系并不如全国层面的显著。这可能是因为：①住房投资更大程度上是反映住房市场供给端房地产开发企业主导的住房建设和开发活动特征，而不是反映住房市场的供需特征，住房市场特征的主要参考指标还是住房价格；②东部、中部、西部地区经济发展水平相差较大，金融化规模同样存在差异，住房投资往往与房地产开发企业的总部所在地、主要运营区域等密切相关，与区域内部的金融化规模往往关联不大，即使当地金融化规模不高，房产企业仍然可以通过全国性金融市场体系融通资金进行投资和再投资活动，引导其从事投资活动的直接因素是当地的房地产市场状况；③住房市场存在着全国范围内的"外溢效应"，东部、中部、西部划分与住房市场的聚集与分化并不重叠，或各地区内部住房投资的影响因素并不显著。综合上述因素，我们需要对金融化规模与以房价为特征的住房市场指标进行进一步检验，并且需要将空间因素纳入实证研究中。

表 3-4　金融化规模—住房投资模型（东部、中部、西部）

Y$_{i,t-1}$ = REI		全国	东部	中部	西部
X$_{i,t-1}$	lnAFRE$_{i,t-1}$	0.126*** (0.050)	0.136 (0.087)	−0.090 (0.132)	0.030 (0.068)
控制变量	lnGDP$_{i,t-1}$	0.688** (0.367)	0.408 (0.623)	2.11* (1.172)	0.429 (0.437)
	lnLand Revenue$_{i,t-1}$	0.109*** (0.039)	0.061 (0.078)	−0.029 (0.089)	0.064 (0.048)
	lnloans$_{i,t-1}$	0.337*** (0.072)	0.584*** 0.159	0.213 (0.171)	0.187** (0.088)
	lnUrbanrate × 100$_{i,t-1}$	2.634*** (0.358)	3.52*** 0.774	2.801*** (0.696)	1.539*** (0.447)
	Constants	−25.416*** (4.492)	−32.602*** (9.243)	−37.351*** (13.870)	−11.505*** (5.230)
	R^2	0.497	0.595	0.636	0.369
	Rho	0.981	0.988	0.941	0.950
Hausman 检验	Chi-square	105.22	58.92	128.43	24.21
	P-value	0.000	0.000	0.000	0.000
FE or RE		FE	FE	FE	FE

注：***、**、* 分别为1%、5%、10%的统计显著性。括号内的数值为 t 或 z 值。

二、考虑空间因素的全样本估计

1. 金融化规模影响下的住房价格的溢出效应

本书从全国层面分析金融化规模与住房价格的直接动态效应与空间溢出效应。表3-5显示了OLS模型和基于距离矩阵的空间动态面板杜宾模型回归结果。与OLS模型相比，空间模型的显著性有所提高，且与经济现实状况更加吻合。由此可见，如上文所述采用OLS方法估计的固定效应模型忽视了空间溢出效应并造成了模型结果偏误。从上文检验结果看（见表3-1、表3-2），空间模型中Moran's I值均显著，能够反映模型的空间相关性。从空间动态面板杜宾模型回归中发现如下结果：①被解释变量的时间滞后项在1%水平上显著，表明住房价格上涨受上一期影响较大，预期因素是助推住房价格上涨的重要因素；②金融化规模在1%的显著性水平上与住房价格上涨呈现出正相关关系，每单位金融化规模上涨带来0.540单位的住房价格上涨，若考虑空间因素，该数值上涨到2.742，系数显著>1，这表明金融化规模的扩大对于住房价格向周边区域溢出具有显著的推动作用，验证了假说三；③在住房价格溢出效应的促进因素中，人均GDP的增长同样具有显著正向作用（1%的显著性水平），每单位人均GDP增长带来2.440单位的住房价格溢出；④土地存量和房地产开发企业国内贷款规模与住房价格上涨趋势呈现出显著的负相关性（1%的显著性水平），并且对于周边区域具有显著的竞争效应（-3.611，-5.224），这表明了全国整体层面"越供地，价越高"的房地产市场一级和二级联动特征以及周边区域供地和房企举债发展的竞争特征。

若按照东部、中部、西部地区划分分别看各地区内部之间的影响，发现如下结果（见表3-5）：①东部、中部、西部，被解释变量滞后一期在1%的水平上显著，表明住房价格上涨受预期因素影响较大，这与全国层面的分析结果一致。但是这种预期因素在中部和西部地区对于邻近省区的扩散效应并不显著，东部地区每单位上期住房价格上涨带动即期60.071

单位住房价格上涨（1%的显著性水平），并且显示出对于周边地区的巨大外溢效应。②从东部地区来看，金融化规模对于住房价格上涨的带动作用仍然非常显著（1%的显著性水平），若考虑空间因素，该金融化规模—住房价格系数从 4.216 上涨到 15.238，系数明显 >1，这表明金融化规模的扩大对于东部地区住房价格向周边区域溢出具有显著的推动作用；房地产开发企业国内贷款规模与住房价格上涨和空间竞争效应与在全国层面的作用方向相同，但是系数显著高于全国水平，这表明了东部地区单位企业贷款对于住房价格影响更大——"借款越少，房价越高"，这或许助长了东部地区房地产开发企业通过各种融资渠道扩张性融资进行房地产开发的行为取向，且邻省之间存在"借债竞争"（Pan, Zhang and Zhu, et al., 2017）；另外，与全国整体水平不同，土地供应水平越低（土地存量增高，不放地），住房价格越上涨（1%的显著性水平），这也反映了东部地区相对紧缩的供地政策引导下的供地特征，以及这一约束条件引致的住房价格上涨的显著趋势；若考虑空间因素，土地存量每增加 1 单位带来 10.341 单位的住房价格上涨（1%的显著性水平），系数明显 >1，表明了土地存量增加对于住房价格向周边地区溢出的影响较为显著。③从中部地区来看，人均 GDP、房地产开发企业国内贷款、土地供应与住房价格的相关性显著（1%的显著性水平）且与东部地区方向一致，这印证了中部地区与东部地区在经济基本面—住房价格影响机制上的趋同性；但是特别值得注意的是，考虑空间因素后，金融化规模与住房价格呈现出显著的负相关性（1%的显著性水平，-0.027），表明中部地区金融化规模扩大对于住房价格上涨具有一定的负向作用，系数 <0，表明邻近省份在扩大社会融资推动住房价格上涨方面存在"竞争"或"吸附"效应，而非协同或外溢效应。④从西部地区来看，金融化规模对于住房价格的影响并不显著，但是土地存量对于住房价格上涨存在显著的正向作用，若考虑空间因素，相关系数由 0.075 增长到 0.239，系数 >0，表明西部地区在"地广人稀"的基本特征下，增加供地规模发展住房市场，呈现出邻近省份协同发展的区域特征。

表3-5　金融化规模—住房价格溢出模型结果

因变量 lnhp	全国 OLS	全国 距离矩阵	全国 邻接矩阵	东部 OLS	东部 邻接矩阵	中部 OLS	中部 邻接矩阵	西部 OLS	西部 邻接矩阵
lnhp (−1)	0.474***	3.383***	0.567***	0.665***	19.081***	0.279*	1.245***	0.215*	0.374**
lnafre	0.003	0.540***	0.027	−0.049	4.216***	0.069	0.036	0.085***	−0.007
lnPCGDP	0.040	3.750***	0.228*	−0.119	8.459***	−0.462	−0.069	−0.003	0.091
lnLandstock	0.047*	−0.093***	0.049***	−0.025	1.736***	0.012	0.027	0.058***	0.075***
ln Loans	−0.005	−1.201***	−0.074***	0.034	−1.370***	−0.019	−0.021	0.062	0.053
W×lnhp (−1)		19.894***	0.414***		60.071***		2.516		0.485
W×lnafre		2.742***	0.124***		15.238***		−0.027*		−0.102
W×lnPCGDP		2.440***	−0.631**		10.341***		3.901***		0.035
W×lnLandstock		−3.611***	0.080*		2.762***		0.533***		0.239***
W×lnloans		−5.224***	−0.167***		−3.77***		−0.156*		0.227**
C	3.71***					10.249***		5.141***	
R-squared	0.369		0.817	0.970	0.004	0.037	0.004	0.371	0.335
Hausman test	FE			FE		FE		RE	
Chi²	49.16***		13.54***	14.78***		32.37***		135.76***	
Log L			188.6044						−12.7786
Rho			0.011	0.921	3.188***	0.004	0.448	0.920	0.524**

注：***、**、* 分别为1%、5%、10%的统计显著性。括号内的数值为 t 或 z 值。

2. 金融化水平影响下住房价格的溢出效应

相对指标——金融化水平更能体现出金融化规模在整体经济增长中的结构性作用，这种结构性变化如何影响住房市场需要进一步检验。从模型运行效果看，空间杜宾模型较固定效应模型在显著性上有所提高，且与经济现实状况更加吻合。金融化水平与住房价格的直接动态效应与空间溢出效应的分析结果如下：从全国层面来看，①被解释变量的时间滞后项在1%的水平上显著，表明住房价格上涨受上一期影响较大，预期因素是促进住房价格上涨和空间外溢的重要因素（况伟大，2011）。②金融化水平在1%的显著性水平上与住房价格上涨呈现出正相关关系，每单位金融化水平提高带来0.850单位的住房价格上涨，若考虑空间因素，该数值上涨到2.314，系数>1，这表明金融化水平的提高对于住房价格向周边区域溢出具有显著的推动作用，验证了假说四。③土地财政收入的增长同样具有显著正向作用（1%的显著性水平），每单位土地出让收入增长带来0.199单位的住房价格上涨；若考虑空间因素，两者相关关系转为负向关系（1%的显著性水平），这体现了基于土地出让收入的地方土地财政在邻近省份间的"竞争效应"（颜燕、刘涛、满燕之，2013；周业安、李涛，2013）。④公共基础设施投资对于住房价格上涨也有显著的促进作用（1%的显著性水平，0.294），若考虑空间因素，则该系数增加至1.186（1%的显著性水平），且系数>1，这体现了公共基础设施投资增加对于住房价格上涨以及向周边省份溢出的正向作用，这与"基建促房价"的公共部门—私人部门联通的地方经济增长模式相一致（张军、高远、傅勇等，2007；廖茂林、许召元、胡翠等，2018；余靖雯、王敏、郭凯明，2019）。

按照东中西部划分后的模型运行结果如下：①不同于全国层面模型（3-4）的运行结果，各地区金融化水平与住房价格之间的相关性并不显著。若考虑空间因素，中部和西部地区金融化水平与住房价格呈现显著负相关关系（1%的显著性水平），这体现了中部和西部地区金融化水平变动对于住房价格与邻近省份之间挤出效应的影响较强。原因可能是：2013年政策趋紧后，由于中西部地区投资风险较大，金融部门谨慎选取中西部地区作为投资方向，造成中西部地区整体金融化水平有所下降（见表3-6），但与此同时住房市场依然持续发展，且加上邻近省份间相互竞争，所以住房价格依然呈现上涨趋势。②在分区域的模型中，lnhp（-1）的系数依然显著，再次印证了预期因素与房价上涨和空间溢出的正向关系。

三、内生性问题的探讨及稳健性检验

1. 内生性问题的讨论与处理

虽然基于前文机制分析部分的逻辑，住房价格直接影响经济金融化规模或金融化水平的反向因果机制并不存在，但是，存在通过其他未被概念化的机制间接形成反向因果关系的可能，且在模型设定方面仍然可能存在其他内生性问题。处理内生性问题一般采取如下思路：采用因变量滞后一期为工具变量，该变量与即期住房价格密切相关，与当期金融化水平等因素无关，符合与随机误差项无关的假定（陈强，2010；刘贯春、陈登科、丰超，2017）；同时在模型中引入地理、环境等因素，尽可能减少随机误差项与变量之间的多重共线性问题，即引入加权空间地理矩阵，采用空间计量估计方法。本书综合使用上述两种方法（见表3-5、表3-6），从引入住房价格滞后一期项和加入距离矩阵、邻接矩阵的估计结果来看，模型拟合度和核心变量系数的显著性都有明显提高。

2. 稳健性检验

本书为考察金融化程度对于住房市场的影响及其空间效应，选取并构建了两个指标：绝对指标金融化规模（以社会融资规模 AFRE 为表征）和相对指标金融化水平（以 $AFRE_{i,t}/GDP_{i,t}$ 为表征）。从实证结果来看，两者皆在1%的显著性水平上与住房投资（供给端）和住房价格（需求端）呈现正相关关系，体现出比较稳定的相关关系。但是为对模型（3-4）、模型（3-5）结果的可靠性进行进一步的检验，我们采用对不同空间权重矩阵进行加权的方法，检验在不同空间权重矩阵的假设条件下，金融化与住房价格之间关系的稳定性程度。如果结果依然稳定，我们可以剔除因人为设定

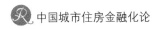

表3-6 金融化水平—住房价格影响模型结果

因变量lnhp	全国			东部		中部		西部	
	OLS(-1)	距离矩阵	邻接矩阵	OLS(-1)	邻接矩阵	OLS(-1)	邻接矩阵	OLS(-1)	邻接矩阵
lnhp(-1)	0.475***	1.608***	0.962***	0.582***	1.559***	0.827***	1.031***	0.620***	0.644***
rafergdp	-0.071	0.850***	0.098	-0.311	0.107	0.222	-0.091	0.213*	-0.020
lnlandrevenue	0.029*	0.199***	-0.005	0.013	-0.032	0.037*	-0.067*	0.054***	0.087***
lnlandstock	0.042*	-0.090***	0.045*	-0.01	0.040	-0.061***	0.103**	-0.041**	0.070**
lnInfrastructure	0.018	0.294***	0.047*	0.031	0.163***	0.057**	0.024		-0.177***
W×lnhp(-1)		3.790***	0.458**		2.402***		2.262***		1.246***
W×rafergdp		2.314***	0.460**		0.673		-0.930***		-0.745***
W×lnlandrevenue		-0.677***	-0.087**		-0.204***		-0.004		-0.018
W×lnlandstock		-0.058***	0.108**		-0.030		0.543***		0.156**
W×Infrastructure		1.186***	0.170**		0.454***		-0.207***		-0.373***
R-squared	0.862	0.100	0.864	0.956	0.761	0.839	0.004	0.793	0.264
C	3.897***			3.575**		1.148		2.947***	
Chi²	55.36***			13.54***		9.80*		86.02	
Hausman test	FE			FE				FE	
Log L		-459.950	184.9391		39.907		1246.79		-1973.507
Rho	0.957	0.053	0.130	0.950	0.574***	0.000	0.582	0.253	0.190

注：***、**、* 分别为1%、5%、10%的统计显著性。括号内的数值为t或z值。

空间权重矩阵造成的估计结果偏误，即说明模型估计结果的稳定性与空间权重矩阵的选择无关。其具体步骤如下：首先，我们考虑地区 GDP 因素加总到空间距离矩阵上的影响，构建经济距离矩阵，对比经济距离矩阵加权下模型（3-6）、模型（3-7）与模型（3-4）、模型（3-5）中核心变量关系的估计结果；其次，我们考虑到交通运输因素加总到空间距离矩阵上的影响，构建货物距离矩阵，对比模型（3-8）、模型（3-9）与模型（3-4）、模型（3-5）的核心变量——金融化规模—住房价格、金融化水平—住房价格之间的关系的影响（见表 3-7）。

表 3-7　经济距离矩阵、货物距离矩阵加权后的金融化规模、金融化水平对住房价格的影响

变量	经济距离矩阵		货物距离矩阵	
	模型（3-6）（加入 W_{jd}）	模型（3-7）（加入 W_{jd}）	模型（3-8）（加入 W_{cd}）	模型（3-9）（加入 W_{cd}）
ln hp（−1）	1.055***	1.487***	0.850***	0.989***
lnAFRE	0.067***		0.056***	
Afregdp		0.728***		0.252***
lnlandrevenue		−0.121***		−0.011***
lnloan	−0.134***		−0.102***	
其他控制变量	显著	显著	Lnlandstock 不显著	显著
W × ln HP（−1）	2.221***	3.456***	1.849***	0.386***
W × lnAFRE	0.308***		0.117***	
W × Afregdp		3.678***		0.149***
W × lnlandrevenue		−0.811***		−0.107***
W × lnloan	−0.803***		−0.517***	
W × 其他控制变量	Lnlandstock 不显著	显著	Lnlandstock 不显著	Lnlandstock 不显著
Rho	0.828	0.834	0.665	0.361
R^2	0.568	0.688	0.360	0.904

注：***、**、* 分别为 1%、5%、10% 的统计显著性。括号内的数值为 t 或 z 值。

如表 3-7 所示，无论是经济距离矩阵还是货物距离矩阵，金融化规模与当期住房价格升高都呈现出显著关系（1% 的显著性水平），且符号均为

正；金融化水平与当期住房价格升高都呈现出显著关系（1%的显著性水平），且符号均为正。这进一步印证了表3-5和表3-6的模型结果，从而验证了假说三和假说四。另外，土地财政和房企金融化水平的关系也与模型（3-4）、模型（3-5）一致，且在1%的显著性水平上，再次验证了模型的可靠性。

第六节　小　结

以社会融资规模扩大为显著特征的社会整体债务扩张过程成为我国后金融危机时代经济增长的重要支撑。这一过程也成为中国甚至全球经济金融化趋势的重要表征。本书基于金融化研究的已有文献和理论基础，系统梳理了中国地区经济中土地、住房部门的金融化现象，并特别强调了土地、住房在这一过程中对于债务的产生和吸纳作用。土地、住房已经不仅仅是关联上下游几十个经济部门的国民经济支柱产业，更成为经济金融化进程中最为优质的投资品（一级金融化）和抵押品（二级金融化）。基于此，本书归纳出双级金融化过程和双融资循环机制，刻画出在经济金融化发展阶段，金融部门—住房部门—土地部门—政府部门四位一体的中国地方经济增长模式，并提出了金融化规模—住房投资扩大效应、金融化规模—住房价格上涨和溢出效应、金融化水平—住房价格上涨和溢出效应等四个假说。

本书的研究首先运用基于面板数据的固定效应模型验证了金融化规模对于住房投资扩大的显著正向作用，在1%的显著性水平上，每1单位金融化规模增加会带动0.126单位的住房投资，体现出了显著"以债投房"的经济特征。另外，研究发现，土地出让收入每增加1单位，住房投资增加0.109单位（1%的显著性水平），"土地财政"促进住房投资的状况依然存在；从房地产开发企业角度来看，国内贷款余额（代表企业金融化程度）越高，住房投资越高，每单位国内贷款余额增加带来 0.337 单位的住房投资增加，表现出明显的"借债建房"特征。因为住房投资更多体现的是住房市场供给端的建设和开发状况，为更全面地探讨金融化与住房市场的关系，本书继续深入探讨了金融化规模、金融化水平与住房价格之间的内在关系。实证结果表明：金融化规模的扩大对于住房价格向周边区域溢出具有显著的推动作用，并且金融化水平的提高对于住房价格向周边区域溢出具有显著的推动作用。上述研究结果验证了双级金融化理论框架下，金融化发展水平对于地方住房价格上涨的促进作用。同时，我们也发现了土地出让收入、公共基础设施投资等因素与住房价格上涨和溢出效应都有显著正向关系。

然而，由于数据来源和获取渠道的问题，现有研究仍有如下不足：①金融化规模和金融化水平的指标只能精确到省级层面，因此金融化与住房市场的相关性仍然估计得较为粗略。②在金融化规模和金融化水平指标的刻画中，无法精确剥离出进入房地产或住房投资领域的精确融资数值，在社会融资规模扩大过程中有相当大比例的资金（债务形式）进入房地产领域，所选取指标已经具备代表性，提高该指标的估算精度是下一步研究的重点。③本书的研究侧重于从社会经济整体层面探讨金融化与住房市场之间的相关特征——时间上的动态相关性和空间上的溢出效应，住房部门内部——房企和居民部门金融化水平与住房市场之间的相关关系特征是下一步研究的重要议题。

第四章　房地产开发企业：越负债，越投资？

第一节　问题提出

如前文所述，金融化是金融驱动下加速社会资本积累的一种宏观经济现象（Palley，2013；Turner，2015），其产生的结果主要有两方面：一是加速了金融权力的扩张和经济秩序的重塑（Pauly and Reich，1997）；二是在促进财富创造的同时，它会加剧收入分配不平等（Zalewski and Whalen，2010），进而形成社会阶层的碎片化（Dumenil and Levy，2001）。全球范围内经济金融化的进程也在向住房领域渗透（Aalbers，2018），房地产部门（尤其是住房部门）成为金融化程度较高的经济部门。这一进程引致了住房市场的诸多特殊经济现象，如住房呈现出极强的投资品属性，住房市场价格持续增高，价格与供应量同向变动，以及在市场繁荣预期下房企杠杆率的不断提高（Rouane and Halbert，2016），等等。

住房金融化是理解经济发展与金融化动态关系的重要方面（约翰·贝拉米·福斯特，2007），而通过债务融资模式提高资本负债约束、扩大住房投资是住房金融化的主要手段，这在理论和经验上都得到了有力论证（Lacoviello，2005；阿蒂夫·迈恩、阿米尔·苏菲，2014）。从目前研究来看，从需求端探讨居民债务与住房市场量价关系的研究较多，并且多国的经验数据都表明两者存在长期稳定的关系（André and Eilev，2013）。但是，从供给端研究房企杠杆率与投资关系的相对较少，特别是从宏观层面把握两者动态趋势和空间关系的研究仍然缺乏。原因可能有两方面：第一，国外研究大多假设住房市场为完全竞争市场，住房供应是根据价格信号和需求变化自发调整的，再加上完备的制度规范，房企进行债务扩张的动机与可能性不高。然而，在不动产开发一二级市场存在分割、一级开发市场非充分竞争以及金融监管制度尚不完备的现实情境下，面对土地购置、债务规模、销售规模与市场周期等多重约束，房企会产生复杂的运行逻辑。第二，就我国来看，房企不仅是住房供应者和一些公共设施的承建者，也是占据金融系统极高债务份额的债务主体，深度嵌入在城市尺度的经济发展模式中，因此房企行为研究需要结合实际情况。关于我国房企或居民杠杆率与住房市场关系，现有研究尚未达成一致：一种观点认为，我国居民杠杆率、企业杠杆率水平正在显著影响部分区域的住房价格，特别在住房价格较高、涨幅较大的一二线城市，居民依赖按揭贷款购置住房并为房价上涨提供了支撑（Guo，Xu and Zhang，2016）；另一种观点认为，我国居民杠杆率在时间趋势上与住房价格之间并不存在显著性关联（刘金全、吕梦菲，2018）；也有研究从微观尺度验证了企业债务融资对于住房价格具有显著正向影响，但是这种杠杆效应是一种中介效应，房企投资的扩大是投资者情绪过度高涨导致的（陈文强、陆嘉玮，2019）。

然而，上述研究尚未将房企杠杆率与其投资行为的内在机制纳入统一理论框架下进行分析，也未从宏观层面找到经验证据。特别是在住房金融属性不断强化的背景下，需求端（居民部门）对供给端（房企）行为的影响被大大低估。住房的持续增值又是居民偿还债务和拥有财富获得感的"源泉"，已有实证研究表明，居民部门住房负债存在对于其他消费的挤出效应，并深刻影响了消费结构，居民的获得型和享受型消费被住房财富增值的获得感取代（张雅淋等，2019），由住房所有权引发的债务被住房所有权升值带来的财富效应吸收，因此更加激励了住房投资或投机行为，助推了住房价值泡沫，为市场供给者——房企带来"负债—投资"扩张的内在激励和机制保障。以 2017 年为例，我国房企平均杠杆率达到 79%，居于七大行业首位（见图 4–1)①。因此，在住房金融化背景下探讨房企负债与投资的内在逻辑具有重要理论和实践意义：一方面，在住房金融化视角下将房企行为纳入通过负债—投资过程形成的内生循环机制中，并构建"负债—投资发散（收敛）"理论框架，能够为探讨新阶段房企债务与投资提供一种分析范式和理论视角；另一方面，"负债—投资机制"有助于阐释市场动态变化趋势，特别是能够揭示出蕴藏在市场中的风险，并为房企投资决策和政府部门制定政策提供理论支撑。

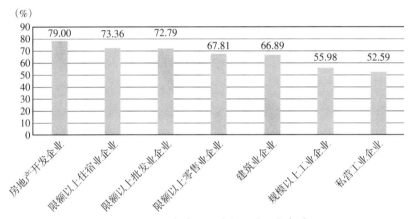

图 4–1　2017 年中国七大行业企业杠杆率

资料来源：《中国统计年鉴》（2018)。

---

① 本书房地产开发企业杠杆率及其他行业杠杆率根据企业财务状况负债总额/资产总额计算得到。七大行业及杠杆率分别为：房地产开发企业 79%，限额以上住宿业 73.36%，限额以上批发业 72.79%，限额以上零售业 67.81%，建筑业 66.89%，规模以上工业 55.98%，私营工业 52.59%。数据来源：《中国统计年鉴》（2018)。

第二节 负债—投资发散模型和研究假说

一、四象限模型概述及其局限性

四象限模型是用于比较静态分析整个住房存量市场和增量市场之间的联动关系的房地产经济学工具（Dipasquale and Wheaton，2005）。如图 4-2 所示，第一象限为存量市场，主要是指租赁市场，主要变量包括物业使用需求 Qd = D（R，Economy），其中 R 为房租，Economy 为宏观变量，包括 GDP、人均可支配收入、利率变化等。物业供应为 Qs = S，Qs 为物业使用供给，S 为一定时期内固定不变的住宅存量。第二象限反映的是资本化率，即房价和房租的关系，P = R/i，其中 P 是房价，i 是资本化率，由理论和资本市场的各种资产的投资回报率决定（威廉姆·B. 布鲁格，2000）。第三象限为增量市场，反映的是 P = f（C），C 为新建开发建设量，它同样

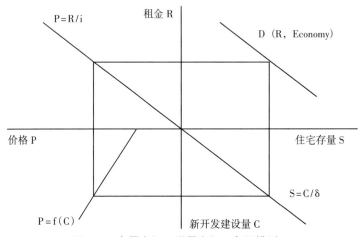

图4-2 存量市场—增量市场四象限模型

也是包含了土地成本、融资成本、税负成本等项在内的一个函数，f（C）是新建住宅开发成本。该式可以简单概括为，住宅价格与新建住宅量成正比，价格越高，住宅开发商愿意建设的住宅就越多。第四象限表示住宅存量与增量的关系。$\Delta S = C - \delta S$，δ 是折旧率，当住房增量 $\Delta S = 0$，即市场进入到存量住房市场阶段时，住房存量 $S = C/\delta$。

四象限模型为比较静态分析房地产产权型市场、租赁型市场（任荣荣，2019）以及与宏观经济因素的关系提供了一般性分析框架（洪源、郭平、梁宏亮，2013），特别是如果考虑到外生冲击对于整个新增住房市场、租赁市场的影响时，可以依据该模型对外生冲击造成的市场效果进行理论上的推导。然而，四象限模型分析是基于理想状态的一般均衡分析，在具体实践中因为遗漏变量和估计参数、内生性问题，往往与现实情况存在出入，具体包括如下几个方面：第一，因为不动产本身的非标属性导致大多数房屋租金隐含，市场整体租金情况被错误估计，在四象限图中则是资本化率 i 的估计值存在样本偏误（罗伯特·J.席勒，2014）；第二，即使假定资本化率 i 可以被准确估计，中国和西方自由市场下的住房市场仍然在土地供应制度、存量住房转换和居住文化等各方面存在着巨大的差异，已有研究在四象限模型上对第三象限土地供应弹性影响下的住房供应产出函数斜率和第四象限存量房漏出影响下的新增房—存量房函数进行了修正（陈卫华、林超、吕萍，2019）；第三，即使资本化率和四象限模型中各函数关系的估计都是准确的，在现阶段的中国住房市场，增量市场和存量市场结构之间的矛盾并非主要矛盾，其主要矛盾仍然在于新增市场内部结构的矛盾，其中主要是投资型需求和消费型需求与分层化市场供应之间的矛盾（李剑阁，2007）。因此，我们试图从如下几个方面对四象限模型进行改进：第一，基于四象限模型静态一般均衡分析思路，对各象限变量和函数关系进行修正，纳入房地产投资—供应（需求）关系并取代原四象限模型中租金—房价关系象限。现有研究通过函数修正将土地市场和住房市场内生化，已经形成了与经验数据比较吻合的研究结果（曾国安、张河水，2013）。第二，尽管我国住房市场处于由增量市场向存量市场转型的过程，但是增量市场的结构性问题仍然突出，因此仍然以增量住房市场为研究对象，重点关注新增住房市场投资—价格—供应之间的转换关系。第三，住房产品是兼备消费属性和投资属性的产品，住房市场可以细分为投资型住房市场和消费型住房市场（Crouch，1990；周建成、包双叶，2008；杨赞、张欢、赵丽清，2014）。值得一提的是，外生政策冲击对两种市场的影响机制也存在不同（冯蕾、梁治安，2015；莫嘉颖、弋代春，2015；王齐鹏、王先柱，2017）。因此本书的分析中特别将消费型和投资型住房市场在理论模型设定中加以区分。

二、"负债—投资发散（收敛）"模型及研究假说

本书的研究对象为住房部门房企加杠杆行为、房地产投资、房地产市场供给—需求错配和房地产价格等一系列变量之间的系统关系。本研究遵循四象限模型一般均衡静态分析的核心思想，并在此基础上加以拓展：一是将房地产投资—供应（需求）关系纳入四象限模型中并取代原四象限模型中的租金—房价关系象限；二是将住房存量市场进一步细分为住房消费型市场和住房投资型市场，由此房企的房地产投资也整合为满足消费型需求投资和满足投资型需求投资的加总，并在此基础上形成新的四象限图（见图4-3）。在新四象限图中，我们需要依据如下理论假设构建理论模型：①房地产市场处于或基本处于市场出清状态，即供给端房企的销售量可以被需求端需求者的需求量立刻消化，不论需求者类型是消费型需求者（或称"刚需"）还是投资型需求者，这比较符合我国一二线大中城市的房地产市场特征；②房企可以不断迅速施工、建设，创造出满足社会大众需求的住房产品；③短期内，土地成本、税收成本和融资成本不会有大的变动，基本上属于常量；④投资型需求者对于资产升值非常敏感，会迅速调整预期并做出追加认购选择；⑤房企投资量是根据市场资产价格 P（对于单一房企来说属于外生变量）进行核算的，其他因素对这一核算的影响很小；⑥当期房企杠杆率 l 决策是房企根据自身经营状况和市场状况所做出

的行为，不受其他外生变量如宏观政策（如"三去一降一补"政策）等的影响。在上述 6 个假设条件下，新理论模型构建如下。

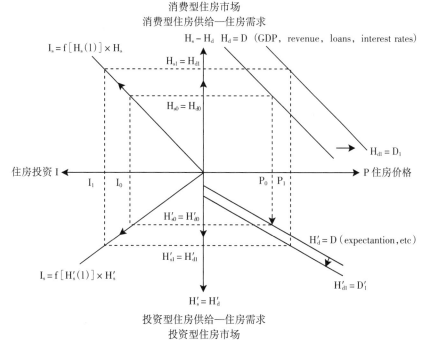

消费型住房市场
消费型住房供给—住房需求

$H_s - H_d$　$H_d = D$（GDP, revenue, loans, interest rates）

$I_s = f[H_s(1)] \times H_s$

$H_{s1} = H_{d1}$

$H_{s0} = H_{d0}$

$H_{d1} = D_1$

住房投资 I　　　　　　　　　　　　　　　　P 住房价格

I_1　I_0　　　　　　　　　P_0　P_1

$H'_{s0} = H'_{d0}$

$H'_d = D$（expectantion, etc）

$H'_{s1} = H'_{d1}$

$I_s = f[H'_s(1)] \times H'_s$

$H'_{d1} = D'_1$

$H'_s = H'_d$

投资型住房供给—住房需求
投资型住房市场

图 4-3　负债—投资发散静态模型

图 4-3 中第一象限表示需求端房地产部门消费型需求曲线，即消费型需求量与房价之间的关系。其中，H_d 为消费型需求函数，根据传统房地产经济学理论，由 GDP、地方政府财政水平（Revenue）、地方金融系统债务水平（Loans）和地区利率水平（Interest Rates）共同决定（罗知、张川川，2015；倪鹏飞，2019；梁云芳、高铁梅、贺书平，2006）。在消费型市场上，价格与需求量符合一般商品需求曲线特征，呈现出向右下倾斜的特征。第二象限表示供给端房地产部门房企供应量与投资之间的关系，在理想的、完全出清的市场条件下，房企建造房屋的供应量与投资成正比。除此之外房企投资额由另外两个因素共同决定，其一是房屋供应总成本，是土地成本、税收成本、融资成本、建安成本和安置成本等各种成本的总

和；其二是房企杠杆率水平，即房屋供应总成本并非完全由其自身资本覆盖，其中相当一部分由债务覆盖，未来会通过对应于房屋供应的销售收入偿还，或者说，杠杆率水平的提高扩大了新建房屋的数量约束，进而扩大了房屋供应成本的边界，因此实际的房地产投资额需要加入杠杆率的房屋供应"金融化"成本进行修正，l 既是房企杠杆率，也是企业的"金融化冲动"，即金融化冲动 l，房企杠杆与房地产投资由此存在对应函数关系 $I = f[Hs(1)] \times Hs$。第三象限和第四象限对应投资型市场下的供应端和需求端的行为特征曲线。不同于消费型市场，对于供应端的房企来说，投资型市场对于价格波动更为敏感，因此供应弹性更大，曲线相比消费型市场来说更加靠近住房投资 I 轴；对于需求端的房地产投资者来说，其投资主要由其对于房地产资产价值的未来预期决定，因此其需求曲线为正向（大卫·吉尼索乌等，2010），显示出"追涨杀跌"的金融产品需求曲线特征。

在上述假设条件和市场静态条件下，存在如下市场运行机制：四象限在初始状态下存在一组静态均衡解（P_0, H_{d0}, H_{s0}, I_0, H'_{s0}, H'_{d0}），并且在假设条件①和②约束下，存在 $H_{d0} = H_{s0}$ 和 $H'_{s0} = H'_{d0}$，即市场迅速完成出清。另外，在需求端，市场处于资产价值上升的通道上，根据假设条件④，市场需求者，特别是投资型需求者会迅速调整预期，继续追加房地产投资，因此房地产市场存在 D_0 向 D_1 以及 D'_0 向 D'_1 双重扩张的趋势，这与实际情况中一二线大中城市房地产市场状况基本吻合。在这一趋势下，房企面临着假设条件③的长期约束，在自有资金不能满足日益增长的住房需求状态下，加杠杆成为了房企获取资金进行再投资建设的必然选择，即产生假设条件⑤和⑥中的行为，房企通过市场端各种营销手段加速销售进度，迅速回款，以满足 $H_{d1} = H_{s1}$ 和 $H'_{s1} = H'_{d1}$，以高现金流弥补资产负债表压力，形成"高杠杆、高周转、高现金流"的"三高"特征，最终推动房地产投资继续扩张到 I_1。遵循同样逻辑，只要市场需求端资产价值维持在上升通道，或预期其在上升通道，则需求扩张仍然存在，并会传导至供给端，房地产企业会继续增加杠杆，继续追加投资，以满足上述的市场出清条件。房地产投资会继续增大，即"负债—投资发散状态"，上述机制即"负债—投资发散模型"。

"负债—投资发散模型"可以从供需两方面分析。供给方面，房地产供给的影响因素包括房地产投资、房地产价格和房企杠杆率，这样住房供给隐函数表达式为：

$$H_s = f(I_s, P, L) \tag{4-1}$$

其中，H_s 是房地产供给水平，I_s 代表房地产投资的水平，P 表示住房价格，L 为房企杠杆率。根据"负债—投资非收敛"机制，函数（4-1）满足以下性质：房地产投资、房地产价格、房地产杠杆率水平的提高会带来住房供给水平的提高：

$$\frac{\partial H_s}{\partial I_s} > 0; \quad \frac{\partial H_s}{\partial P} > 0; \quad \frac{\partial H_s}{\partial L} > 0 \tag{4-2}$$

需求方面，住房需求隐函数表达式为：

$$H_d = D(P, pergdp, revenue, loans, interestrate) \tag{4-3}$$

其中，H_d 是房地产需求水平，pergdp 表示地区经济发展水平，revenue 表示地方财政能力，loans 表示地区金融水平，interestrate 代表地区长期贷款利率水平。根据经典四象限模型假定和已有实证研究证据（梁云芳、高铁梅、贺书平，2006；罗知、张川川，2015；倪鹏飞，2019），房地产销售市场需求水平与上述外生变量主要存在下述关系：

$$\frac{\partial H_d}{\partial pergdp} > 0; \quad \frac{\partial H_d}{\partial revenue} > 0; \quad \frac{\partial H_d}{\partial loans} > 0; \quad \frac{\partial H_d}{\partial interestrate} < 0 \tag{4-4}$$

研究假说一：房企杠杆率—房地产投资正向相关关系。

对于房企来说，现金流是改善其自身财务状况的关键。房企通过各种营销手段加速销售进度迅速回款以满足 $H_{d1} = H_{s1}$ 和 $H'_{s1} = H'_{d1}$，进而以高现金流弥补资产负债表压力，形成"高杠杆、高周转、高现金流"的"三高"特征，最终推动房地产投资继续扩张到 I_1。遵循同样的逻辑，只要住房资产价值维持在上升通道（或预期其在上升通道），则需求扩张仍然存在，并会传导至供给端致使房企继续增加杠杆、追加投资以满足市场出清条件，房地产投资会继续增大进而进入高销售额—高投资的机制通道。

研究假说二：房企杠杆率—房地产投资正向关系的空间差异。

支撑房企加杠杆与房地产投资同向正相关变动的主要动力是房企销售能力。为检验上述机制中房地产销售与房地产投资关系，提出如下假设。房企杠杆率—房地产投资的正向关系存在空间异质性。具体来说，对于市场价格高、销售旺盛的东部地区来说，市场发育较为成熟，即使该地区房企杠杆率更高，但是"快销为王"的市场运行思路会迅速形成回款现金流，缓解资产负债表的负债压力，因此，房企杠杆率和房地产投资的相关关系可能并不那么显著；在市场成熟度一般的中部和西部地区，在供需非均衡造成资产价值持续上升的条件下，房地产投资更多依赖于房企加杠杆进行的可持续性投资，二者之间的关系较为显著。

研究假说三：销售速度—房地产投资分地区相关关系。

正如研究假说二所说的，支撑房企加杠杆与房地产投资同向正相关变动的主要动力是房企的销售能力。因此，我们假设在全国范围内，房地产销售状况与房地产投资之间同样存在显著的正相关关系。同时，二者存在明显的区域异质性。

研究假说四：房价—房地产投资分地区相关关系。

根据"负债—投资发散模型"，导致房企杠杆率和房地产投资之间发散扩张趋势除了销售量之外，另一个重要的市场条件为房地产价格的持续上涨，因此本书假设在全国范围内，房地产价格与房地产投资呈现显著正向关系。

研究假说五：房企杠杆率—土地投资正向关系。

土地投资占据房地产投资总额的重大份额，"拿地"是房地产开发建设的开端。因此，为了增加研究假说和检验的稳健性，我们假设房企杠杆率与土地投资之间存在显著正向关系。

研究假说六：金融危机冲击下房企杠杆率波动与房地产投资相关关系。

除此之外，非市场因素的重大外生冲击同样对于机制形成与存续有重大影响。按照理论逻辑，在市场进入繁荣期，资产价值持续稳定上升的条件下，核心变量之间正向相关关系稳定；但是在遭受重大外生冲击，并且经历政策力量多轮调整后，上述关系运行机制可能遭到破坏。

第三节 实证设计

一、模型设定

针对上述假说，本书拟按照如下分析策略构建计量模型：首先，构建城市房企杠杆率—房地产投资相关关系计量模型 Model1，因为我们主要关注一二线城市本身不随时间趋势变化的核心变量之间的相关关系，故选取固定效应模型，并对可能存在的内生性问题进行分析和处理，以确保模型的有效估计和结果稳定；其次，根据前文理论所述，房地产市场是区域性市场，因此，我们同样也关注在不同地理区域划分状况下，核心变量之间的关系问题，在 Model1 的设定中，我们进一步加入区域哑变量，并进行分组回归分析；再次，在上述模型基础上，我们将进一步分析造成房企杠杆率—房地产投资关系的原因以验证假说三，即引入商品房销售额 sales 变量，替代房企杠杆率和房地产供应量变量（考虑到二者之间存在完全共线性，即供应量信息已经全部体现在销售额变量中），设定 Model2；最后，我们运用替代因变量的办法，用在房地产投资中占据重大份额的土地投资 landinvest 替代房地产投资变量 reinvest，设定 Model3，以检验 Model1 的稳健性。模型（4-1）、模型（4-2）、模型（4-3）设定如下：

$\ln \text{reinvest}_{i,t} = \alpha + \beta_1 \text{leverage}_{i,t} + \beta_2 \ln \text{reprice}_{i,t} + \beta_3 \ln \text{resupply}_{i,t} + \beta_4 \ln \text{pergdp}_{i,t} + \beta_5 \ln \text{loans}_{i,t} + \beta_6 \ln \text{pfrevenue}_{i,t} + \beta_7 \text{interestrate}_{i,t} + \text{east}_{i,t} + \text{middle}_{i,t} + \text{west}_{i,t} + \text{eastnorth}_{i,t} + \mu_{i,t}$

$$(4-5)$$

$\ln \text{reinvest}_{i,t} = \alpha + \beta'_1 \ln \text{sales}_{i,t} + \beta'_2 \ln \text{reprice}_{i,t} + \beta'_3 \ln \text{resupply}_{i,t} + \beta'_4 \ln \text{pergdp}_{i,t} + \beta'_5 \ln \text{loans}_{i,t} + \beta'_6 \ln \text{pfrevenue}_{i,t} + \beta'_7 \text{interestrate}_{i,t} + \text{east}_{i,t} + \text{middle}_{i,t} + \text{west}_{i,t} +$

eastnorth$_{i,t}$ + $\varepsilon_{i,t}$ (4-6)

$\ln$ landinvest$_{i,t}$ = α + β''_1 leverage$_{i,t}$ + β''_2 $\ln$ reprice$_{i,t}$ + β''_3 $\ln$ resupply$_{i,t}$ + β''_4 $\ln$ pergdp$_{i,t}$ + β''_5 $\ln$ loans$_{i,t}$ + β''_6 $\ln$ pfrevenue$_{i,t}$ + β''_7 interestate$_{i,t}$ + east$_{i,t}$ + middle$_{i,t}$ + west$_{i,t}$ + eastnorth$_{i,t}$ + $\gamma_{i,t}$ (4-7)

二、指标选取及说明

本书的研究被解释变量 reinvest$_{i,t}$ 为房地产投资，用年度新增房地产开发投资额作为代理变量（梁云芳、高铁梅、贺书平，2006；张洪、金杰、全诗凡，2014；罗知、张川川，2015）。核心解释变量为城市房企杠杆率 leverage$_{i,t}$，用以城市为核算单元计算的该市房企当年负债总额和该市房企当年资产总额的比值作为代理变量。另外，根据前文理论推导和研究假说，并且考虑到遗漏变量可能造成的内生性问题等，在参考大量相关文献基础上，本书选取了如下变量作为模型（4-1）、模型（4-2）、模型（4-3）的控制变量：①当地房地产市场特征代理变量：reprice$_{i,t}$ 指房价（罗知、张川川，2015；严金海、丰雷，2019），resupply$_{i,t}$ 指新增商品房供给量（严金海、丰雷，2019）。②地方经济发展水平的代理变量：pergdp$_{i,t}$ 指人均 GDP（罗知、张川川，2015）。③当地金融发展水平代理变量：loans$_{i,t}$ 指金融机构贷款余额（梁云芳、高铁梅、贺书平，2006）。④融资成本代理变量：长期贷款利率 interestate$_{i,t}$（梁云芳、高铁梅、贺书平，2006）。⑤当地财政能力代理变量：pfrevenue 指地方财政一般收入（倪鹏飞，2019），在此我们假设，当地方财政状况较好，就会有更大的能力推动房地产投资所需要的基础设施建设活动，进而进一步推动房地产投资行为。在模型（4-2）中我们使用⑥sales$_{i,t}$ 即商品房销售额（况伟大，2011）作为当地房地产销售能力的代理变量；在稳健性检验 Model3 中，选取⑦landinvest$_{i,t}$ 即土地出让成交价款（颜燕、刘涛、满燕云，2013；李郇、洪国志、黄亮雄，2013；Pan, Zhang and Zhu, et al., 2017），作为土地投资的代理变量。

需要特别说明的是，①考虑到房地产投资具有一般固定资产投资的特性（何大安，2001，张洪、金杰、全诗凡，2014），即滞后性，需要经历审批、建造、竣工等过程才能完成，这就使得解释变量的作用延后，因此，控制变量均采用上一期的经济、财政和金融代理变量。②考虑到控制变量可能同样与核心解释变量存在相关性，即可能存在内生性问题，本书会引入工具变量，即核心解释变量的滞后一期，对模型进行优化分析和检验。另外，房企杠杆率是财务指标，与当期房地产投资是"共生"的，即当期房地产投资的财务结果体现在当期杠杆率上，而当期杠杆率的变动亦有部分与当期房地产投资活动有关联，因此杠杆率仍然选取当期杠杆率。③考虑到模型中变量的量纲问题以及研究核心假设主要关心的是核心被解释变量对解释变量变动的敏感程度，即弹性程度，因此我们对非比率变量均采用对数化处理。

三、数据来源和描述性分析

考虑到历史趋势，2006 年起因奥运会等项目，我国房地产预期开始快速上涨，随后 2008 年全球性金融危机爆发，2009~2010 年全国"四万亿"投资计划等经济刺激计划实施，再到后来的新型城镇化建设等，整个时期是我国房地产市场快速增长的阶段，是考察我国房地产开发企业加杠杆行为与房地产投资关系的非常好的样本期，另外考虑到数据可获得性，我们选取 2006~2017 年作为样本时间区间。数据来源如下：①房地产投资数据、房价数据、房地产供应量数据、商品房销售面积等房地产市场特征指标来自 2007~2018 年《中国房地产统计年鉴》，部分核对和补充数据来自中指数据库①，房地产企业杠杆率数据来自 2007~2018 年《中国房地产统计年鉴》企业指标板块，并由资产总额与负债总额相除得到；②人均 GDP 数据、地方财政收入数据、金融机构年末贷款余额数据来源于 2007~2018 年《中国

---

① 中指数据库，https://fdc.fang.com/creis/。

城市统计年鉴》；③5年期及以上长期贷款利率数据来自中国人民银行官网，因为其为月度数据，在某些年度会有调整，故在当年度按照利率存续的月份进行了加权平均；④本书采用的居民消费价格指数（CPI）指数、固定资产投资指数来源于2004~2018年《中国统计年鉴》，并按照35个城市所对应的省份，将房价、销售额、人均GDP、金融机构年末贷款余额、地方公共财政收入、土地出让价款和房地产投资等变量调整为以2003年为基期的实际变量。

主要观测变量的描述性分析见表4-1。从35个城市2006~2017年整体房企杠杆率和房地产投资的趋势图来看（见图4-4），整体上呈现同向变动趋势——上涨。但是在2012年前后，房企杠杆率有明显的"跳水"，因此，二者之间的相互作用关系仍然需要进一步的实证分析。

表4-1 描述性统计

变量类型		变量名称（单位）	符号	观测值	最小值	最大值	均值	标准差
被解释变量		房地产投资（万元）	reinvest	385	273367.6	34912169	6436512	6148045
核心解释变量		企业杠杆率＝负债总额/资产总额	leverage	385	0.478106	1.009825	0.767861	0.059569
		资产总额	assests	385	966517	590601980	62436558	87791908
		负债总额	detbs	385	577179	471779530	47228759	65301226
控制变量	房地产市场变量	商品房均价（元/平方米）	reprice	385	1789.084	34926.89	5941.864	4044.722
		商品房供应量（万平方米）	resupply	385	60.9496	5055.733	966.6261	801.3559
	地方经济发展水平变量	人均国民生产总值（万元）	pergdp	385	15685.55	362054.4	59151.89	28857.56
	财政收入水平变量	一般公共财政预算内收入（万元）	pfrevenue	385	56387.78	47052192	4460527	6938107

续表

变量类型		变量名称 （单位）	符号	观测值	最小值	最大值	均值	标准差
控制变量	金融发展 水平变量	年末金融机构 各项贷款余额 （万元）	loans	385	1513441	471403071.7	70287788	74055928
	融资成本 变量	5年期及以上 贷款利率	interestrate	385	4.9	7.83	6.1625	0.878674
	其他变量	房企销售额 （万元）	sales	385	19.04343	4743.178	731.0672	735.3178
		土地出让成交 价款（万元）	landinvest	385	6353.847	20795199	2843548	3301673

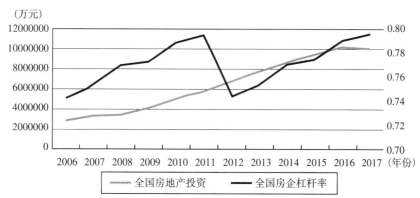

图4-4 2006~2017年全国35个城市房企杠杆率和房地产投资变动趋势

资料来源：根据《中国城市统计年鉴》（2007~2018）数据计算。

第四节 实证结果分析

根据前文理论逻辑，在房地产价值持续上升期，房地产投资属性逐渐占据优势地位，因此，房企的投资行为逐渐脱离经济基本面，即逐渐外生化。房企通过不断增加负债，追加投资，其资产负债表的特征表现为杠杆率增加。鉴于本研究所使用数据库为长时序面板数据，除核心解释变量外，其他控制变量虽滞后一期，但仍可能互相影响和存在多重共线性，进而引起因变量—房地产投资的变动，即存在内生性问题。因此，在运行基础回归模型时，我们仍然引入相关工具变量，运行二阶段最小二乘回归（2SLS），并结合面板数据基础回归结果进行对比分析，检验内生性问题（Durbin-Wu-Hausman test，DWH）以及弱工具变量问题（见表4-2）。在排除（或明确）内生性因素后，选择有效模型的无偏估计结果，并基于此模型进行拓展，进一步分析考虑空间因素后的实证结果以及尝试深入分析引发所得实证结果的因素（见表4-3）。

一、房企杠杆率变动与房地产投资整体趋势

1. 基本回归结果

表4-2报告了全国整体层面上城市房企杠杆率对于房地产投资的影响。研究有如下发现：①从 Model 1 的运行结果看：城市房企杠杆率与城市房地产投资之间具有显著正向关系。考虑到研究使用对数函数对变量进行了处理，即单位房地产企业杠杆率变动 1 个单位，将会带来 0.819 个单位的房地产投资变化，即房企杠杆率—房地产投资弹性为 0.819。这也验证了假说一。从房地产市场变量来看，房地产价格、房地产供给量滞后一期均与房地产投资之间呈现显著正向关系，其中价格—投资弹性为 0.300，供应量—投资弹性为 0.314。这体现出，在全国房地产市场整体量价齐升的条件下，房地产投资同向扩大的显著特征。②为了减小遗漏变量造成的内生性问题及估计偏误，研究尽可能选取了对于房地产投资产生重要影响的其他维度的代理变量作为控制变量，包括地方经济发展水平、地方财政水平、金融发展水平以及利率水平等。实证研究发现：城市人均 GDP 水平滞后一期与房地产投资之间呈现显著关系，人均 GDP—房地产投资弹性为 0.231，代表城市政府财政能力的一般性公共财政预算收入滞后一期和代表城市金融行业发展水平的期末银行机构贷款余额与房地产投资之间均呈现显著关系（弹性分别为 0.313、0.148），但是利率对于房地产投资的

表4-2　基本回归（1）：固定效应模型、2SLS、IV 以及内生性检验

lnreinvest	Model 1	全国					
		2SLS-lnenterprise-leverage_1	IV-lnenterprise-leverage_1	2SLS IV-lnurbanpcdi_1	IV-lnurbanpcdi_1	2SLS IV-realgdp_2	IV-realgdp_2
leverage	0.819*** (2.03)	1.725*** (2.60)	1.725*** (2.58)	0.748** (1.79)	0.748** (1.78)	-0.142 (-0.20)	-0.142 (-0.20)
lnreprice_1	0.300*** (2.26)	0.303*** (2.56)	0.303*** (2.53)	0.556* (1.54)	0.556* (1.52)	0.286** (1.82)	0.286** (1.80)
lnresupply_1	0.314*** (6.83)	0.307*** (6.67)	0.307*** (6.60)	0.317*** (6.89)	0.317*** 6.82	0.245*** (3.67)	0.245*** (3.63)
lnpergdp_1	0.231*** (2.61)	0.210** (2.36)	0.210** (2.34)	0.216*** (2.38)	0.216*** (2.35)	1.35** (1.88)	1.35** (1.85)
lnloans_1	0.148*** (2.82)	0.146*** (2.78)	0.145*** (2.75)	0.120** (1.80)	0.120** (1.78)	-0.072 (-0.47)	-0.072 (-0.46)
lnpfrevenue_1	0.313*** (5.40)	0.312*** (5.41)	0.313*** (5.36)	0.254*** (2.43)	0.254*** (0.016)	0.105 (0.60)	0.105 (0.59)
interestrate_1	-0.023 (-1.17)	-0.016 (-0.83)	-0.016 (-0.82)	-0.023 (-1.23)	-0.024 (-1.21)	-0.046* (-1.60)	-0.045* (-1.59)
Constant	0.271 (0.36)		0.049 (0.06)				-3.26 (-1.34)
F-test	10.54	172.04***	9.90	171.52***	10.05***	87.12***	
R²	0.80	0.78	0.81	0.778	0.773	0.625	
Hausman-test	149.49***						

续表

lnreinvest	Model 1	全国					
		2SLS-lnenterprise-leverage_1	IV-lnenterprise-leverage_1	2SLS IV-lnurbanpcdi_1	IV-lnurbanpcdi_1	2SLS IV-realgdp_2	IV-realgdp_2
Anderson canon LM		129.60***		36.732		7.504	
Cragg-Donald Wald F		201.691		40.218		7.516	
是否为弱工具变量		否		否		是	
Sargan statistic		0.0000		0.000		0.000	
是否过度识别		否		否		否	
FE OR RE	FE						
Hausman-test-iv 内生性检验 chi² (p-value)			2.88 (0.896)		0.44 (0.9996)		3.85 (0.797)
解释变量是否存在内生性			否		否		否
N	385	385	350	385	385	350	350

注：***、**、* 分别为 1%、5%、10% 的统计显著性。括号内的数值为 t 或 z 值。

影响关系并不显著，这也体现出了在金融化逻辑下，资金成本已经不是房地产企业决策投资的重要约束条件，"追涨""快销""快速回款"或许是房企在某一城市进行投资建设的优先行为选择。

2. 内生性检验及房企杠杆率外生

在基本回归模型中，虽然核心解释变量和控制变量均滞后一期，减少了对于因变量当期房地产投资的复杂影响，降低了内生性因素，但是，考虑到房地产投资往往具有滞后性，宏观经济、地方政府财政状况、金融发展水平以及房地产市场状况的影响可能同样存在滞后性，因此也存在内生性问题。于是，我们需要对于设定模型的部分核心变量进行内生性检验。根据理论逻辑，我们怀疑核心解释变量——当期房地产杠杆率、房地产市场状况特征变量——房价、地方经济发展水平——人均 GDP 与因变量间存在内生性问题，故选取工具变量对模型（4-1）重新进行估计。又考虑到可能存在弱工具变量问题，故分别对上述变量进行弱工具变量检验。分别采取两阶段最小二乘估计法加入工具变量后的固定模型估计，并对比加入工具变量前后模型的结果，进行 Durbin-Wu-Hausman 检验，判断模型设定是否存在内生性问题。在工具变量选取时，往往选取假设存在内生性的解释变量滞后一期作为工具变量（陈强，2010；叶剑平、李嘉，2018；刘贯春、陈登科、丰超，2017），在设定因变量为房地产投资，核心解释变量为房价时，往往采用地方人均收入水平作为房价的工具变量，因为人均收入水平与房价往往显著相关，但对供应端——房地产投资的影响非常微弱（严金海、丰雷，2019）。本书分别选取企业杠杆率滞后一期、房价滞后二期、人均 GDP 滞后二期作为对应变量的工具变量。从 2SLS 的运行结果来看，模型中所有自变量与因变量之间均与未加入工具变量的模型设定具有相同的符号方向和显著性。在以房企杠杆率滞后一期为工具变量进行两阶段最小二乘回归时，参数较未加工具变量时有显著提高。Cragg-Donald Wald F 统计量为 201.691，显示不存在弱工具变量问题，Sargan 统计量显示模型设定不存在过度识别问题。在对比加入工具变量的固定效应模型和基本模型之后发现，Durbin-Wu-Hausman 检验（DWH）统计量为

2.88，Chi² 为 0.896，并未拒绝"加入工具变量后的模型与未加入工具变量模型存在显著不同"的零假设，即房企杠杆率水平在 10% 显著性水平上并未拒绝不存在内生性的原假设，因此，研究推断，房企杠杆率变量可能独立于设定模型的其他变量并对房地产投资产生影响，即房企杠杆率可能本身是一个外生变量，而不具有显著的内生性影响。如上文所述，研究也怀疑房价、GDP 存在内生性问题，于是沿袭上述思路进行内生性检验，并得到了一致性结果，排除了滞后一期 GDP 和滞后一期房价对于即期房地产投资的显著性内生性因素。

二、"销量为王"：销售额对于房地产投资的支撑作用

在排除了房企杠杆率内生性因素后，下面的问题是：既然宏观经济、地方财政、金融发展水平等因素没有通过房企杠杆率对房地产投资产生影响，亦即房企在进行投资扩大行为决策时并不受上述经济条件约束，那么房企如何保证自身良好的财务状况？如果按照前文对于全国杠杆率的描述性分析判断，全国层面及大部分一二线城市房企杠杆率仍然呈现持续上升趋势，同时，房地产投资仍然呈现出不断扩张趋势，那么在这双向作用下，房企如何承担高杠杆风险，抵御资产不足甚至破产的风险呢？研究进一步的猜想是：房企通过高周转、快销售手段形成充沛的现金流量进而转入下一轮的再投资活动，即通过高现金流弥补资产负债表中负债比重过高的风险，以现金流替代资本流，实现房地产投资的再扩大活动。

表 4-3 中报告了 Model 2 的运行结果。在 Model 2 中，我们将杠杆率变量替代成 35 个城市的房企销售额变量，同时控制其他自变量重复上文的模型运行和检验。研究发现：①同期销售额与房地产投资之间确实存在显著的正向关系（1% 的显著性水平），销售额—房地产投资弹性系数为 0.518。②考虑到同期销售额可能存在的内生性问题，并以滞后一期销售额作为工具变量进行固定效应模型回归和二阶段最小二乘回归时，得到的结果较为一致，同期销售额与房地产投资之间同样存在显著的正向关系

表 4-3　销售额—房地产投资模型固定效应、2SLS 和内生性检验

Y = lnreinvest	Model 2	Model 2-2SLS	Model 2-IV
lnsales	0.518***	0.706***	0.706***
	(10.50)	(7.43)	(7.37)
lnreprice_1	0.128	0.058	0.058
	(1.15)	(0.50)	(0.50)
lnpergdp_1	0.221***	0.186***	0.186***
	(2.69)	(2.21)	(2.19)
lnloans_1	0.159***	0.156***	0.156***
	(3.23)	(3.15)	(3.12)
lnpfrevenue_1	0.214***	0.147***	0.147***
	(3.83)	(2.33)	(2.31)
interestrate_1	0.075***	0.113***	0.113***
	(3.69)	(4.31)	(4.27)
Constant	2.228***		2.818***
	(3.14)		(3.67)
IV-lnsales_1			
Anderson canon. corr. LM statistic		96.511***	
Cragg-Donald Wald F statistic		130.971	
是否是弱工具变量		否	
Sargan statistic		0.000	
F-test	241.55***	223.11***	
F-test：$u_{i,t}$	11.18***		10.67***
R^2	0.83	0.80	0.84
Hausman-test	67.05		5.26
Hausman-test：FE_IV			0.5114
是否存在内生性			微弱
Chi^2			0.5114
FE OR RE	FE		
N	385	385	385

注：***、**、*分别为1%、5%、10%的统计显著性。括号内的数值为 t 或 z 值。

（1%的显著性水平），模型的拟合优度 R² = 0.84，较之 Model 2 有所提高，销售额—房地产投资弹性系数提高到 0.706。③在加入工具变量滞后一期销售额运行固定效应模型之后，DWH 统计量为 5.26，Chi² 为 0.5114，说明销售量变量存在微弱内生性；在运行 2SLS 并进行弱工具变量检验后，Cragg-Donald Wald F 统计量为 130.971，表明不存在弱工具变量问题，Sargan 检验表明模型并不存在过度识别问题，上述检验表明 Model 2 的设定质量较高。④除了利率变量之外，其他控制变量与房地产投资之间的关系与 Model 1 中的结果非常一致，皆呈现出显著正向相关关系（1%的显著性水平）。在用销售额替代杠杆率运行模型后，利率与房地产投资呈现出显著正向关系，这可能与前文所述的选取销售额变量给模型本身带来的内生性问题有关，即上一期长期利率的提高向市场传递了资本回报率升高的利好信号，同样由此市场交易行为增加，进而体现在当期销售额与房地产投资扩大行为的同向变动上。同样由于上述原因，上一期房价与当期房地产投资之间的关系虽然仍然为正向但变得不显著，"交易优先于房价"，在存在市场交易量的情况下，房价涨幅与位置也并非房企投资与否的显著约束因素。上述研究发现验证了假说三，即房企通过销售行为形成高质量现金流进而产生再投资行为，当期销售额与当期房地产投资的波动呈现显著正向相关性。这也回答了前文的问题："在整体高杠杆率的基本状况下，房企如何对冲高负债、低资产比率的财务风险？"市场需求端销售的持续、快速增长为房企在供给端扩张投资提供了充足的现金流，"销售为王"的大旗为高杠杆率下的房地产投资提供了坚实的支撑，资产负债表的"差绩"被现金流量表的"优绩"弥补了。

三、市场的空间分异：负债—投资发散行为的空间分化

从前文全国范围内的模型运行结果来看，我们找到了房企杠杆率与房地产投资之间存在显著正向关系的有力证据，通过进一步分析发现，销售

量对于高杠杆率下的房地产投资起到了支撑作用。但是，房地产市场是区域性的。市场空间异质性是否同样对房企杠杆率—房地产投资以及房地产销售额—房地产投资这两组核心关系产生了重要的影响以及如何影响是接下来要探讨的问题。

表4-4报告了进行东部、中部、西部和东北地区划分[①]后，模型Model 1的运行结果，实证结果显示：①东部房企杠杆率—房地产投资的正向关系并不显著，中部和东北地区在1%的显著性水平上较为显著，西部地区在10%的水平上显著，但是杠杆率与房地产开发投资为负向相关关系。②从房企杠杆率—房地产投资边际弹性来看，中部和东北地区高于全国平均水平，分别为1.454和2.677，东部略高于全国平均水平。③从其他控制变量的运行结果来看，东部和中部地区与Model 1的运行结果基本一致，分地区实证结果如下：在东部地区，滞后一期的住房供应量、地方人均GDP、地方财政收入水平和金融发展水平与房地产投资的正向关系显著；在中部地区，除了与东部地区有一样的显著正向关系的控制变量外，滞后一期房价与利率对当期房地产投资的影响也非常显著（系数分别为0.900，-0.056），这也体现出中部地区房企杠杆率与经济基本面等对于房地产投资扩张的显著作用；在西部地区，除了房地产供给量和人均GDP之外，其他变量对于房地产投资的影响并不显著；在东北地区，除了杠杆率因素外，上一期人均GDP水平、财政收入状况、金融发展波动状况与房地产投资变动之间的正向关系显著。

表4-4 东部、中部、西部和东北地区房企杠杆率—房地产投资固定效应模型结果

Y = lnreinvest	Model1 东部	Model1 中部	Model1 西部	Model1 东北地区
leverage	0.877 (0.92)	1.454*** (2.97)	−1.70* (−1.72)	2.677*** (2.84)
lnreprice_1	0.138 (0.73)	0.900*** (3.88)	0.607 (1.27)	0.076 (0.26)

[①] 东部、中部、西部和东北地区的划分来源于国家统计局2011年的官方划分。

Y = lnreinvest	Model1 东部	Model1 中部	Model1 西部	Model1 东北地区
lnresupply_1	0.368*** (4.54)	0.140** (1.86)	0.320*** (2.62)	0.106 (1.21)
lnpergdp_1	0.225* (1.75)	0.206* (1.38)	0.716*** (2.37)	−0.304* (−1.64)
lnloans_1	0.289*** (3.19)	0.096* (1.53)	0.030 0.13	0.486*** (2.40)
lnpfrevenue_1	0.332*** (2.91)	0.242*** (2.90)	−0.114 (−0.54)	0.333*** (3.74)
interestrate_1	−0.034 (−0.98)	−0.056** (−2.02)	0.079 (1.33)	−0.047 (−1.15)
Constant	−1.36 (−0.90)	−1.210 (−1.14)	2.228 (1.02)	2.075 (1.11)
East				
Middle				
West				
F−test	59.77***	111.15***	12.32***	78.47***
F−test：$u_{i,t}$	5.23***	16.37***	8.69***	16.86***
R^2	0.83	0.79	0.64	0.79
Hausman−test	23.50***	93.60***	39.12	6.01
Chi^2	0.0014	0.0000	0.0000	0.5380
FE OR RE	FE	FE	FE	FE
N	154	110	55	66

注：***、**、* 分别为 1%、5%、10%的统计显著性。括号内的数值为 t 或 z 值。

那么分地区后，销售额的变动是否也对同期房地产投资产生了异质性影响。表 4-5 报告了东部、中部、西部和东北地区 Model 2 的运行结果。实证发现：①四大区域一二线城市房企销售额与同期房地产投资均存在显著的正向关系（1%的显著性水平），这与全国层面 Model 2 的结果非常一致，说明两者之间具有稳定的关系。从边际弹性来看，东部和西部高于全国平均水平（0.518），分别为 0.529 和 0.592，中部地区和东北地区低于全国平均水平，分别为 0.250 和 0.438。②分地区来看，在用销售额替代了杠杆率变量后，东部、西部和东北地区滞后一期房价变量对于房地产投资不再是显著性因素，人均 GDP 仍然与房地产投资呈现出比较显著的正向关系。另外，对于东部和中部两大经济相对发达地区的一二线城市来说，金融水平、政府财政收入对于房地产投资存在显著正向影响，东北地区城市滞后一期政府财政收入对于房地产投资的影响非常显著，这与经验观察

表 4-5　东部、中部、西部和东北地区销售额—房地产投资固定效应模型结果

Y = lnreinvest	Model 2 东部	Model 2 中部	Model 2 西部	Model 2 东北地区
lnsales	0.529*** (6.05)	0.250*** (2.72)	0.592*** (4.46)	0.438*** (3.78)
lnreprice_1	0.003 (0.02)	0.837*** (3.37)	−0.021 (−0.05)	0.193 (0.70)
lnpergdp_1	0.190* (1.56)	0.231* (1.52)	0.695*** (2.60)	−0.321* (−1.78)
lnloans_1	0.271*** (3.17)	0.099* (1.54)	0.007 (0.03)	0.136 (0.65)
lnpfrevenue_1	0.226** (2.02)	0.228*** (2.65)	0.027 (0.16)	0.339*** (4.16)
interestrate_1	0.062* (1.68)	−0.010 (−0.28)	0.180*** (3.58)	0.003 (0.08)
Constant	1.239 （0.96)	−0.497 (−0.43)	2.662 (1.36)	7.092*** (3.19)
F-test	78.83***	123.23***	19.16***	97.09***
F-test: $u_{i,t}$	8.89***	13.38***	5.35***	14.29***
R^2	0.82	0.85	0.79	0.90
Hausman-test	11.02	30.73	77.15	7.65
Chi^2	0.0879	0.0000	0.0000	0.2651
FE OR RE	FE	FE	FE	FE
N	154	110	55	66

注：***、**、* 分别为 1%、5%、10% 的统计显著性。括号内的数值为 t 或 z 值。

一致，即在市场化程度较高、行政化干预较低地区的城市，经济因素对于房地产投资的影响较为显著，反之，在行政化程度较高地区的城市，政府财政自上而下式的"引导"效应更为显著。上述实证发现验证了假说三和假说四的内容。

四、深入分析：空间分异成因探讨

那么是什么原因造成了分地区后房企杠杆率—房地产投资以及销售—房地产投资之间关系的分化呢？我们试图结合分地区后房企杠杆率和房地产投资的变化趋势及各地区城市房地产市场基本特征体现出的异质性进一步分析。图4-5体现了四大区域房企杠杆率和房地产的投资变化趋势，结合各地区房地产的市场特征分析如下：①东部、中部、西部和东北地区城市房地产市场在发展阶段、发展水平、住房均价、供需结构等基本层面具有显著差异。具体来说，东部地区房地产市场发展较早且成熟，房价水平高，且需求旺盛，能够在需求端形成持续旺盛的支撑力，而且相较于其他地区城市，东部城市在整体经济发展水平、政府财力以及金融发展水平等方面都更高，特别是金融的快速发展为房企加杠杆行为创造了技术和制度上的可能；中部地区和东北地区城市房地产市场相较于东部地区发展稍迟，且由于之前房地产投资的过快推进遗留了严重的"库存积压问题"，特别是东北地区，随着产业优势消退、人力资本外流，更难以形成住房市场支撑力；而西部地区房地产市场发展仍然在起步阶段，再加上资源禀赋、政策倾斜、土地成本等方面的特殊性，房企更加看重的是西部城市在整体市场布局的长期战略位置，而非即期收益。上述不同地区城市房地产市场基本面上的异质性决定了其城市层面房企杠杆率的差异以及负债—投资发散运行机制的空间差异性。②东部地区房企通过快销和房价优势，迅速"补仓"，平衡负债状况，再加上市场化程度更高，因此市场量价信号提供的信息完整，房企亦可据此灵活调整即期投融资水平形成波段，因此在房地产投资持续增加的情景下，杠杆率与房企投资并不存在显著正相关性。③中部和东北地区房地产市场去化能力有限，无法平抑房企的杠杆率压力，因此该地区呈现出越投资越负债、越负债越投资的恶性循环，这从理论上解释了"为什么中部和东北地区的城市多出现鬼城和烂尾楼"。④西部地区房地产投资近年呈现下行趋势，但该地区房企杠杆率反而上升了，这体现出市场发展阶段的初期特征，房企在该地区投资存在风险偏好，有增加自身杠杆率的倾向。⑤此外，按照区域划分的房企杠杆率来看，东部地区确实明显低于全国平均水平、低于中部和东北地区。

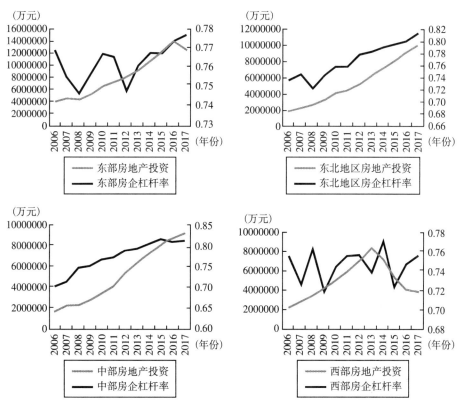

图4-5　东部、中部、西部和东北地区城市房企杠杆率—房地产投资变动趋势
资料来源：根据《中国城市统计年鉴》（2007~2018）数据计算。

五、稳健性检验

为检验模型结果的稳健性，本书的研究采取下述思路：第一，进行因变量替代（刘贯春、陈登科、丰超，2017；席强敏、梅林，2019）。具体操作为，用代表土地投资的土地出让价款变量替代房地产投资变量，这是因为在实际房地产投资活动中，土地投资往往占据最大份额，所谓"拿地"环节是资金投入量最大的活动，因此土地出让价款是房地产投资的一个很好的替代变量。第二，用子样本替代（严金海、丰雷，2019）。具体操作为，根据较大外生冲击——金融危机的发生和"四万亿"投资计划的推出重新划分实证数据时序，即以 2010 年为划分起点，考察和对比金融危机前后模型的变化，进而考察模型稳定性。

1. 因变量替代：房企杠杆率对于土地投资的影响

表 4-6 显示了用土地投资变量替代房地产投资后的模型 Model 3 运行结果，实证结果显示，房企杠杆率与当期土地投资之间仍然存在显著正向关系，弹性系数达到 10.782。在考虑内生性因素和加入工具变量后，该关系仍然在 1% 显著性水平上显著，弹性系数达到 16.737。模型在进行两阶段最小二乘估计及弱工具变量、过度识别和内生性检验后，二者关系均与前述 Model 1 的结果较为一致。除此之外，滞后一期房价、房地产供应量和人均 GDP 等控制变量也体现出与基准回归模型较为一致的显著关系。这同时也验证了假说五：房企杠杆率变动与土地投资——房地产投资开发环节最重要的部分的变动显著正相关。

表 4-6　稳健性检验（1）：房企杠杆率—土地出让成交价款关系

Y = lnlandinvest	Model 3 全国	Model 3–2SLS	Model 3–IV
lnleverage	10.782*** (7.94)	16.737*** (7.37)	16.737*** (7.30)
lnreprice_1	1.471*** (3.72)	1.313*** (3.24)	1.313*** (3.21)

续表

Y = lnlandinvest	Model 3 全国	Model 3–2SLS	Model 3–IV
lnresupply_1	0.559*** (3.62)	0.514*** (3.26)	0.514*** (3.23)
lnpergdp_1	0.698*** (2.35)	0.562** (1.84)	0.562** (1.83)
lnloans_1	−0.004 (−0.03)	−0.019 (−0.11)	−0.019 (−0.11)
lnpfrevenue_1	−0.663*** (−3.41)	−0.664*** (−3.36)	−0.663*** (−3.32)
interestrate_1	−0.237*** (−3.63)	−0.195*** (−2.87)	−0.195*** (−2.84)
Constant	−6.472*** (−2.57)		−7.929*** (−3.02)
Anderson canon. corr. LM statistic		129.600***	
Cragg−Donald Wald F statistic		201.691	
是否是弱工具变量		否	
Sargan statistic		0.000	
F−test	38.10	35.16	
F−test：$u_{i,t}$	5.97***		5.87***
R^2	0.182	0.41	0.07
Hausman−test	95.22***		10.39
Hausman FE_IV−FE			0.1677
Chi^2			
解释变量是否存在内生性			微弱
FE OR RE	FE		
N	385	385	385

注：***、**、* 分别为1%、5%、10%的统计显著性。括号内的数值为t或z值。

2. 外生冲击：金融危机前后的一个对比验证

表 4-7 报告了金融危机—四万亿投资计划后（2010 年底），房企杠杆率和房地产投资变动之间的相关关系。实证结果显示，在两个子样本中，二者均呈现出正向相关关系。其中金融危机前二者关系在 1% 的水平上显著正相关，且其他控制变量也与基准回归模型表现出基本一致的结果。模型在进行两阶段最小二乘估计及弱工具变量、过度识别和内生性检验后，二者关系均与前述 Model 1 的结果较为一致。在子样本 2 金融危机—四万亿投资计划后模型结果中，控制变量滞后一期住房供应量、人均 GDP 和财政收入仍然与房地产投资呈现出显著正向关系。至于为何杠杆率与房地产投资之间的相关性不如金融危机前显著，研究认为可能是因为金融危机后的多轮政策调控促进全国房地产市场整体逐渐回归理性，特别是"供给侧改革"和"三去一降一补"政策框架和预期下，市场供给侧的房企杠杆率扩张趋势开始收敛，因此其与房地产投资扩张的相关性并不如金融危机前显著，但是二者之间仍然呈现出相同的正向变动趋势。表 4-6 和表 4-7 的稳健性检验结果表明前述基准回归模型的结果比较稳定。

表 4-7　稳健性检验（2）：金融危机—四万亿投资计划前后基准回归模型

Y = lnreinvest	Model 1 金融危机—四万亿投资计划前	Model 1 金融危机—四万亿投资计划后	Model 1-2SLS 金融危机—四万亿投资计划前	Model 1-IV 金融危机—四万亿投资计划前
lnleverage	1.27*** (3.68)	0.269 (0.35)	3.619* (1.69)	3.619*
lnreprice_1	0.467*** (3.83)	0.019 (0.10)	−0.030 (−0.15)	−0.030 (−0.14)
lnresupply_1	0.151*** (2.62)	0.282*** (4.40)	0.290*** (4.38)	0.290*** (4.31)
lnpergdp_1	0.318*** (2.55)	0.207** (1.86)	0.178* (1.54)	0.178* (1.51)
lnloans_1	0.050 (1.38)	0.104 (0.91)	0.107 (0.90)	0.106 (0.88)
lnpfrevenue_1	0.135*** (2.23)	0.447*** (5.18)	0.009 (0.25)	0.396*** (4.16)

续表

Y = lnreinvest	Model 1 金融危机—四万亿 投资计划前	Model 1 金融危机—四万亿 投资计划后	Model 1-2SLS 金 融危机—四万亿投 资计划前	Model 1-IV 金融危 机—四万亿投资计 划前
interestrate_1	−0.069*** (−4.14)	−0.014 (−0.42)	0.397*** (4.23)	0.009 (0.24)
Constant	3.381*** (2.82)	2.550 (1.21)		1.210 (0.52)
Anderson canon. corr. LM statistic			28.250***	
Cragg−Donald Wald F statistic			31.552	
是否是弱工具变量			否	
Sargan statistic			0.000	
F−test	45.06***	27.60***	25.59***	
F−test:$u_{i,t}$	23.06***	6.72***		6.03***
R^2	0.66	0.76	0.44	0.76
Hausman−test	100.90	13.61		2.70
是否存在内生性				否
Chi^2	0.0000	0.0586		0.9114
FE OR RE	FE	FE		
N	140	245	245	245

注：***、**、* 分别为 1%、5%、10%的统计显著性。括号内的数值为 t 或 z 值。

第五节　进一步讨论：负债—投资发散（收敛）机制下的风险

一、"两个价格"：市场非均衡状态下的动态特征

上述理论模型和实证结论都是基于 6 个假设条件，但是还有一种情况

并没有讨论，即房地产消费市场和投资市场存在分层，并不遵循一个"市场价格"，从住房产品的类型来看，即消费型住房（如公寓和普通二手房）与投资型住房（高端物业和别墅）已经在价格层面形成了明显的分化，这在一线城市和部分二线城市已经开始显现。这两个市场之间存在着"套利空间"，即图 4-6 所示的 $|P_1-P_0|$。前文中四象限的"负债—投资发散和收敛模型"进而演化成八象限的扩展型模型。

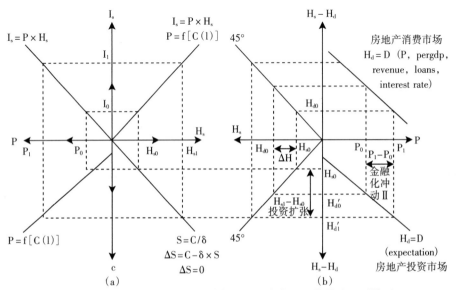

图 4-6 基于"两个价格"的负债—投资发散和收敛扩展型模型

二、一个展望：金融化冲动 Ⅱ 和负债—投资的发散（收敛）机制下的市场风险

图 4-6 中（a）是表示供给端房企房地产投资、价格、施工成本和供应量之间相互关系的四象限图。第一象限为供给端房地产投资—竣工量关系，其中，$I_s = P \times H_s$，H_s 为市场上房屋竣工量，表示市场供给的概念，P为房屋价值。第二象限为房地产投资与房屋成本价格的关系，$I_s = P \times H_s$，函数与第一象限相同，只是设定的外生变量不同，第二象限中供应量为外

生变量。第三象限表示房屋价值与建设成本的关系，房屋价值 P = f［C
(1)］，其中 f(C) 表示土地成本、税收成本、融资成本、建设成本等一系
列房地产企业开发建设阶段承担的成本，l 为企业杠杆率水平，因此 C(1)
表示杠杆率所决定的企业成本边界。第四象限表示新增竣工量与已竣工量
之间的关系，二者的关系为 $\Delta S = C - \delta \times S$，$\delta$ 是折旧率，当住房增量 $\Delta S =$
0，即假设新增建设房屋全部竣工进入存量市场交易阶段时，住房存量 S =
C/δ。

　　图 4-6 中（b）是表示需求端房地产市场销售量、房价与供给端房屋供
给量（竣工量）之间相互关系的四象限图。其中第二、第三象限的曲线为
45°线。本研究将房地产市场进行了细分，即假设存在"金融化冲动"时，
房地产市场分化为房地产消费市场（第一象限）和房地产投资市场（第四
象限），二者间存在转化。特别需要强调的是，在消费市场中，房地产产
品依然符合需求定理，即存在正向需求—价格曲线，$H_d = D$（P；pergdp，
revenue，loans，interest rate）；但是当"金融化冲动"导致房地产投资市场
细分时，该市场中的需求主体按照金融化的行为逻辑行动，表现为"追涨
杀跌"，预期（而非价格）成为市场需求的决定因素（Shiller R.，2000；
Miller R.，2002），市场价格脱离供给与需求规律运行，表现出一般投资标
的所具有的特征（张成思、张步昙，2015；张成思，2016）。

　　在上述市场静态条件下，图 4-6(b) 中市场有效需求大于有效供给，
即存在 $H_d > H_s$，这导致了消费市场中产生了 $|P_1 - P_0|$，即"金融化冲动"，
市场上预期房价依然会继续增长，这一预期传导到房地产投资市场，会使
得市场均衡点沿投资需求曲线向上移动，增加投资需求，同时，这一信号
会被房企捕捉，房企做出回应并将建设量设定在 H_{s1} 的新位置，产生 $|H_{s1} -$
$H_{s0}|$，即"投资扩张冲动"。这将引起图 4-6(a) 一系列的变化，即 I_s 均衡
点位置沿曲线向上移动，房屋建造价值和新增建设量也随之增大，房企宁
可增加杠杆 l，承担各类建设成本也要追加投资建设，整个图 4-6(a) 中
的框图面积整体扩大了。由此带来的建设量增大再传导到需求端，需求端
同样根据他们对于房地产市场的判断（特别是供给量和价格的判断）调整

他们的预期（无论是消费市场还是投资市场），但是无论如何，只要存在 $H_d > H_s$，上述传导机制就会重复发生，图 4-6（b）中的"金融化冲动"依然会导致投资需求的扩大和房企"投资扩张冲动"的持续，进一步增大图 4-6（a）中框图的面积，这一过程将会持续发散进行，直至市场需求 H_d 和供给 H_s 调整到均衡位置为止，而这几乎是不可能发生的，特别是在资产价格持续上升的前提下。

同理，我们可以得出反向推论。一旦资产价格下降，造成需求端市场预期下降，即 $P_1 - P_0 < 0$，那么图 4-6（b）到图 4-6（a）的传导机制将"逆向而动"：投资需求量迅速下降，房企的"投资扩张冲动"反转为"投资紧缩"，从而导致供给端整体建设投资量的减少，在成本 f（C）存在粘性无法马上调整的情况下，前期高杆杠投资面临巨大债务偿还风险；而在另一端，需求端量价的下降使得房企销售承压，无法形成迅速回款，弥补高杠杆压力，图 4-6（a）中的框图开始缩小。同样，只要 $P_1 - P_0 < 0$，这一过程将会重复发生，图 4-6（a）中框图将进一步向原点塌缩。

第六节　小　结

在住房金融化趋势下，房地产的投资属性增强，其价格主要由市场预期和投资量决定，呈现出类似于其他金融产品的波动特征（张成思，2016）。在长期房价上涨的预期下，作为房地产市场重要主体之一的房企呈现出"高杠杆—高投资"的行为特征，在特定房地产市场需求端因素、宏观经济发展水平等条件约束下，"杠杆—投资"行为进入非均衡状态发散通道。本书基于四象限模型尝试提出解释上述现象的"负债—投资发散（收敛）模型"分析框架，并结合 35 个城市面板数据进行实证研究。研究表明：第一，从全国层面看，房企杠杆率与房地产投资正向关系非常显著，并且两者关系存在空间差异。第二，运用"负债—投资发散（收敛）

模型"分析可得，全国范围内不断扩张房地产投资是整体趋势，东部地区的房企通过快销和房价优势迅速"补仓"进而平衡了负债。通过进一步分析发现，东部房企杠杆率显著低于全国平均水平、低于中部和东北地区；中部和东北地区房地产市场去化能力有限，无法平抑房企的杠杆率压力，因此该地区呈现出越投资越负债，越负债越投资的恶性循环。第三，西部地区房地产投资近年在下行通道，房企却在该地区加杠杆投资，且两者呈现出显著负相关，这反映了西部市场发展的基本状况较其他地区滞后，房企冒险进入西部地区市场。第四，在引入土地投资变量——土地出让价款替代房地产投资变量后，杠杆率与土地投资关系依然显著，再次验证了研究假设，即房企加杠杆投资主要用于土地投资活动——房地产投资开发环节最重要的部分。

"负债—投资发散（收敛）模型"的分析揭示了两个政策内涵：第一，在资产价值长期上涨情况下，企业会不断提高杠杆产生负债—投资行为，而不会关注由此形成的债务约束。第二，如果没有人接盘房价或由于突发的外生冲击影响（比如疫情、资本市场泡沫破裂等不可抗力），导致资产价值下降，那么这个传导链条就会转而向原点加速收敛，房企加速去杠杆去房地产投资（比如很多房企正在做的）或将对宏观经济产生严重负面影响。

结合上述政策启示，本书尝试提出如下六个方面的政策建议：第一，从降低房企债务违约风险角度看，应进行分级引导，循序渐进推动房企去杠杆。具体措施为：从资产规模较大、风险承压较大的国有持股房企开始降低杠杆率，形成示范效应，继而引导民营大型房企、地方型大型房企和中小型国企逐步降低负债比率。第二，从开发房地产市场健康发展的政策工具角度看，应坚决落实"房住不炒"的调控基调，遏制市场价格快速上涨。长期来看，需要完善住房价格指数系统，并将住房价格涨跌与通胀系数、居民消费指数等绑定，开发基于完备市场信息的、标准化的、锚定市场价格的房地产市场宏观调控工具。第三，从多元化土地供应角度看，应因城施策，完善土地供应机制。根据地方市场状况及时调整结构性土地供应，增加多层次多种类住房供应，特别是保障性住房供应，降低房地产投资属性。第四，从降低房企运营风险角度看，应改善房企经营环境，特别是在经济下行压力大、受不可抗力（如疫情）负面影响显著的情况下，应当在成本端给予企业适当支持。具体来说，在非经营性住房建设用地出让环节，如新建租赁型住房、保障性住房以及部分商品房配建用地，应适当降低土地出让价款或采用协议出让的形式降低土地价款，根据特殊投资业态适当减免企业税费。第五，从公共政策制定和执行角度看，应构建"住房—土地—财政—金融"四位一体的政策执行框架，统筹住房、土地、财政和金融行政管理机构成立住房金融稳定委员会，对住房市场运行，特别是住房领域金融风险进行统筹管理（叶剑平、李嘉，2018）。第六，从完善房地产金融制度和市场条件角度看，应继续推动财税和金融改革。这包括三个层面：首先，完善地方税制，积极引导地方经济转型升级，扶持新基建、新技术产业等创新部门，培育新的、稳定的地方税基，渐进地完备和推进房产税改革，逐步减轻地方经济发展的"土地财政"依赖，从根源上消除房地产负债—投资风险的最大风险来源。其次，加快推进资本市场建设，积极引导房企融资渠道和融资方式创新，降低债务融资比重，社会化房地产业风险和收益，从资金端推进房企商业行为逻辑转型，特别是对于房企向商业、旅游、养老地产等多种业态的转型，要引导金融机构提供金融支持，并给予一定程度的税费减免，鼓励房企向多元化业态转型，形成金融化住房产品的替代产品，使房企的转型与宏观经济整体转型和房地产市场内部结构转型相一致。最后，从金融风险管控角度，金融机构应当依据房企的财务运营、合规、践约等评价维度构建科学权威的房企信用评级系统，科学审慎地评定和发放涉房类贷款（李嘉、朱文浩，2020）。

那么在住房金融化背景下，特别是上文提到的市场需求端存在"金融化冲动Ⅱ"的情况下，市场需求端——居民部门呈现出怎样的行为逻辑特征呢？我们需要进一步考察居民部门储蓄—杠杆行为及其与住房市场之间的相互作用关系。

第五章 居民部门：越储蓄，越买房？

第一节 问题提出

住房是一种复合产品，兼具投资品属性和消费品属性（见第四章）。当住房的投资品属性占优时，居民部门倾向于"追涨杀跌"，且对于价格上涨非常敏感；当住房的消费品属性占优时，居民部门则处于"观望"姿态，对于住房价格上涨或下跌的敏感程度也不如投资诉求时高。金融危机以后，中国政府采用多种方式恢复经济，其中包括以大规模基础设施投资为主的政府债务融资促进经济增长（Pan，Zhang and Zhu，et al.，2017）以及以城镇化为背景的城市房地产投资浪潮（Turner，2015；戴维·哈维，2016）。在城市房地产经济繁荣背景下，住房产品的投资品属性被进一步加强，推动住房市场进入金融化阶段，表现为供给端房地产开发企业扩张性债务—投资发散过程（李嘉、董亚宁、贺灿飞，2020），和需求端居民部门购房行为的转变（叶剑平、李嘉，2018）。整体来看，长达20余年的中国城市住房改革进程仍然是一个加速住房私有化的过程。与金融危机前的住房市场显著不同，伴随全社会债务的扩张（李嘉、董亚宁、贺灿飞，2020），金融部门与住房部门的关系更加紧密，金融资本向住房部门的渗透更加深入（李嘉、朱文浩，2020），表现为复杂金融工具在住房部门供需两端融资、投资中的应用，以及住房产品作为优质抵押物在金融部门融资循环中的重要作用。这一过程被称为"住房金融化"过程（Aalbers，2017）。

在这一过程中，居民部门加速了持有资本向住房资本转化的过程。一直以来，中国居民部门以超高的储蓄率在世界经济版图中独树一帜，那么在住房部门加速金融化，住房产品投资品属性愈发显化，市场行为逐渐向金融市场行为转化的背景下，居民部门对于住房价格的变动是否敏感？这种敏感关系是怎样的？居民高企的储蓄行为是否与居民部门对于住房产品价格的敏感程度有显著关系，即居民部门的高储蓄行为是否显著影响了居民部门资本向住房资本的转化？另外，从投资点价值分布来看，虽然住房市场逐渐成为一个全国性的市场（Shiller R.），但是其量价特征仍然存在区域性。因此，在住房产品的金融化过程中，其自身属性是否存在空间分异现象？以及储蓄向住房资本的转化关系是否也因此存在空间差异？上述问题对于准确把握住房产品的本质属性和住房市场的发展阶段，以及准确识别其空间差异非常重要。并且，把握居民部门和住房产品之间的变动关系，特别是居民资本向住房资本的转化规律，对于准确制定住房部门公共政策也有着现实的参考价值。

第二节　储蓄—住房资本转化假说

一、从高储蓄率到储蓄率下降：经济金融化背景下全社会加杠杆

我国一直是高储蓄率国家，这在较长时间内深刻影响着我国投资和消费在国民经济中的比重，呈现出储蓄—投资的长期顺差，为投资活动提供了充足的资金（陈少敏、于雪，2019）。然而，自从 2008 年金融危机以

后，我国出现国民储蓄率下降的情况，按照部门分类来看，居民部门储蓄率下降状况比较明显（徐文舸，2017；杨天宇，2019）。对于这一储蓄率"反转"现象，有很多研究尝试做出解释：第一，我国人口结构逐渐趋向老龄化，少年抚养比和老年抚养比同时上升导致整体边际储蓄倾向降低（汪伟，2010；董丽霞、赵文哲，2011；朱微亮、姚余栋，2016；杨天宇，2019）；第二，社会保障制度日趋完善导致居民部门预防性储蓄减少（杨天宇，2019）；第三，社会保障制度并不健全的情况下，居民部门将大部分储蓄转移到住房投资领域（徐文舸，2017），并且将另一部分储蓄用于本应该由公共部门提供的保险和民生支出等（Kui js，2006；石先进，2019）。上述研究从人口、储蓄—预防性消费约束等角度解释了储蓄率下降的原因。但是还有另外一个方面也同样产生了重大作用，即经济金融化和与此伴生的全社会加杠杆行为（见第三章）。社会金融化程度加深，为居民部门也逐渐敞开了其他投资管道（虽然不充分），使得居民部门可以广泛参与到二级住房金融化阶段进行投资活动，储蓄率下降与投资率的上升，特别是通过金融化渠道进行投资的比率上升之间呈现出一定相关性（张成思、张步昙，2016）。作为经济金融化的主要权重部门，住房部门对于居民储蓄的吸纳也起到了重要的作用。

二、弱效应：住房资产价值升值对于消费支出的影响

那么有没有一种可能性是：住房资产价值的长期升值导致城市居民被挤出住房消费或投资市场，转而将储蓄转入其他消费领域，即城市住房资产价值升值挤出了住房消费支出呢？已有实证研究表明二者之间并不存在显著相关性（余华义、王科涵、黄燕芬，2017）。因此，储蓄率的下降并不是因为住房资产价值增值改变了消费支出，储蓄与消费之间的关系是通过其他机制形成的。比如，新一代人的消费习惯问题，以全社会整体债务提升为特征的金融化程度加深导致跨期消费（比如信用卡、网贷等）更加普及以及传统实业投资向更为精细的虚拟投资（张成思、张步昙，2016）

和投资型消费行为转移（如购买商业保险等）。因此，我们基本排除了住房资产价值升值因素对于储蓄—消费转化的显著影响，即消费行为并不受住房升值因素显著影响，同时住房升值因素与住房投资之间不存在显著挤出效应，住房升值产生的只是弱效应。我们将更关注居民储蓄向住房投资的转化，特别是在金融化背景下，储蓄降低和杠杆增加双向作用下储贷比对于住房领域的深刻影响。

三、预防性储蓄？住房资产价值升值对于储蓄和消费的影响

已有实证研究表明住房资产价值与储蓄和消费之间存在显著的相关关系。居民部门因为买房而储蓄，因此降低了消费支出（刘颜、周建军，2019；石先进，2019）。预防性储蓄将生命周期中的储蓄阶段提前到年轻时期，扭曲了居民全生命周期中储蓄—消费，储蓄—投资相互替代的平滑曲线，由此降低了居民福利水平（陈彦斌等，2011）。但是，这种高房价对于消费的替代作用是否一定可以说明，居民部门都将资金用做预防性储蓄了呢？有研究表明，基于房屋产权类型的细分，对于租房者来说，并不存在"为购房而储蓄"的动机，对于拥有多套住房者亦同样并没有显著证据证明储蓄率和房价增长之间存在着显著的负向关系（赵西亮、梁文泉、李实，2013），那么一般意义上的居民部门整体是否存在因为购房而储蓄的预防性储蓄行为呢？这需要进一步进行检验。

四、存在储蓄—住房投资/消费的反向因果关系吗

那么如上文所述，既然住房价格上涨对于消费和储蓄都存在抑制作用，即在住房市场，并没有明显证据证明资产价格上涨引起消费对储蓄的替代，同时居民也不存在置业的储蓄动机，那是否说明其实还存在另外一个方向的因果关系？即储蓄率的下降，是居民部门将自身储蓄资本转化为

住房资本，以实现流动性资产向住房资产的资产转型？针对这个问题，我们需要对储蓄率—住房投资/消费行为进行再检验。

五、储蓄—住房资本转化假说：住房金融化背景下居民部门的"非理性"的理性选择

在经典经济增长理论中，储蓄与投资之间的转化是无成本的，即储蓄全部转化为投资，储蓄是为投资而储蓄的。在扬弃了"货币面纱论"后，银行系统或者货币在经济增长中的作用被重新探讨。在爱德华·肖（2005）和罗纳德·I.麦金农（1997）的金融深化论中，国家和央行对于货币的管控，即金融抑制政策会系统性地影响经济体中的信贷规模，扭曲市场名义和实际利率（往往是人为压低），进而影响经济整体产出水平，即金融抑制过程。在住房金融化背景下，这一过程被进一步强化和分化。如前文所述（见第二章），在我国金融市场化进程中，由于住房市场供给侧——房地产开发企业从融资便利性上来讲离金融市场更近，因此优先享受到金融自由化的优势，突出表现为融资成本低、融资渠道宽广，而且这些企业往往会以低成本甚至零成本获得增信条件，特别是在房地产资产价格持续上涨的"社会共识"下（见公理一），遵循双重融资循环管道产生的流动性大幅度进入房地产领域，社会扩张型债务大部分来源于房地产融资，这部分债务又成为支撑房地产价格增长的驱动性力量，体现在市场供给端，即形成了"负债—投资发散机制"（见第四章）。这一过程将进一步引致全社会的流动性过剩，并由此产生系列效应，扭曲市场存贷款利率和储蓄—投资转化机制和边际储蓄、消费和投资倾向的相对比例（见第三章）。对于居民部门从融资和投资的便利性上来讲离金融市场较远，特别是房地产领域，若想进行房地产投资活动，只能通过实物投资的方式，若非以成立私募基金的形式进入，便只可通过住房抵押贷款的形式投资，而无论哪种形式，都需要满足非常高的资质条件和资本金要求，审核程序更是烦琐。另外，因为长期以来我国资本市场发展不完备，股市和债市未形成中小投

者进行投资的稳定可靠的投资渠道，特别是在 2015 年"股灾"后，"散户"投资股市的信心崩溃，债市刚刚起步且因债券只向大型机构投资者开放（2018 年以后开放银行间债券市场柜台业务），因此居民部门缺乏可靠投资标的和渠道。住房产品兼具抵押品和投资品双重属性，且在房价上涨预期下，成为居民储蓄资金的重要去向。再加上前文提到的"非正式约束"因素——习俗和文化等，就可支付性来说，我国大中城市房价已呈现明显高位[①]，住房产品仍然是"值得投资"的理性选择。更为重要的是，在房产价值持续上升且在高位的情况下，住房产品本身已经分层，细分为消费型（见第三章）住房产品——满足居住功能，和投资型住房产品——兼具投资和居住功能，因而产生了|P1−P0|的金融化冲动Ⅱ（见第四章），进而居民部门投资者会采取"追涨"的非理性行为。因此，前文提到的供给端"流动性剩余效应"与需求端"金融抑制效应"叠加导致了居民部门"追涨"的金融化冲动Ⅱ——非理性行为成为了特定背景下的理性选择。

市场供给端的金融自由和市场需求端的金融抑制扭曲了居民部门的储蓄—投资行为，使得居民部门储蓄—投资转化通道受到抑制，在低实际存款利率和贷款利率以及市场投资品投资回报率—风险贴现率组合等约束条件下，住房产品成为居民储蓄资金的主要去向。在房价对于消费存在抑制效应以及并没有显著证据证明购房与储蓄之间的因果关系的前提下，本书假设：居民部门储蓄与住房投资转化之间存在着显著的稳定关系，居民部门储蓄率下降与杠杆率上升同时发生的现象与住房消费和投资之间存在内在关联，简称"储蓄—住房资本转化"假说（见图 5-1）。

---

① 2017 年北京、上海、广州和深圳房价收入比分别为 16.77、13.96、7.64、17.84，均超出国际房价收入比 3.0~6.0 的合理区间。房价收入比根据《中国城市统计年鉴》数据按照公式：房屋均价 × 人均住房面积 i/人均可支配收入/年 × 户均人数估算。

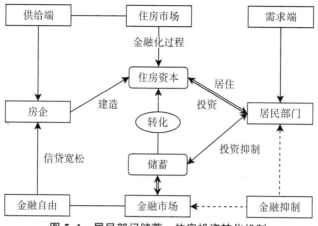

图5-1 居民部门储蓄—住房投资转化机制

具体来说，该假说有三点：

研究假说一：居民部门储贷比—住房消费（需求端）和住房投资（供给端）存在负向相关关系。

在控制了宏观经济变量、人口因素、土地因素、政府财政因素和地区金融发展水平、利率因素后，储蓄—贷款比降低，增加了居民部门购房资本金—住房消费转化能力，显著影响了居民部门储蓄向投资品住房的资本转化，二者存在负向关系；储蓄—贷款比降低，存在储蓄—住房消费转化趋向，引致供给端—房企继续追加住房投资，因而储贷比与全社会住房投资之间存在显著负向关系。

研究假说二：居民部门储贷比—住房价格（供给端）存在显著相关关系且存在空间差异。

假说一与地区间住房需求—价格弹性的差异有关。在控制其他因素检验房价对于储贷比的影响时，本研究假设，二者之间同样存在显著的负向关系，即住房价格增长，储贷比往往降低，且这一关系受地理区位因素——东部、中部、西部和东北地区影响，存在空间差异。

研究假说三：储贷比—住房投资转化关系存在空间差异，主要与住房需求—价格弹性的地区分异有关。

基于假说一和假说二，本书的研究假设上述空间异质性存在的原因主要是住房需求—价格弹性存在着空间差异。

对于上述研究假说，本书的研究进行下述实证设计。

第三节　实证设计和经验描述

一、实证设计

1. 数据来源

同第四章中的数据选取原则，数据需要涵盖 2008 年金融危机后我国居民部门储蓄—贷款比率的显著"拐点"，研究选取 2006~2017 年的数据作为样本时间区间。数据来源如下：①住房交易量数据、住房均价数据、住房投资数据、商品房投资数据、商品房均价数据等房地产市场特征指标来自 2007~2018 年《中国房地产统计年鉴》，部分核对和补充数据来自中指数据库①。②储贷比数据根据《中国城市统计年鉴》居民部门年末储蓄余额/金融机构年末贷款余额计算；人均 GDP 数据、GDP 数据、地方财政收入数据、金融机构年末贷款余额数据来源于 2007~2018 年《中国城市统计年鉴》。③土地出让金数据来源于中指数据库。④常住人口数据来源于中指数据库和中国知网数据搜索平台，通过综合比较和核对算出，部分缺失值采用趋势外推法估算补全。⑤住房公积金贷款利率和 5 年期及以上长期贷款利率数据来自中国人民银行官网，因为其为月度数据，在某些年度会有调整，故对当年度按照利率存续的月份进行了加权平均。⑥本书采用的居民消费价格指数、固定资产投资指数来源于 2004~2018 年《中国统计年鉴》，并按照 35 个城市所对应的省份，将房价、销售额、人均 GDP、金融

---

① 中指数据库，https://fdc.fang.com/creis/。

机构年末贷款余额、地方公共财政收入、土地出让价款和房地产投资等变量调整为以 2003 年为基期的实际值。

2. 指标选取和基本模型设定

（1）基本模型：住房需求—价格模型

理性预期下的基本模型：

$$\ln hq_{i,t} = \ln hp_{i,t} + \ln pergdp_{i,t\_}1 + \ln rpopulation_{i,t\_}1 + \ln prevenue_{i,t\_}1 + \ln loans_{i,t\_}1 + hrate_{i,t\_}1 + \mu_{i,t}$$

适应性预期下的基本模型：

$$\ln hq_{i,t} = \ln hp_{i,t\_}1 + \ln pergdp_{i,t\_}1 + \ln rpopulation_{i,t\_}1 + \ln prevenue_{i,t\_}1 + \ln loans_{i,t\_}1 + hrate_{i,t\_}1 + \varepsilon_{i,t}$$

（2）引入储贷比的住房需求—价格弹性模型

$$\ln hq_{i,t} = sdrate\_1 + \ln hp_{i,t\_}1 + \ln gdp_{i,t\_}1 + \ln rpopulation_{i,t\_}1 + \ln prevenue_{i,t\_}1 + \ln loans_{i,t\_}1 + hrate_{i,t\_}1 + \mu_{i,t}$$

（3）引入储贷比的储蓄—住房资本转化模型

$$\ln\ hinvestment_{i,t} = sdrate + \ln hp_{i,t\_}1 + \ln gdp_{i,t\_}1 + \ln rpopulation_{i,t\_}1 + landrevenue_{i,t\_}1 + \ln prevenue_{i,t\_}1 + \ln loans_{i,t\_}1 + lrate_{i,t\_}1 + \delta_{i,t}$$

（4）当期房价—储贷比影响模型

$$sdrate = \ln hp_{i,t} + \ln pergdp_{i,t\_}1 + \ln prevenue_{i,t\_}1 + \ln loans_{i,t\_}1 + hrate_{i,t\_}1 + \varphi_{i,t}$$

本研究由四个主要估计模型构成。四个模型之间运行的逻辑关系如下：第一步，对住房需求价格弹性（全国层面）进行初步估计，并测试模型的特性，包括核心变量显著性、拟合优度等。特别需要说明的是，因为居民部门对于市场的反应速度不同，所以本书对于住房需求价格弹性的估计采用不同的市场主体预期假设，即对于市场价格迅速做出反应的理性预期假设以及对于价格反应有所滞后的适应性预期假设。第二步，在估计模型中引入储贷比，考虑到人均财富因素对于储蓄行为的干扰，我们选取反映地方经济发展水平的 GDP 变量，估计需求端居民部门储蓄—贷款行为对于住房交易量的影响，以及住房需求—价格弹性的变化。第三步，我们继续估计供给端房地产开发企业在理性的假设下，基于居民部门储贷行为的即期变化，对于住房投资产生的影响。第四步，本研究假设居民部门存在根据住房市场价格信号进行储贷行为的内在动机，并且这会深刻影响供给端房企即期扩大投资和需求端居民部门进行下一期住房购置活动的内在机制。

基本模型 (4-1)、模型 (4-2)、模型 (4-3)、模型 (4-4) 中的变量选取和含义如下：基本模型 (4-1)、模型 (4-2) 的被解释变量为住房需求，以住房交易量为代理变量，即 $hq_{i,t}$；核心解释变量为储贷比，即 $sdrate_{i,t}$。另外，根据前文理论推导和研究假说，并且考虑到遗漏变量可能造成的内生性问题等，在参考大量相关文献的基础上，研究选取了如下变量作为模型 (4-1)、模型 (4-2)、模型 (4-3)、模型 (4-4) 的控制变量。①当地住房市场特征代理变量：$hp_{i,t}$，住房均价（罗知、张川川，2015；严金海、丰雷，2019）；②地方经济发展质量的代理变量：$pergdp_{i,t}$，人均 GDP（罗知、张川川，2015）；③地区经济增长水平的代理变量：$gdp_{i,t}$（梁云芳、高铁梅、贺书平，2006）；④人口因素代理变量为年末常住人口变量：$rpopulation_{i,t}$（兰峰、吴迪，2018；李春生、王亚星，2018）；⑤当地财政能力代理变量：$prevenue_{i,t}$，地方财政一般收入（倪鹏飞，2019）；⑥当地金融发展水平代理变量：$loans_{i,t}$，金融机构贷款余额（梁云芳、高铁梅、贺书平，2006）；⑦居民部门融资成本代理变量为住房公积金贷款利率 $harate_{i,t}$；供给端融资成本代理变量为 5 年期长期贷款利率 $lrate_{i,t}$（梁云芳、高铁梅、贺书平，2006）；⑧在供给侧储贷比—住房投资转化估计模型中，地方土地出让状况的代理变量为土地出让价款指标 $landrevenue_{i,t}$（颜燕、刘涛、满燕云，2013；李郇、洪国志、黄亮雄，2013；Pan, Zhang and Zhu, et al., 2017）。

需要特别说明的是，①考虑到房地产投资具有一般固定资产投资的特性（何大安，2001；张洪、金杰、全诗凡，2014），即滞后性，需要经历审批、建造、竣工等过程才能完成，这就使得解释变量的作用延后，因此，控制变量均采用上一期的经济、财政和金融代理变量。②考虑到控制变量可能同样与核心解释变量存在相关性，即可能存在内生性问题，本书会引入工具变量，即核心解释变量的滞后一期，对模型进行优化分析和检验。③因为考察的问题和所提出的假设不同，核心解释变量 sdrate 是否为滞后项根据不同模型有不同选择。④考虑到模型中变量的量纲问题以及研究核心假设主要关心的是核心被解释变量对解释变量变动的敏感程度，即弹性程度，因此我们对非比率变量均进行对数化处理。

二、描述性统计：金融危机后储蓄数据下降的趋势

我们根据"储蓄率 = 居民部门储蓄余额/人均可支配收入余额"的公式测算了居民部门储蓄率（徐文舸，2017；杨天宇，2019），根据"储贷比 = 居民部门年末储蓄余额/金融机构年末贷款余额"计算了居民部门储贷比。研究发现，金融危机后，从 2010 年开始（"四万亿"投资计划第二年）居民部门储蓄率呈现明显下滑趋势，从 2010 年的 42.10%下降到 2017年的 36.22%。全社会加杠杆因素的储贷比从 2008 年起开始下滑，从 2008年的 1.30 下降到 2017 年的 1.14（见图 5-2）。

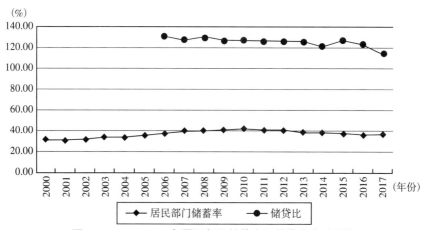

图 5-2　2000~2017 年居民部门储蓄率和储贷比变动趋势

资料来源：储蓄率根据《中国统计年鉴·资金流量表（实物交易）》计算；储贷比根据《中国城市统计年鉴》数据计算。

在下面的研究中，我们将对居民储蓄—加杠杆行为与住房消费或投资

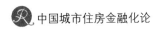

之间的关系进行计量检验，选取指标的描述性信息见表5-1。

表5-1 选取指标的描述性分析

指标类型	指标名称	符号	单位	指标含义	均值（真实值）
储蓄状况	储贷比	sdrate	—	居民部门储蓄—杠杆相对比率	1.27
住房市场	住房价格	hp	元/平方米	全市年度住房均价	5168.41
	住房成交量	hq	亿元	全市年度住房总交易量	514.86
	住房投资	hinvestment	亿元	全市年度住房总投资	354.47
商品房市场	商品房价格	—	元/平方米	全市年度商品房均价	5333.94
	商品房成交量	—	亿元	全市年度商品房总交易量	624.85
经济发展质量	人均GDP	pergdp	元/人·年	地区人均财富状况	53756.54
经济增长	地区GDP	gdp	亿元	地区经济增长	3183.19
人口	常住人口	rpopulation	万人	常住人口	845.64
政府财政能力	地方财政收入	prevenue	亿元	政府税收能力	381.66
土地财政	土地出让金	landrevenue	亿元	政府预算外土地收入	233.08
金融发展水平	金融机构贷款余额	loans	万元	金融机构贷款规模	6076.145
利率	住房公积金利率	harate	%	住房贷款资金成本	4.16
	5年期贷款利率	lrate	%	开发贷款资金成本	6.13

第四节　实证结果分析

一、基本方程：住房成交量—住房价格回归，内生性问题的处理及弹性的初步核算

表5-2报告了基本方程：住房成交量和住房价格方程的计量分析结果，并初步核算了住房需求—价格弹性。根据上文分析，我们对市场对于

价格的反应进一步进行了细分：①能够迅速根据价格做出反应的"理性预期假设"；②根据前一期价格进行反应的"适应性预期假设"，并对比了不同假设下的实证结果。

实证结果显示：在全国范围且在理性预期下，①单位住房价格变化导致住房交易量增加了 78.5%，在 1% 的水平上显著；②控制其他宏观经济变量后发现，人均 GDP 每增加 1%，住房交易量增加 17.0%，在 5% 的水平上显著；③地方财政收入每增加 1%，住房交易量增加 29.6%，在 1% 的水平上显著；④住房公积金贷款利率每增加 1 单位，住房交易量下降 17.2%，在 1% 的水平上显著。另外，在全国范围且在适应性预期下，相关关系也有类似变动，在 5% 的显著性水平上，单位住房价格增加带来 22.6% 的住房交易量增加；人均 GDP 每增长 1%，住房交易量增长 17.1%。在 1% 的显著性水平上，地方财政收入每增加 1%，住房交易量增加 37.1%；住房公积金贷款利率每增加 1 单位，住房交易量下降 24.5%。

需要特别强调的是，如第四章所述，影响住房价格的因素往往很多，在模型设定上无法一一列举，且住房成交量或存在对于住房价格的反向因果作用——在市场竞价时，即期或上一期住房销售量往往作为竞价购房决策的重要参考。上述因素往往通过影响解释变量——住房价格，再对住房成交量产生影响，因此住房价格在模型设定中与因变量之间往往存在内生性问题。为了克服内生性问题，往往选取假设存在内生性的解释变量滞后一期、滞后二期作为工具变量（陈强，2010；叶剑平、李嘉，2018；刘贯春、陈登科、丰超，2017）。这是因为滞后一期和滞后二期住房价格与即期住房价格往往存在显著的相关性，而与本期的残差项不存在显著相关性。在本方程中，我们选取住房价格滞后一期和滞后二期，分别在理性预期和适应性预期假设下对计量方程再次进行估计。

引入 lnhp_1 和 lnhp_2 工具变量之后，计量运行报告了与未引入工具变量前相似的相关关系，这也表现了基本模型的稳健性。实证结果显示：在理性预期下，引入 lnhp_1 后，①住房价格的单位变动会导致住房交易量增长 36.9%；②人均 GDP 系数的单位变动导致住房交易量增加 17.7%，两者均是 5% 的显著性水平；③地方财政收入系数的单位变动导致住房交易量增加 36.0%；④住房公积金利率系数的单位变动导致住房交易量降低 21.1%。在引入 lnhp_2 后，①住房价格系数为 45.0%，在 5% 的水平上显著；②地方财政收入系数为 39.4%；③单位住房公积金利率增加导致住房交易量降低 19.8%。在适应性预期下，引入 lnhp_1 后，①住房价格的单位变动会导致住房价格增长 116.8%，在 1% 的水平上显著；②地方财政收入系数为 24.2%；③住房公积金利率的单位变动导致住房交易量降低 23.6%。在引入 lnhp_2 后，①住房价格系数为 77.8%，在 1% 的水平显著；②地方财政收入系数为 32.2%；③单位住房公积金利率增加导致住房交易量降低 18.4%。

上述模型运行结果显示，拟合优度均较好。我们综合拟合度、模型运行显著性等指标，选取适应性预期假设下的解释变量 lnhp 或 lnhp_1 滞后一期变量作为工具变量并对模型结果进行报告（后文不再赘述）。另外，特别需要说明的是，住房成交量 lnhq 和住房价格 lnhp（理性预期假设下）或 lnhp_1（适应性预期假设下）之间的系数代表住房需求—价格弹性。在理性预期假设下，全国层面住房需求价格弹性为 +0.369，在适应性预期假设下，住房需求价格弹性为 +1.168，呈现出显著富有弹性的特征。这也再次印证了第四章提到的在"金融化冲动 Ⅱ"激励下，住房市场会产生"追涨杀跌"的投资行为，住房产品已经不再是满足供求定理（价高量少）的普通商品，并具备了投资品的一般特征。在下文中，我们将引入储贷比的概念，进一步检验居民储蓄—加杠杆行为变化在宏观加总到城市层面后对于住房市场的影响。

表 5-2　两种预期假设下住房需求—价格方程检验结果

Y = lnhq	理性预期假设下的检验			适应性预期假设下的检验		
	Model 1	Model 2	Model 3	Model 4	Model 5	Model 6
lnhp	0.785*** (6.40)	0.369** (1.84)	0.450** (2.07)	—	—	—
lnhp_1	—	—	—	0.226** (1.78)	1.168*** (3.99)	0.778*** (2.30)

续表

Y = lnhq	理性预期假设下的检验			适应性预期假设下的检验		
	Model 1	Model 2	Model 3	Model 4	Model 5	Model 6
lnpergdp_1	0.170** (1.95)	0.177** (1.99)	0.132 (1.44)	0.171** (1.86)	0.126 (1.24)	0.025 (0.24)
lnrpopula-tion_1	−0.169 (−0.70)	0.073 (0.28)	0.242 (0.84)	0.146 (0.57)	−0.165 (−0.49)	−0.192 (−0.50)
lnprevenue_1	0.296*** (5.28)	0.360*** (5.82)	0.394*** (5.81)	0.371*** (6.04)	0.242*** (2.81)	0.322*** (3.50)
lnloans_1	−0.020 (−0.38)	0.017 (0.32)	−0.007 (−0.11)	0.028 (0.51)	−0.105 (−1.32)	−0.035 (−0.44)
harate_1	−0.172*** (−6.23)	−0.211*** (−6.66)	−0.198*** (−6.14)	−0.245*** (−9.28)	−0.236*** (−8.47)	−0.184*** (−6.13)
IV−variables	—	—	—	—	—	—
lnhp_1	—	√	√	—	—	—
lnhp_2	—	—	√	—	√	√
lnhp_3	—	—	—	—	—	√
constant	−4.756*** (−3.70)	−4.288*** (−3.25)	−5.732*** (−4.02)	−3.671*** (−2.72)	−4.918*** (−3.18)	−2.950* (−1.75)
R^2	0.61	0.78	0.82	0.81	0.50	0.55
F−test	13.10***	11.86***	11.06***	11.03***	9.34***	9.20***
Wald Chi²	—	206932.39***	201716.59***		164291.18***	169607.85***
Hausman test	16.04***	3.59	4.40	4.96	10.01*	5.08
FE or RE	FE	FE	FE	FE	FE	FE

注：***、**、* 分别为1%、5%、10%的统计显著性。括号内的数值为 t 值或 z 值。

二、居民部门行为方程：住房成交量—储贷比之间相关关系的一个检验

在将储贷比变量引入模型之后，我们对控制变量进行了微调，为了减少人均财富指标——人均 GDP 与居民储贷比之间存在的共线性问题，我们选取真实 GDP 变量替代人均 GDP 变量，并对模型进行估计，实证结果

发现（见表 5-3），在引入 lnhp_2 变量作为工具变量之后，①住房需求价格弹性为 1.135，在 1%的水平上显著；②单位储贷比 sdrate_1 每变动 1 单位，住房交易量反向变动 58.8%，在 1%的水平上显著；③宏观经济变量：GDP、常住人口、土地出让收入、地方财政收入、金融发展水平均对于住房成交量产生了显著影响（见表 5-3）；④单位住房公积金贷款利率变化

表 5-3　适应性预期假设下引入储贷比后住房需求—价格方程检验结果

Y=lnhq	Model 7	Model 8
sdrate_1	−0.588*** (−2.92)	−0.519*** (−2.44)
lnhp_1	1.135*** (3.37)	0.643** (1.71)
lngdp_1	0.651*** (4.01)	0.666*** (3.92)
lnrpopulation_1	−0.281*** (−0.88)	−0.313*** (−0.88)
lnprevenue_1	0.136* (1.58)	0.188** (2.11)
lnloans_1	−0.406*** (−3.38)	−0.309*** (−2.49)
harate_1	−0.231*** (−8.16)	−0.179*** (−5.85)
IV−variables	—	—
lnP_2	√	√
lnP_3	—	√
constant	−5.936*** (−3.50)	−4.556*** (−2.51)
R^2	0.56	0.62
F−test	8.14***	7.92***
Wald Chi^2	177035.35***	186738.86***
Hausman test	26.48***	25.50***
FE or RE	FE	FE

注：***、**、* 分别为 1%、5%、10%的统计显著性。括号内的数值为 t 或 z 值。

导致住房交易量下降 23.1%，这与基本方程估计的结果一致。在引入 lnhp_3 变量作为工具变量之后，上述系数方向相同且仍然显著，结果与基本方程和 Model 7 较为一致，体现出较好的稳健性。

上述结果显示，储贷比与住房成交量之间存在显著的负向相关关系。考虑到 2008 年金融危机后，我国居民部门储蓄率下降，杠杆率提高的整体趋势，这体现了储蓄率下降与住房成交量之间形成的某种替代关系。在需求端，我们发现了居民部门降低储蓄，增加杠杆，进行住房消费的统计学证据。然而，需要说明的是，上述结果并不能证明二者之间存在显著的因果关系。对于居民部门储蓄减少和住房消费或投资增加之间稳定的关系，还需要综合供给侧住房投资与储贷比的关系、房价对于储贷比的影响以及控制金融危机影响后的模型运行结果进行综合评价后推断。

三、住房资本转化方程：住房投资—储贷比之间相关关系的一个检验

供给端的市场信息对称状况显著优于需求端，房地产开发商往往对于市场价格信号等信息能够迅速做出反应（见第四章），居民部门储蓄—贷款特征变化对于住房投资的影响在即期就可以观察到，因此，在住房投资—储贷比方程中，储贷比选取同期数据，其他控制变量仍然为滞后期。另外，由于住房公积金贷款利率对于需求端居民部门的住房交易行为影响显著，但是对于供给端并无直接影响，银行长期贷款利率对于开发商融资成本等有直接影响，故用 5 年期中长期贷款利率变量替代住房公积金利率。如第四章所述，因为地区经济增长水平往往对于房地产开发商的住房投资行为优先产生影响，而影响 GDP 的内生性因素是非常多的，这些因素通过该传导机制对于住房投资产生了间接影响，因此需要考虑到 GDP 变量存在的内生性问题。我们继续采取前文选取工具变量的方法，选取 GDP 滞后二期和三期作为 GDP 滞后一期的工具变量，这是因为在当前经济增长路径下，滞后期 GDP 与前期 GDP 之间往往存在"惯性"，前期

GDP 会对后者产生显著影响，而滞后期 GDP 与当期其他控制的宏观经济变量和当期居民部门储贷比显然并不存在直接相关性。

表 5-4 报告了住房投资—储贷比方程的估计结果，实证结果显示：①当期储贷比与住房投资之间存在显著的负向相关关系，且无论有无引入工具变量，均在 1% 的水平上显著。我们综合拟合优度等指标选取 Model 10，即滞后二期作为工具变量方程的估计结果进行报告，单位储贷比下降将引致住房投资增加 58.8%，这与需求端住房成交量与储贷比之间的相关性一致，这也表明了对于供给端的房地产开发企业来说，居民部门加杠杆和降低储蓄行为不仅满足了居民"金融化冲动Ⅱ"的条件，而且满足了企业"金融化冲动Ⅰ"的条件，市场上长期存在稳定的住房"消化能力"。②GDP、土地出让金收入与地方政府财政收入都与住房投资之间存在显著正向关系，这与第三章省级层面的估计一致（见表 3-4）。③特别需要说明的是，贷款利率的变动与住房投资之间的关系并不显著，这与第二章的估计结果一致，体现出了房企"负债—投资"机制并不显著依赖于银行"供血"，而是开始依赖包括"表外融资""境外融资"在内的社会融资，通过多渠道、多技术手段融资，增大自身杠杆规模，进行追加再投资活动。

表 5-4 中供给端当期储贷比与当期住房投资之间显著的负相关关系，与表 5-3 中需求端储贷比与住房成交行为之间显著的负相关关系一致，体现出了居民部门储蓄下降—杠杆增加与住房市场之间显著的反向关系，那么居民部门对于房价变动是否敏感？房价是否影响了居民部门的储蓄行为？我们将在下文进行进一步的检验。

表 5-4　住房投资—储贷比方程检验结果

Y = lnhinvestment	Model 9	Model 10	Model 11
sdrate	−0.504*** (−0.504)	−0.588*** (−3.97)	−0.671*** (−4.47)
lngdp_1	0.672*** (3.95)	0.559*** (2.41)	0.576*** (2.40)
lnrpopulation_1	−0.308 (−0.98)	−0.130 (−0.36)	−0.283 (−0.70)

续表

Y = lnhinvestment	Model 9	Model 10	Model 11
lnlandrevenue	0.060*** (3.61)	0.058*** (2.96)	0.061*** (2.59)
lnprevenue_1	0.331*** (3.88)	0.484*** (4.52)	0.456*** (4.11)
lnloans_1	−0.042 (−0.61)	−0.111 (−1.21)	−0.083 (−0.94)
lrate_1	−0.005 (−0.19)	−0.002 (−0.08)	0.016 (0.53)
IV–variables	—	—	—
lngdp_2	—	√	√
lngdp_3	—	—	√
constant	1.240 (0.67)	1.039 (0.48)	1.605 (0.72)
R^2	0.70	0.71	0.68
F–test	8.55***	7.85***	7.90***
Wald Chi^2	—	729726.91***	754299.46***
Hausman test	70.96*	46.52***	36.17***
FE or RE	FE	FE	FE

注：***、**、* 分别为1%、5%、10%的统计显著性。括号内的数值为 t 或 z 值。

四、因房价储蓄吗？居民部门储贷比—住房价格的相关关系

表5-5报告了前文中提到的住房价格对于居民部门储贷比影响的检验结果，实证结果显示：①即期住房价格每变动1%，同期储贷比增加0.148，这体现了居民部门根据房价信号变动的同向储蓄—加杠杆行为，具体来说，在住房价格上涨通道下，居民部门会倾向于增加储蓄，而非加杠杆行为。结合上文表5-3和表5-4的运行结果，我们可知，居民同期根据住房价格进行储蓄的显著行为，将引致滞后期住房消费活动：降低储蓄，增加杠杆，购买住房所有权；而供给端的房地产开发企业，根据上述

居民部门储蓄—房价—储蓄转化之间的传导关系，将在同期采取追加"负债—投资"（见第四章和表 5-4）的行为，由此增加全社会的住房投资。②地区人均 GDP，金融发展水平与居民部门储贷比之间均存在显著负向关系，这与一般经验比较一致，地区经济发展质量越高，人民财富获得感越强，同时金融机构贷款能力越强，居民部门往往更有能力采取降低储蓄—加杠杆的行为。③地区公积金贷款利率的变动，与储贷比变动也存在显著正相关性。这也体现了地区金融发展水平（公积金越充沛，贷款能力越强，利率越低，更有利于该地区居民部门加杠杆进行投资活动）对于居民部门置业消费或投资的正向推动作用。

综合前文实证结果，我们做出如下推断：①居民部门存在"为购房而储蓄"的行为动机，其具体表现为依据当期住房价格而增加储贷比；②在市场需求侧，居民部门将当期储蓄转化为下一期储蓄—住房消费或投资活动，二者之间存在稳定的替代效应；③在供给侧，房地产开发企业体现出依据居民部门储贷比与住房消费反向变动追加投资（以增加负债的方式）的行为。下面我们比较感兴趣的是：我国疆土辽阔，东中西部差异较大，上述在全国层面比较稳定的相关关系是否存在空间差异呢？

表 5-5　住房储贷比—住房价格方程的检验结果

Y=sdrate	Model 12	Model 13
lnhp	0.148*** (2.57)	0.196*** (2.23)
lnpergdp_1	−0.116*** (−2.70)	−0.116*** (−2.71)
lnprevenue_1	−0.007 (−0.27)	−0.017 (−0.57)
lnloans_1	−0.045* (−1.76)	−0.049** (−1.89)
harate_1	0.038*** (2.81)	0.042*** (2.85)
IV-variables	—	—
lnhp_1	—	√

续表

Y=sdrate	Model 12	Model 13
constant	1.975*** (4.99)	1.792*** (3.80)
R²	0.03	0.04
F-test	8.83***	—
Wald Chi²	—	38207.10***
Hausman test	20.89***	23.57***
FE or RE	FE	FE

注：***、**、*分别为1%、5%、10%的统计显著性。括号内的数值为t或z值。

五、空间分异：东部、中部、东北地区和西部住房成交量—储贷比关系的差异

表5-6报告了我国不同区域的分组回归检验结果。进行分组后，我们关注的不是全样本内的个体效应，而是不同组内变量之间的随机变化趋势，因此我们选取随机效应模型（已通过Hausman检验进行验证）。

实证结果显示：①东部、中部和东北地区，储贷比与住房成交量之间的反向相关性非常显著，这与全国层面的检验结果一致，也再次印证了模型设定的稳定性。其中，东部地区相关系数为-0.468，中部地区为-0.429，东北地区最高，单位储贷比变动将导致住房成交量增长144.4%，这反映出东北地区在储蓄转化住房购置投资方面的行为更为激进，西部地区二者之间的相关性并不显著。②从住房价格来看，四个区域弹性系数均显著为正，这与全国层面的模型估计一致，体现出我国住房消费或投资活动在"金融化冲动Ⅱ"下"追涨杀跌"的特性。其中，中部地区住房需求—价格弹性最高，为1.075，表明该地区对于住房价格上涨变动比较敏感，这与第三章省级层面数据和第四章城市层面数据的相关实证结果有较为一致的判断，与东北地区"激进"投资行为相对应的是，该地区的住房需求—价格弹性较低（0.504），该地区对于住房价格变动并不敏感。③在分区域

后，其他宏观经济控制变量对于住房交易量的影响差异大，比如，东部和东北地区，政府财政收入水平对于住房成交量的正向影响显著，除了东部地区外，地区经济增长因素对于住房成交有显著影响，其中与东北地区"激进"住房投资一致的是，在地区 GDP 呈现整体下降趋势的状况下，住房成交量却显著上升。④除了西部地区之外，住房公积金贷款利率与住房交易量之间呈现显著负向关系，这与全国层面的估计结果一致。⑤另外，常住人口变动对于住房消费或投资存在显著正向影响。在具体到不同地理区域后，人口变动对于住房市场的影响需要进一步的研究。

表 5-6　分区域的引入储贷比的住房需求—价格空间差异方程检验结果

Y=lnhq	Model 8-East	Model 8-Middle	Model 8-Eastnorth	Model 8-West
sdrate_1	−0.468***	−0.429**	−1.444***	0.113
	(−2.86)	(−1.98)	(−6.14)	(0.26)
lnhp_1	0.438**	1.075***	0.504*	0.798**
	(1.97)	(2.51)	(1.49)	(1.91)
lngdp_1	0.116	0.422*	−0.358**	1.401***
	(0.61)	(1.65)	(−1.84)	(3.80)
lnrpopulation_1	0.411**	0.715***	1.074***	0.224*
	(2.15)	(−1.44)	(4.89)	(1.74)
lnprevenue_1	0.350***	0.088	0.528***	0.154
	(2.83)	(0.73)	(4.27)	(0.66)
lnloans_1	−0.008	−0.246**	0.139	−0.840*
	(−0.04)	(−2.16)	(0.55)	(−2.33)
harate_1	−0.260***	−0.239***	−0.310***	−0.103
	(−6.27)	(−4.92)	(−5.04)	(−1.38)
IV-variables	—	—	—	—
lnhp_2	√	√	√	√
constant	−5.786	−10.008***	−6.388***	−13.319***
	(−4.98)	(−4.90)	(−3.61)	(−3.90)
R²	0.89	0.90	0.92	0.89
Wald Chi²	582.42***	455.63***	616.77***	319.57***
FE or RE	RE	RE	RE	RE

注：***、**、* 分别为1%、5%、10%的统计显著性。括号内的数值为 t 或 z 值。

六、稳健性检验

上文通过统计量检验和工具变量法等多种方法提高了模型估计的有效性和一致性，并得出了较为有效和一致的估计。但是，为对上述模型实证结果的稳健性进行确认，本研究继续采取第四章的思路进行稳健性检验：第一，扩大样本，进行因变量替代（刘贯春、陈登科、丰超，2017；席强敏、梅林，2019）。具体操作为：用代表房地产投资整体状况的商品房成交量变量替代住房成交量变量，并用商品房价格替代住房价格。这是因为一般意义下的"房地产市场"主要是指住房市场，住房投资占据整个房地产投资的最大权重，根据国家统计局 2003~2013 年数据计算，住房投资额占房地产投资额的平均权重为 66.3%，因此用全样本——商品房市场成交量和价格指标替代子样本投资和价格指标。第二，缩小样本，选取子样本进行再估计（严金海、丰雷，2019）。如前文所述，居民部门整体储蓄率降低和杠杆率增加的过程是在金融危机后发生的，这与中国经济金融化的整体过程一致，因此我们选取时间序列中 2009~2017 年的子样本对模型进行运算，以确认模型运行的稳健。

1. 替代因变量：用商品房成交量替代住房成交量的一个检验

表 5-7 报告了替代因变量（商品房成交量替代住房成交量）的运行结果。结果显示：①储贷比与住房成交量之间仍然呈现与原模型非常一致的、显著的负相关关系，在引入滞后二期住房价格后，相关系数分别为 −0.526，与表 5-3 报告的系数比较一致（−0.588）；②住房价格与住房交易量之间仍然呈现显著的正相关关系，且弹性系数为 1.262（表 5-3 的估计为 1.135），体现出全国商品房市场整体富有弹性的特征；③地区经济增长、地方财政收入和利率因素与住房交易量的关系亦与前文估计的系数方向和显著性相同，且估计系数较为一致。综上，采取替代因变量方法进行模型再估计的结果表明模型具有较高稳健性。

表5-7　引入储贷比的住房需求—价格弹性估计模型稳健性检验结果

Y = lnreq	Model 14	Model 14
sdrate_1	−0.526*** (−2.61)	−0.564*** (−2.48)
lnrep_1	1.262*** (3.41)	1.034** (2.22)
lngdp_1	0.640*** (3.92)	0.632*** (3.61)
lnrpopulation_1	−0.478 (−1.53)	−0.649* (−1.71)
lnprevenue_1	0.140* (1.62)	0.181** (1.94)
lnloans_1	−0.374*** (−3.10)	−0.339*** (−2.54)
harate_1	−0.239*** (−8.13)	−0.196*** (−5.58)
IV−variables		
lnP_2	√	√
lnP_3		√
constant	−6.073*** (−3.52)	−4.211** (−2.15)
R^2	0.49	0.36
F−test	9.46***	8.88***
Wald Chi^2	198693.16***	200579.40***
FE or RE	FE	FE

注：***、**、* 分别为1%、5%、10%的统计显著性。括号内的数值为t或z值。

2. 样本框变换：金融危机前后模型的对比

在上文进行扩大样本估计后，表5-8报告了缩小样本框后两个估计模型的运行结果。结果显示：①在住房成交量—储贷比方程中，储贷比与住房成交量仍然存在稳定且显著的负相关性，且系数（−0.538）与前文的估计结果较为一致；②住房需求—价格弹性仍然显著为正（0.696），且与原住房成交量—储贷比方程和住房投资—储贷比方程的估计比较一致

（0.576）；③在住房投资—储贷比方程中，当期储贷比与当期住房投资之间仍然存在比较显著的负相关关系（-0.672），且引入滞后二期和滞后三期住房价格作为工具变量进行估计后的结果体现出一致性；④有关地区经济增长变量、土地出让金收入变量、地方财政收入变量和利率变量的估计也与前文呈现出比较一致的估计结果。综合扩大样本框和缩小样本框两种不同思路的稳健性检验结果推断，原模型运行结果体现出较强的稳健性。

表 5–8　金融危机后住房成交—储贷比和住房投资—储贷比估计模型稳健性检验结果

Y = lnhq/ lnhinvestment	住房成交量—储贷比方程 (2008 年后)		住房投资—储贷比方程 (2008 年后)
	Model 14	Model 15	Model 16
sdrate			−0.672*** (−4.47)
sdrate_1	−0.538*** (−2.47)	−0.519*** (−2.44)	
lnhp_1	0.696** (1.76)	0.643* (1.71)	
lngdp_1	0.660*** (3.85)	0.666*** (3.92)	0.576*** (2.40)
lnrpopulation_1	−0.335 (−0.93)	−0.313 (−0.88)	−0.283 (−0.70)
lnlandfinance_1			0.061*** (2.59)
lnprevenue_1	0.183** (2.04)	0.188** (2.11)	0.457*** (4.11)
lnloans_1	−0.321*** (−2.51)	−0.309*** (−2.49)	−0.083 (−0.94)
harate_1	−0.181*** (−5.84)	−0.179*** (−5.85)	
lrate_1			0.016 (0.53)
IV–variables			
lnhp_2	√	√	
lnhp_3		√	

Y = lnhq/ lnhinvestment	住房成交量—储贷比方程 (2008 年后)		住房投资—储贷比方程 (2008 年后)
	Model 14	Model 15	Model 16
constant	−4.471*** (−2.44)	−4.556*** (−2.51)	1.605 (0.72)
R²	0.59	0.62	0.68
F−test	7.85***	7.92***	7.90***
Wald Chi²	184854.09***	186738.86***	754299.46***
FE or RE	FE	FE	FE

注：***、**、* 分别为 1%、5%、10%的统计显著性。括号内的数值为 t 或 z 值。

第五节　进一步探讨：住房需求价格弹性的空间分化

通过上述研究我们发现，储贷比和住房交易量、住房投资之间均存在负相关性，且同期住房价格对于住房储蓄行为有显著正向作用。另外，还有一组重要关系需要特别说明，即地区金融发展水平与住房交易量之间存在显著负相关关系。依据前文所做假设，居民部门降低储蓄增加杠杆出现在储贷比进入下降区间的情况下，居民部门将储蓄资本转移到其他具有高投资回报率的产业部门或其他投资领域，导致该领域需求增加。住房既是优质抵押物的消费品，又是资产增值的投资品，具有双重属性，满足储蓄—杠杆转化的条件要求。但是，金融发展水平较高的地区，银行系统借贷活动比较活跃，金融产品丰富，融资渠道多，往往有多样化的投资需求，并非依靠单一投资品，比如住房进行投资。实证结果显示，金融发展水平与住房交易量之间确实存在显著负相关关系。因此，金融发展水平是引致储蓄—住房消费或投资转型行为的重要因素。

另外，通过分区域分析发现，各地区储贷比—住房交易转化的程度存在空间差异，而且与此对应的是，住房需求价格弹性也存在着类似的差异，由此我们做出进一步推断：在居民部门储蓄—加杠杆行为将自有资金向住房资本转化的过程中，地区性（或本地化的）居民部门对当地住房价格变动的敏感程度不同，因此这一转化过程将产生空间分化。具体来说，住房需求价格弹性越高（即对房价变动反应越敏感，"金融化冲动Ⅱ"越强），该地区居民储蓄—住房资本转化的程度会越强，东北地区就是一个典型案例。结合金融发展水平因素（资金可得性和成本问题），储蓄—住房资本转化过程的空间异质性特征及其影响因素的分析将是下一步研究的重要内容。

第六节　小　结

本书的研究系统考察了后金融危机时代经济金融化背景下居民部门储蓄—杠杆行为与住房市场特征之间的系列关系。在该阶段，居民部门储蓄率降低，杠杆率升高，居民部门储贷比呈现显著下降趋势。住房作为兼具消费品和投资品复合属性的特殊商品，成为后金融危机过剩流动性的重要流向。在资产价值持续上涨的"刚性预期"下，住房由于其超高的投资回报率和自身优质抵押品的本质属性，成为居民部门进行资本形式转化的重要渠道，即将储蓄资本转化为住房资本。实证研究发现：①居民部门储贷比与住房成交量之间确实存在长期稳定且显著的负向相关关系。②在供给端，即期居民部门储贷比的变动亦对住房投资有显著的负向作用，即居民部门"金融化冲动Ⅱ"（表现为降低储蓄和加杠杆进行住房购置活动）将坚定并进一步促进房企"金融化冲动Ⅰ"的"负债—投资"行为，扩大全社会住房投资规模。③住房价格对于当期居民的储蓄行为具有显著正向作用，即房价越高，储蓄越多，存在为购房进行"预防性储蓄"，进而转化为下一期住房交易的行为逻辑。④住房需求—价格弹性显著为正，表现出住房产品不同于一般商品的"投资品属性"，并且呈现出显著的空间差异：中部地区城市对于住房价格变动最为敏感。⑤另外，本研究还发现，地区经济发展水平、地区住房交易和土地出让金水平对于地区住房投资均有显著的正向作用；金融发展水平和利率水平对于住房交易具有显著负向作用。⑥结合上述实证研究结果我们可以推断出，在经济金融化阶段，我国居民部门存在储蓄资本向住房资本转化的趋势特征，亦即居民部门储蓄财富转化为住房实物资本的形态，对于储蓄向其他消费品和投资品的转化存在挤出效应。

根据上述结论，我们提出下述政策建议：第一，继续深化金融自由化改革，特别是市场需求端的自由化，向居民部门逐渐放宽投融资渠道，建立建设健全的资本市场，特别是股票市场和债券市场，债券市场应采取分级管理、逐步开放的策略，向中小投资者开放；第二，鼓励创新房地产金融产品，比如房地产私募基金，类封闭型投资基金（REITs）以及向国内甚至国外资本市场开放的 REITs 产品，建构替代房地产实物投资的房地产投资品结构，平滑房地产类投资收益曲线；第三，继续深入推进地方债券市场建设，使其成为地方公共基础设施建设融资的重要渠道，逐渐"松绑"地方政府对于土地财政的依赖；第四，全社会范围内推行投资者教育，特别是加强零利率甚至负利率时代的投资逻辑和行为引导，警惕单一市场风险（比如房地产市场），降低储蓄—住房资本转化过程的风险累积效应。

住房市场发展在供给端和需求端均进入金融化阶段，表现出供给侧"负债—投资发散"的金融自由化和需求侧"储蓄—住房资本转化"的金融抑制特征。在住房资产价值长期处于高位，且全社会达成较为一致的房价预期的条件下，住房市场如何满足居民部门的居住需求？成熟的住房市场可分为产权型住房市场和非产权型住房市场（住房租赁市场）。那么住房租赁市场是否是一个很好的替代选项呢？它存在的制度和非制度约束是什么以及通过怎样的方式影响了居民部门的租购选择偏好？这是我们需要进一步研究的问题。

第六章 住房金融化之后：租赁市场会是重要支撑吗？

第一节 问题提出

如上文所述，住房租赁市场是住房销售市场的重要补充。在一个完整的住房供给结构中，住房租赁是非常重要的组成部分。在西方发达国家，住房自有率往往在50%以下（如德国、瑞典等），民众主要居住的是住房租赁市场提供的住房。租还是买，在不同市场条件和政策环境下，是个重要问题。传统租购选择理论多侧重于个人预期、购房按揭—个人收入的生命周期、个人经济状况等角度研究租购选择的影响因素（Henderson and Ioannides，1983）。也有学者认为是住房需求者对于住房产品在全消费—投资生命周期中不同阶段的不同定位决定了其租与购的选择，具体来说这就是投资—收入弹性与消费收入弹性之间的选择问题（Fu，1991）。然而，中国住房租购选择问题中有一个基本现实是：84%的被调查者——承租人在未来五年时间内仍然选择"不买"住房，在进一步问询其租购选择原因时，60%的承租人的答案是"买不起"。租和买已经不是一个自由选择问题。在住房产品价值长期处于高位的情况下，租赁已经成为未来住房需求者的必然选择（叶剑平、李嘉，2016）。在这样的现实环境下，重视并强调住房政策"自上而下"顶层制度设计的综合性，完善"以商品房为主、租购并举的住房供应体系"是构建和推进房地产长效机制亟须探索的内容（高培勇，2018），也有学者提出了构建以国家调节为主导的公租房为主体、商品房和私租房为辅助的城市住房市场新格局（程恩富、钟卫华，2011）。除了"自上而下"推动构建的制度因素之外，完善住房租赁市场的另外一个重要因素被长期忽视，即培育"自下而上"的社会资本因素。社会资本最早是由 Hanifan（1916）提出的，后来分别在社会学领域和政治学领域为社会资本研究做出了代表性贡献（Bourdieu，1986；Coleman，1988；弗朗西斯·福山，2001；Putnam，1993）。所谓社会资本，是指在群体和组织中，人们为了共同的目的在一起合作的能力（Banfield，1958），以及由社会或社会的一部分普遍信任所产生的一种力量（弗朗西斯·福山，2001）。其中，信任是社会资本的重要组成部分，并且，社会资本的作用之一是推动信任的形成（崔巍，2017）。

2014 年北京市住房租赁市场调查数据显示，在住房租赁市场基本制度建构尚不完善的情况下，人与人之间的基本信任，房东与租客之间基于合同以及高于合同的相互尊重与理解，显著影响着承租人采取化长期债务为短期债务的——"租"，还是对自身甚至家族积累以及未来收入进行一次性套现的——"买"的现实选择。处在长期社会资本低下的环境中，住房租赁市场的承租人可能会选择购买产权型住房，以"稳定产权"替代"不稳定社会资本"的租赁住房行为，将社会资本转化为住房资本。相反，承租房屋所在社区社会资本较高，将显著提高承租人未来继续选择租赁的概率。

住房租赁市场是市场化程度很高的房地产子市场，具有很强的意思自治特征。在特定正式制度条件下，社会资本在维系租房市场存续和发展，特别是市场主体行为模式上往往起到特别重要的作用，比如承租人的租购选择。本书基于北京市住房租赁市场调查的数据，对社会资本对于承租人租购选择的影响进行分析，试图为传统租购选择模型提供新的经验证据，本研究还基于实证分析，加深和丰富住房租赁市场主体行为逻辑的认知，并提出政策建议。

第二节 社会资本与正式制度：租购选择理论 模型的一个扩展

一、传统租购选择模型对于非正式制度的忽视：一个综述

现代资本主义制度是基于私人所有权和围绕私人所有权构建的产权制度之上运行的（大卫·哈维，2010）。住房所有权是资本主义制度中最重要的制度之一，有学者认为，购买住房是全球各个国家家庭单元最为重要的经济行为，在这样普遍的经济动机和经济行为影响下，21世纪前二十年的历史可以说是被国际化的住房市场所塑造的（Ansell B. W.，2019）。也有学者认为，围绕住房所有权的社会意识形态和政治结构由此形成（Ronald R. and Ansell，2019）。在这样的背景下，经典租购选择理论模型（Tenure-choice Model，TCM）认为：购买住房已经成为城市居民的优先选项，"租"还是"买"似乎只是生命周期里的时间问题，是短期和长期收入何时贴现的问题，而非一个选择问题。但是，在现实情境下，除了收入预算约束（包括首付款），还有一些非常复杂和综合性的因素影响着住房市场的租购选择行为。伴随着中国城市化转型过程，住房改革（以下简称"房改"）赋予了城市居民越来越多的住房持有形式（Tenures），市场力量与制度力量共同推动了这一过程（Huang and Clark，2000）。同时，一些更广泛的社会性因素，比如年龄、住房面积、居民收入和房价—房租比等因素共同影响了居民的租购选择，类似结论已经在西方自由市场经济国家的住房市场中得到实证研究验证（Jaén-García，2012）。也有学者认为，租购选择在居民一生中是一个动态变化的过程，这里面又有两种观点：其

一，租购选择较强依赖于个人财富的生命周期变化，与个人财富周期性一致，是个人财富积累能力和实际财富积累的函数，这也是经典租购选择模型揭示的住房租赁和销售市场相互作用的基本规律（Henderson and Ioannides，1983）；其二，个体生命中的个人财富和住房需求处于持续增长状态，并不存在显著周期，因此，租购选择并非严格取决于财富的生命周期，而是显著依赖于居民个人的收入—投资弹性以及收入—消费弹性的相对大小，即如果前者大于后者，那么收入更高者一定更倾向于购买住房（Fu Y.，1991）。然而，以往研究仍然是在租购选择的经济约束条件框架下进行探讨的，而一个市场的正常运行是依赖于正式制度、非正式约束和强制措施的（道格拉斯·诺斯，2011），而正式制度与非正式约束的作用在市场化程度较高的住房市场被大大低估了，而且非正式约束的作用并没有纳入传统的租购选择模型中。

二、传统租购选择模型的失效及住房金融化下的新解释

在传统租购选择理论模型框架下，有三大基本假设：第一，住房市场结构完备，包括产权型住房、半产权型住房、租赁住房和公共保障性住房（经济适用房、廉租房）等，并且产权型住房销售价格到租赁型住房租金价格形成了平滑的价格无差异曲线，彼此之间可替代和跃迁（丹尼斯·迪帕斯奎尔、威廉·C. 惠顿，2002）；第二，住房销售和住房租赁市场之间不存在"租买选择机制缺失"的问题，即住房租赁和住房销售行为所对应的公共服务和政府服务应当没有显著性差异，甚至可以彼此替代（崔斐、严乐乐，2010）；第三，租赁市场在制度边界下是稳定的，交易费用低，不存在由于制度性缺失导致的频繁换租和"逆向选择"动机——挤到次优租赁房源（甚至导致"群租"）以及"用脚投票"动机——一次性套现一代人甚至几代人资本积累进入住房销售市场，以及住房租赁行为向住房销售行为转化的交易费用不显著大于住房租金和住房销售市场月按揭成本之

和。在上述三大基本假设之下，购买还是租赁住房与住房需求者个人的财富状况——生命周期（Henderson and Ioannides，1983）和收入—投资弹性、收入—消费弹性（Fu，1991）显著相关。但是，在住房供应结构不健全以及租赁市场正式制度和非正式制度建构不完备的状况下，不具备传统租购选择理论模型的基础条件，会产生如上文所说的"逆向选择"和"用脚投票"行为。住房租还是购的动机决定因素需要纳入新的框架下进行考察。

在中国经济进入大规模城镇化和经济金融化的发展阶段，人口要素流动旺盛，大量"非户籍"人口涌入城市，创造出大量城市住房需求。另外，在经济金融化背景下，城市住房产品的投资属性显著增强，再加上租赁市场制度建构不健全导致的高交易费用和公共服务的显著缺失（叶剑平，李嘉，2016），住房市场供求两侧均存在显著"金融化冲动"（李嘉、董亚宁、贺灿飞，2020），产权型住房仍然是住房需求者的首选。在这样的市场条件下，在住房租购选择中化"长期债务"（按揭）为"短期债务"（租赁）的市场基础尚不具备，承租优先权以及与教育、医疗等公共服务相对应的"租购同权"的制度基础也并不具备，因此，住房产品租与买的平滑生命周期曲线并不存在，住房购买行为在城市居民的消费或投资生命周期里被显著提前。特别是新毕业大学生和"新城市移民"，往往透支一代人甚至三代人（"六个钱包"）的资本积累以满足"金融化冲动"，搭上城市住房资产增值的便车，以获得配套公共服务和投资回报率优势，冲抵与租赁住房行为相伴生的高交易费用（无正式监管导致的合同违约、承租双方"摩擦"甚至频繁换租等）、低社会资本（承租双方不信任、归属感差、公共服务无配套等）。住房租购选择问题不再是住房消费或投资在生命周期框架下的自由选择问题，而是如何提高住房消费者或投资者自身"金融化能力"，在生命周期更早阶段购买产权型住房的问题。因此，本书认为，住房租买选择理论的基础需要放到更大的市场发展阶段框架下进行考察，在中国特大城市住房租赁市场正式制度、非正式制度和强制性公共服务尚不健全的情况下（叶剑平、李嘉，2016），住房租赁发生率与其市场基础层面的因素相关——正式制度的完备性和社会资本因素。另外，在金融化背景下，每个人都是"金融化的个体"，个人带有一系列的"资本属性"，比如教育背景——学历，在城市中的身份——户籍状况等。上述"资本属性"同样存在着资本转化，即从低投资回报率资本向高投资回报率资本转化，即存在住房资本转化的内在金融化冲动，因此，住房租购选择行为需要考虑到上述资本转化因素的影响。

三、正式制度与社会资本影响承租人租购选择的机制：诺斯要素三角、金融化冲动与租赁—产权型市场割裂

在市场制度不健全、租赁市场与产权型市场支付价值之间未形成平滑的替代效应的前提条件下，正式制度与社会资本因素对于承租人未来的租购选择行为起到非常显著的作用。诺斯（1990）曾经将一个自由市场的制度运行条件归纳为三个维度，即"诺斯要素三角"：正式制度、非正式约束和强制力。对应于我国住房租赁市场的发展现状，政府对于法律法规或相关政策的执行力是非常强大的，因此强制力并不成为阻碍租赁市场发展的重要因素。正式制度的欠缺，以及历史传承、东亚文明的"住房所有权"文化（Ronald，2010）等因素导致的基于信任关系的租赁关系不平衡是租赁市场平稳运行的关键阻尼。其中，法律规制的不健全对应于"诺斯制度三角"正式制度部分，基于信任关系的市场契约精神的履行，即社会资本因素对应于非正式约束维度。这两个因素分别通过影响租赁市场交易费用进而影响租赁住房机会成本与购房成本的比例，割裂住房租赁市场向产权型住房市场过渡的平滑曲线。这两种路径深刻影响了承租人在住房租赁市场中"续租"还是退出租赁市场并"购房"的未来选择。

具体来说，首先，正式制度设计上的欠缺，会使在租房脱离于政府监管的强制力范畴。这也导致"强制力"维度无力可施。特别是在最为前端的"备案登记环节"，对备案登记具备约束力的法律文件法律位阶低，导致无论是承租双方还是中介机构，为了规避税务成本和行政执行成本等因

素，不进行备案登记的情况，这加大了违反承租双方法律关系时双方责任人规避责任履行的行为风险，提高了租赁关系的不稳定预期。其次，传统因素和前述正式制度设计上的欠缺，导致承租双方关系目前仍然向出租方显著倾斜，因此在合同履约的权责分配上存在显著不对称，出租方随意涨房租、提前解约等现象仍然广泛存在，这就导致了承租方需要面临不稳定租约带来的巨大交易费用，与房东谈判、搜寻合适房源甚至不断搬迁等，承租住房的机会成本显著升高。再次，在产权型住房市场资产价值和房租不断上升的预期下，特别是产权型住房市场产权人与租赁型住房市场承租人在公共服务等权利享受上无法真正"租购同权"时，租赁市场正式制度与社会资本的低估值带来额外的租赁成本，将进一步降低租赁收益/成本，并拉大产权型住房收益/成本与租赁市场收益/成本之间的差距，最终将在住房需求者生命周期中可以平滑选择的两种类型市场彻底割裂，只要承租人有足够"资本"，就向产权型市场强行过渡。最后，相反地，如果显著改善租赁市场制度框架和社会资本的社会评价，其市场运行的制度成本就会降低，租赁住房在住房需求者消费—投资生命周期早期的收益/成本优势就会体现出来，其价值也会向产权型住房市场的资产价值靠近，在个人收入、当地纳税人权责（在中国与户口紧密绑定）等个体因素，以及租赁住房软硬件等社会因素满足条件时，租和买就变成了单纯的会计收益/会计成本核算问题，租赁住房选项或许还具备优势。下文的实证研究就是针对正式制度和社会资本因素是否会对承租人的租购选择产生如此显著的关键性影响进行检验。关于正式制度、社会资本对于承租人的影响因素如图6-1所示。

四、研究假说

综合上述理论分析，我们提出如下研究假说：

假说一：在控制了住房状况、房租、教育背景、收入、户籍等外生因素影响后，正式制度为住房租赁行为提供了稳定预期，对于承租人的租赁

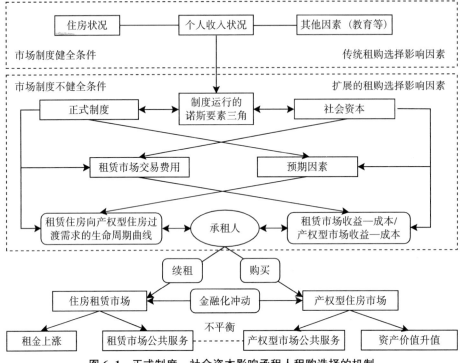

图 6-1 正式制度、社会资本影响承租人租购选择的机制

选择有显著正向影响。

假说二：社会资本因素是市场经济的基础，人与人之间的信任程度决定了合同的履行效力和市场运行的理性，高社会资本对承租人租赁选择有显著正向影响。

假说三：社会资本与正式制度联合均对承租人租赁选择产生影响，但在现阶段租赁制度尚未建构完善的市场条件下，正式制度的边际贡献更大。

假说四：因为"金融化冲动"以及住房资本转化因素的存在，其他资本因素，如个人因素，包括教育带来的知识资本、户籍状况带来的身份资本等，对于承租人的租赁或购买选择有显著影响。

第三节　实证设计和经验描述

一、数据来源：样本选择、问卷调查简述和信度效度检验

1.问卷设计

本次调查对象为北京市中心城区七区（即朝阳、海淀、西城、东城、丰台、石景山和昌平）的住房承租人与出租人。调查采取分层抽样的方法。本次调查共发放 1000 份问卷，其中承租人、出租人问卷各 500 份。承租人问卷 500 份，回收率为 100%，有效问卷率为 98%。因大部分被调查者并不愿意提供房产信息、收入信息等基本信息，出租人信息较不完备。本书研究对象为承租人的租购选择，因此数据基础为承租人问卷中的信息。

承租人问卷分为四个部分，分别为租房居住基本信息、租住体验调查、需求意愿调查和个人基本信息。其中，租房居住基本信息包括了所租房屋的基本情况，比如第 1、第 2、第 3、第 4、第 7 题涉及居住面积、人均面积、租金水平、配套设施等问题，第 5、第 6、第 8、第 9、第 10 题则涉及合同履行情况、押金支付规则等租赁关系保障问题。租住体验调查大体分为两部分，一是承租人对于租屋和周边环境满意度，二是承租人对于政府服务的满意度。因为租住体验调查涉及李克特式问题，故需要对其可靠程度进行信度检验，其中租住及周边环境满意度的 Crobach's α = 0.715，政府满意度部分的 Crobach's α = 0.690，总体租住体验的 Crobach's α 值为 0.727，此部分基本通过信度检验（见表 6-1）。需求意愿调查主要涉及被调查承租人未来承租行为的影响因素（第 22 题）、选择区域（第

23 题)、承租方式(第 24 题)、可承受租金水平(第 25 题)等以及对于住房租赁公司和相关服务项目的需求愿望(第 26、第 27 题)。个人基本信息(第 29~第 32 题)主要包含了承租人年龄、收入、文化水平和户籍关系等。

表 6-1　承租人租住体验调查信度检验

	Cronbach's Alpha	基于标准化项的 Cronbach's Alpha	项数
租住体验可靠性统计量	0.727	0.552	33
周边环境可靠性统计量	0.715	0.715	3
政府管理可靠性统计量	0.690	0.692	4

2. 样本框选取和调查方法

本书的区域选定为北京市中心城区。北京市为我国特大城市,而北京市中心城区是住房租赁活动的主要地区和中心地区,符合代表性样本的特征。本研究采用分层抽样方法,分层依据行政区划,选取北京市中心六城区为主要研究地点,另外,考虑到昌平区在实际住房租赁活动中也较为活跃,故最终将研究地点确定为北京市七区,即朝阳、海淀、西城、东城、丰台、石景山和昌平。在分层的基础上,再进行组间简单随机抽样,具体形式是委托专业市场调查公司通过街访、电话访谈的方式对相应区域内的出租人、承租人进行问卷调查。其中,承租人问卷全部通过街访完成,出租人问卷部分因为出租人身份的特殊性、信息不对称和出租人保密倾向等因素,采用了街访加电话访谈的方法。

3. 抽样方法和样本量确定

调查前确定样本量时拟采用《北京统计年鉴》(2013)中的总人口和按各行政区划细分的人口数据,但是考虑到,人口数据与租赁市场的实际租赁行为之间并不具有必然相关性,而能够反映各区租赁市场活跃程度的应该是其各区出租房源数。我们以搜房网提供的北京市七区待出租房屋338896 套出租房源为参考数据,以此匡算承租—出租人群数量并选取样本数量计算公式，在 95% 置信度，置信区间为 ±10 的约束条件下，计算得出承租人、出租人至少各需要发放有效问卷 96 份。综合搜房网、我爱我家网和链家地产网站提供的北京市七区出租房源信息，以此作为相应区域住房租赁活动活跃程度的代表性数据，进而确定各区调查问卷投放量，即分层抽样中各层次的绝对量和相对比例。最后，对三大网站提供的租房数据进行简单算术平均，确定各区问卷投放数量的占比大小（见表 6-2）。

表 6-2　北京市七区租房源绝对量及占比信息表

数据来源 区域	我爱我家		搜房网		链家地产		算术平均比（%）
	租房源	比例（%）	租房源	比例（%）	租房源	比例（%）	
朝阳	30306	37.71	157841	46.58	32946	39.24	41.17
海淀	14558	18.11	70552	20.82	14904	17.75	18.89
丰台	10910	13.57	38623	11.40	11083	13.20	12.72
西城	10093	12.56	18876	5.57	9446	11.25	9.79
东城	5923	7.37	15256	4.50	6067	7.23	6.37
石景山	3562	4.43	7820	2.31	4213	5.02	3.92
昌平	5024	6.25	29928	8.83	5308	6.32	7.13
总计	80376	100	338896	100	83967	100	100

资料来源：搜房网、我爱我家网和链家地产网站数据汇总。[1]

　　为了调查问卷发放、回收和统计便利，在不改变各区租赁市场活跃程度相对权重的基础上，对各区具体问卷投放比例进行适当修正（见表 6-3），并在此基础上计算出各区样本数量及样本分布（见图 6-1）。

---

[1] 参见链家地产网 http://beijing.homelink.com.cn/zufang/d9/；搜房网 http://www.soufun.com/；我爱我家网 http://bj.5i5j.com/rent，2013 年 12 月 11 日访问。

表6-3　北京市七区租房调查问卷样本数量

区域		朝阳	海淀	丰台	西城	东城	石景山	昌平	总计
比例（%）		41.17	18.89	12.72	9.79	6.37	3.92	7.13	99.99
修正比例（%）		38.00	18.00	13.00	12.00	8.00	5.00	6.00	100
样本数	出租	190	90	65	60	40	25	30	500
	承租	190	90	65	60	40	25	30	500

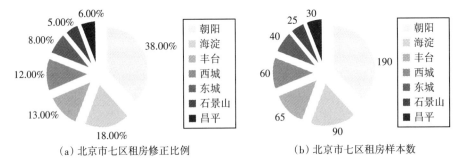

（a）北京市七区租房修正比例　　　　（b）北京市七区租房样本数

图6-2　北京市七区租房调查样本分布情况

二、基本 logit 模型设定及变量描述

根据前述理论建构和假说设定，本研究选择经典二值选择模型即 logit 模型对承租人租购选择问题进行实证研究（Li，1977），模型设定如下：

$$\text{LogitRent}_{\text{Buy}} = \beta_1\,\text{registerrate} + \beta_2\,\text{socialtrust} + \beta_3\,\text{registerrate} \times \text{socialtrust} +$$
$$\beta_4\,\text{rentincrease} + \beta_5\,\text{type} + \beta_6\,\text{education} + \beta_7\,\text{wage} + \beta_8\,\text{wage} \times \text{wage} + \beta_9\,\text{hukou} + \varepsilon$$

其中，因变量 Rent_Buy 为租—购二值选择变量，购买住房 = 0，租赁住房 = 1。核心变量：①registerrate 代表备案登记频率，分为 5 个等级，从 0 到 5 顺序排列，代表备案登记频率逐渐上升。②socialtrust 为社会资本代理变量，是排序变量，共有两个：一是"房东随意提高房租"在承租人"终止合同或搬离租赁房屋"的原因中所排顺位，顺位越高，说明这种因素在影响承租人终止合同或搬离租赁房屋的因素中并不显著，对于承租人来说承租关系体现出的社会资本较高；二是"房东卖房，提前终止合同"在承租人"终止合同或搬离租赁房屋"所排顺位，顺位越高，说明该因素影响并不大，承租关系体现出的社会资本较高。除核心变量之外，另外选取房屋特征变量和承租人特征变量为控制变量。具体如下：①房屋特征代理变量：房屋类型 type（Huang and Clark，2002；任荣荣，2019）。共分为6个等级，从0到6数值越高户型越大。②房屋租金增长率代理变量：rentincrease（陈多长、余巧奇、虞晓芬，2011；任荣荣，2019），为三年内房租增长率的平均数，其平均值为11%。③承租人特征代理变量：教育背景 education（Youqin Huang and William A. V. Clark，2002；张凤、宗刚，2014；黄玉屏、张曼，2018），共分为6个等级，从0到6学历递次增高。④收入变量 wage（张凤、宗刚，2014；黄玉屏、张曼，2018；任荣荣，2019），其平均值为4486.34元/月。⑤户口变量 hukou（邱剑锋，2010；陈多长等，2011）。分为6个等级，从0到6代表与当地关系越发疏远。另外，为了衡量正式制度与社会资本的共同影响以及是否存在收入—租购选择的"拐点"，设置了交叉项 registerrate × socialtrust 以及 wage × wage 变量。需要特别说明的是，根据 wind 数据库提供的中原地产估算的北京住房产权型市场与住房租赁市场的租金回报率数据［租金回报率计算公式为：（税后月租金 – 每月物业管理费）× 12/购买房屋总价］，调查时期北京市场租金回报率稳定在2.01%，截止到本书成稿时为1.45%（2020年7月），即租金与房价水平呈现出稳定比例，为了避免模型设定中会出现的解释变量间的多重共线性现象，故仅在模型中加入房屋租金变量（rentincrease），并不加入房价变量。另外，我们在运行预回归模型时，根据调查房源所在的分区设置了对应于城六区的哑变量，发现不同区域对于整体模型核心变量的显著关系影响不大，故在基本模型回归时并未予以展示。上述变量的基本统计学特征见表6-4。

表 6-4 变量选择及描述

指标分类	指标名称	符号	指标含义	单位	参考值
正式制度	备案登记频率	registerrate	衡量租赁正式制度的影响	备案登记频率 0~5，从来没有 = 0	Pro（从来没有）= 37.8%
社会资本状况	房东随意涨房租概率	socialtrust	衡量社会资本的影响	提前终止合同情况 0~5，经常发生 = 0	Pro（经常发生）= 20%
	房东提前终止合同概率	violation	衡量社会资本的影响	随意涨房租情况 0~5，完全没有 = 0	Pro（完全没有）= 0.3，Pro（有）= 0.7
交叉项	备案×随意涨房租	register × socialtrust	—	—	—
住房状况	房租三年平均涨幅	rentincrease	衡量租金水平变动的影响	元/年	11%
	房屋类型	type	衡量住房质量的影响	按排序：筒子楼 = 0	Pro（筒子楼）= 0.70
承租人特征	教育背景	education	衡量教育程度的影响	按教育程度排序：初中以下 = 0	本科及以下占比：0.71
	性别	sex	衡量性别差异的影响	男性 = 1	男女性别比 0.7
	个人收入	wage	衡量收入的影响	元/月	4486.34
	个人收入的平方	$wage^2$	衡量收入是否存在 U 形效应	元²/月²	null
	户口	hukou	衡量城市身份的影响	排序变量：有 5 年以上户口 = 1；未满 5 年户口 = 2；未有户口 = 3；5 年内大学毕业生有户口 = 4；5 年内大学毕业生无户口 = 5	Pro（=1）= 0.20 Pro（=2）= 0.10 Pro（=3）= 0.60 Pro（=5）= 0.10

第四节 实证结果分析

一、正式制度与社会资本的重要作用：与住房租赁—购买发生概率比和租赁发生率均显著正相关

表 6-5 报告了 logit 回归模型的基本结果，按照控制主要解释变量和控制变量，逐渐增加核心解释变量的方法（任荣荣，2019），为检验模型设定正确性，同步进行了基于普通标准误和稳健标准误回归，即 Model 1（Ⅰ）、Model 2（Ⅰ）和 Model 3（Ⅰ）是基于普通标准误的回归，Model 1（Ⅱ）、Model 2（Ⅱ）以及 Model 3（Ⅱ）是基于稳健标准误的回归。通过对比表 6-5 的回归结果可知，稳健标准误和普通标准误结果基本一致，模型中各自变量与因变量之间的相关系数比较接近，说明模型设定正确，运行结果比较稳健。

表 6-5 北京市租赁市场租赁—购买发生概率比 logit 模型估计结果

被解释变量：住房租买选择结果，0–1 变量（购买住房 = 0，租赁住房 = 1）

Variables	logit 模型普通标准误和稳健标准误					
	Model1（Ⅰ）	Model1（Ⅱ）	Model2（Ⅰ）	Model2（Ⅱ）	Model3（Ⅰ）	Model3（Ⅱ）
registerrate	0.372** (2.00)	0.372** (1.87)	0.395** (2.09)	0.395** (1.94)	0.710** (2.33)	0.710** (2.06)
socialtrust	—	—	0.341** (2.15)	0.341** (2.17)	0.279* (1.69)	0.279* (1.71)
register × socialtrust	—	—	—	—	−0.094 (−1.39)	−0.094 (−1.21)
rentincrease	0.147* (1.64)	0.147* (1.63)	0.113 (1.24)	0.113 (1.25)	0.084 (0.90)	0.084 (0.87)

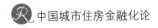

续表

Variables	logit 模型普通标准误和稳健标准误					
	Model 1（Ⅰ）	Model 1（Ⅱ）	Model 2（Ⅰ）	Model 2（Ⅱ）	Model 3（Ⅰ）	Model 3（Ⅱ）
type	−0.468*** (−3.37)	−0.468*** (−3.36)	−0.461*** (−3.28)	−0.461*** (−3.23)	−0.467*** (−3.28)	−0.467*** (−3.22)
education	−1.043*** (−4.11)	−1.043*** (−4.05)	−1.024*** (−3.98)	−1.024*** (−3.83)	−1.045*** (−4.03)	−1.045*** (−3.92)
wage	−0.138** (−1.81)	−0.138** (−1.87)	−0.144** (−1.88)	−0.144** (−1.88)	−0.134* (−1.73)	−0.134* (−1.76)
wage^2	0.002 (1.30)	0.002* (1.63)	0.003 (1.32)	0.003* (1.62)	0.002 (1.15)	0.002 (1.43)
hukou	0.817*** (5.72)	0.817*** (4.72)	0.846*** (5.81)	0.846*** (4.79)	0.846*** (5.79)	0.846*** (4.76)
Constant	4.242*** (4.02)	4.242*** (3.58)	3.457*** (3.08)	3.457*** (2.64)	3.708*** (3.24)	3.708*** (2.82)
Pseudo R^2	0.32	0.32	0.33	0.33	0.33	0.33
LR Chi^2	138.90	—	143.74	—	145.74	—
Wald Chi^2	—	94.69	—	91.65	—	92.90

注：***、**、*分别表示在1%、5%、10%的水平上显著。括号内的值为t或z值。

由于核心解释变量的最小变化量至少为一单位，为了便于解释回归结果，下面着重从住房租赁—购买发生概率比[①]角度进行分析。通过表6-6的结果可以得出如下结论：①正式制度因素—备案登记频率与住房租赁—购买发生概率比呈现显著正比关系（在5%显著性水平），备案登记频率每增加1个等级，承租者选择继续租赁的概率比会增加1.45倍；②在加入社会资本因素（房东合同期内提出涨房租发生概率）之后，单位备案登记频率增加1个等级，承租者选择继续租赁的概率比会提高1.48倍，社会资本因素提高与住房租赁—购买发生概率比也同样呈现显著正相关性（在

---

① 住房租赁—购买概率比的概念，即选择租赁的概率与选择购买的概率的比值。若该数值增加10%，即选择租赁的概率与选择购买的概率的比增加10%。

5%显著性水平），社会资本水平每提高一个级别，承租者选择继续租赁的概率比提高 1.41 倍；③在加入正式制度与社会资本因素的交叉项后，正式制度与社会资本因素与住房租赁—购买发生概率比仍然呈现显著正相关性，正式制度改善的影响提高到 2.03 倍（在 5%显著性水平），社会资本改善的影响提高到 1.32 倍（在 10%显著性水平），但是交叉影响并不显著，因此后续选择 Model 2 的运行结果作为主要结论参考；④除此之外，房租因素（三年平均租金增长率）和工资水平的二次方因素并不显著，说明工资水平因素对于住房租赁—购买发生概率比的影响在当前市场状况下并不存在"拐点"；房屋类型 type、教育水平 education、工资 wage 和户籍制度 hukou 与住房租赁发生有着显著相关性。上述实证结果验证了假说一和假说二。除此之外，有关个人收入、教育背景和户籍状况等承租人特征因素对于承租关系产生的影响分析将在下文进行探讨。

表 6-6　北京市租赁市场租赁—购买发生概率比 logit 边际效应模型估计结果
被解释变量：住房租买选择结果，0-1 变量（购买住房 = 0，租赁住房 = 1）

Variables	logit 模型概率比					
	Model 1 （Ⅲ） (Odds)	边际效应 dy/dx	Model 2 （Ⅲ） (Odds)	边际效应 dy/dx	Model 3 （Ⅲ） (Odds)	边际效应 dy/dx
registerrate	1.450** (2.00)	0.034** (2.03)	1.484** (2.09)	0.036** (2.13)	2.033** (2.33)	0.064** (2.37)
socialtrust	—	—	1.406** (2.15)	0.031** (2.18)	1.322* (1.69)	0.025* (1.71)
register × socialtrust	—	—	—	—	0.910 (−1.39)	−0.008 (−1.40)
rentincrease	1.157* (1.64)	0.013* (1.66)	1.119 (1.24)	0.010 (1.25)	1.087 (0.90)	0.008 (0.90)
type	0.625*** (−3.37)	−0.043*** (−3.50)	0.631*** (−3.28)	−0.041*** (−3.39)	0.627*** (−3.28)	−0.042*** (−3.40)
education	0.352*** (−4.11)	−0.095*** (−4.33)	0.359*** (−3.98)	−0.092*** (−4.20)	0.351*** (−4.03)	−0.094 (−4.27)
wage	0.871** (−1.81)	−0.013** (−1.83)	0.866** (−1.88)	−0.013** (−1.90)	0.875* (−1.73)	−0.012* (−1.75)

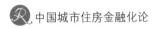

Variables	logit 模型概率比					
	Model 1 (Ⅲ) (Odds)	边际效应 dy/dx	Model 2 (Ⅲ) (Odds)	边际效应 dy/dx	Model 3 (Ⅲ) (Odds)	边际效应 dy/dx
wage^2	1.002 (1.30)	0.000 (1.31)	1.002 (1.32)	0.000 (1.32)	1.002 (1.15)	0.000 (1.15)
hukou	2.265*** (5.72)	0.075*** (6.46)	2.329*** (5.81)	0.076*** (6.63)	2.329*** (5.79)	0.076*** (6.63)
Constant	69.573*** (4.02)		31.712*** (3.08)		40.771*** (3.24)	
Pseudo R^2	0.32		0.33		0.33	
LR Chi^2	138.90		143.74		145.74	
Correctly classified	86.80%		88.00%		88.00%	

注：***、**、*分别表示在1%、5%、10%的水平上显著。括号内的值为 t 或 z 值。

为了能够与相关研究进行对比分析，表6-6还报告了社会资本和正式制度因素对于住房租赁—购买发生概率比的平均边际效应（即弹性概念：单位增长带来的住房租赁—购买发生概率比增长率是多少）。结果发现：①正式制度因素。在5%的显著性水平上，正式制度下的备案登记频率每增长1个等级，住房租赁发生概率比上升3.6%。这说明加强租赁市场制度建设，特别是做好租赁房屋及其合同的备案登记工作，将出租房屋信息和承租双方租赁客观要件纳入正式制度框架下管理，比如租赁管理数据库，形成租赁管理的数据基础，使承租人切实感受到"有法可依""有人管"的制度安全和"制度自信"，将显著提高租赁发生率。②社会资本因素。在5%显著性水平上，社会资本因素即房东提前涨房租在租客搬走因素中的顺位提高1个等级，即社会资本水平提升1个等级，住房租赁发生率上升3.1%。这表明除了为承租人提供稳定的制度框架、使承租人切实感受到合同的稳定性和租赁行为的制度安全之外，"非正式约束"（道格拉斯·诺斯，2000）下形成的社会资本因素同样对住房租赁—购买发生概率比起着显著影响，承租双方良好的信任（房东不随意涨房租事件发生的概率低）及由此形成的平均水平上的承租双方的社会资本基础会显著增强承租人未来继续选择的租赁行为，如果社会主义核心价值观体系下形成的优良的社会氛围、人与人之间的诚信和尊重感充分体现在城市租赁市场中，会显著提升租户对于承租的行为偏好。③房屋属性因素。在1%显著性水平上，房屋面积增大1个等级，住房租赁发生率将降低4.1%，这表明对于承租人来说，大户型并非优先选择，承租人仍然更倾向于选择小户型经济适用型住房，大户型出租房屋可能存在租金较高甚至与产权性住房按揭金额相近的状况，因此承租人"逆向选择"中小型出租屋居住。

二、正式制度与社会资本孰轻孰重？一个检验

由上文实证结果可知：正式制度与社会资本在当前住房租赁市场条件下，对于住房租赁—购买发生概率比增加都具有显著性的边际贡献。但是，根据上文理论推断，在市场状况完备、租赁制度完善的条件下，正式制度中承租双方的权利和责任边界都已经确定，对住房租赁发生率产生更多影响的主要是社会资本因素，即人与人之间的信任、承租双方对于合同契约的遵守等。那么在北京当前市场和制度条件下，住房租赁市场是否也具有如上特征呢？表6-7报告的结果显示：①在控制了其他自变量后，备案登记频率增加1单位，住房租赁发生概率比将提高3.4%；②社会资本等级提高1单位，住房租赁发生概率比将提高3.0%；③通过上述比较发现，在当前市场和制度条件下，正式制度对于承租人继续选择租赁的行为较社会资本的影响高出0.4个百分点，完善正式制度的建构仍然是当前住房租赁市场最为优先的选择（叶剑平、李嘉，2016）。上述结果验证了假说三。

表 6-7　北京市租赁市场租赁—购买发生概率比正式制度与社会资本 logit
边际效应模型比较

被解释变量：住房租买选择结果，0-1 变量（购买住房 = 0，租赁住房 = 1）

Variables	logit 模型概率比			
	Model 1（Ⅲ）(Odds)	边际效应 dy/dx	Model 2（Ⅲ）(Odds)	边际效应 dy/dx
registerrate	1.450** (2.00)	0.034** (2.03)		
socialtrust			1.379** (2.06)	0.030** (2.09)
register × socialtrust				
rentincrease	1.157* (1.64)	0.013* (1.66)	1.139 (1.45)	
type	0.625*** (−3.37)	−0.043*** (−3.50)	0.614*** (−3.48)	−0.045*** (−3.62)
education	0.352*** (−4.11)	−0.095*** (−4.33)	0.363*** (−4.00)	−0.093*** (−4.20)
wage	0.871** (−1.81)	−0.013** (−1.83)	0.890*** (−1.55)	−0.011 (−1.56)
wage^2	1.002 (1.30)	0.000 (1.31)	1.002 (1.00)	0.0002 (1.00)
hukou	2.265*** (5.72)	0.075*** (6.46)	2.396*** (6.03)	0.080*** (6.96)
Constant	69.573*** (4.02)		55.235*** (3.67)	
Pseudo R^2	0.32		0.32	
LR Chi^2	138.90		139.14	
Correctly classified	86.80%		87.60%	

注：***、**、* 分别表示在 1%、5%、10% 的水平上显著。括号内的值为 t 或 z 值。

三、收入、户籍显著影响租购选择：其他资本转化为住房资本视角

除了房屋特征因素之外，还有其他控制变量对承租发生率起到显著性

影响，其中承租人特征因素起到非常重要的作用。社会资本是一个非常宽泛的概念，除了包括人与人之间的信任感之外，还包括其他任何可以推动信任感形成的非要素资本因素（崔巍，2017），比如由学历体现出的知识资本，由户籍等体现出的身份资本等。表6-6同样也报告了上述承租人特征因素对住房租购选择行为选择的影响：①教育因素。在1%的显著性水平上，学历每增加1个等级，租赁发生率将降低9.2%，即学历越低的人越倾向于租房，这与知识资本向其他资本特别是住房资本转化有着密切关系，学历低的人往往在就业市场中从事低劳动工资职业，同时也是住房租赁市场的主力。在我们的调查中，61%的受访者是本科以下学历，本科学历占37%，研究生学历仅占1%，在这样的承租人群体学历背景下，租赁住房仍然是低学历群体的优先选择。②工资因素。在5%的显著性水平上，工资每增加1个单位，住房租赁发生率降低1.3%。这与任荣荣（2019）的研究基本一致：随着工资的增加，承租人会选择产权型住房，由租赁转向产权型住房。③户籍因素。户籍因素按照与北京市关系进行等级排序，结果显示，本人户籍地与北京市关系越发"疏远"，每疏远1个单位，住房租赁发生率将增加7.6%。这突出体现了北京住房市场状况中，"户口"对于住房租购选择的重要影响，户口将绝大多数承租人排除在产权型住房体系之外，承租人只能通过租赁实现居住，对于刚刚毕业、无北京户口且刚刚进入就业市场的大学生群体来说，租赁是其必然选择。上述实证结果与普通标准误和稳健标准误下的实证结果一致，同时也印证了模型的稳健性。另外，实证结果也体现了住房市场中的"资本转化"现象，即在全社会经济金融化的背景下，住房市场行为主体遵循金融化的行为逻辑，利用资本优势追求投资回报率的最大化（戴剑锋，2017）。在全社会各种资产大类中，住房资产具有投资回报率优势，市场行为主体存在由低投资回报率资本投资转向高投资回报率的金融化冲动（李嘉、董亚宁、贺灿飞，2020），由此将社会资本转化为住房资本，以寻求作为"金融化的个体"的整体投资回报率的提高。上述实证结果验证了假说四。

四、稳健性检验

1. 替代核心变量——其他社会资本变量是否同样影响承租人的未来租购选择？

上文中我们按照 logit 模型运行程序，对照了普通标准误和 Y-租购选择变量的运行结果并得到了较为一致的估计结果，证明了模型设定的有效性。之后通过运行 logit 边际效应模型，测算自变量对于租购二值选择变量的边际效应或弹性，与上述普通 logit 模型得到比较一致的结论，再次证明了模型设定的有效性。然而，在模型设定中，我们不能排除核心变量选择的问题，比如我们挑选了问卷中"房东在合同期内涨房租"及其答案（排序变量）作为社会资本的代理变量，在替换成其他社会资本的代理变量后是否影响系统性的估计结果？是否仍然可以印证系统性的理论假说？因此，我们需要采取不同方法对实证结果进行稳健性检验。首先，采用替代核心变量的方法检验社会资本对于租购选择行为影响的稳健性，用"房东在合同期内提出卖房，提前终止合同"这一问题的排序答案作为替代自变量，我们假设如果承租人对于此选项排序不高，这说明"房东在合同期内提出卖房，提前终止合同"对于承租人的影响很大，社会资本较差，对于承租人的租购选择会有显著影响（正向或负向影响）。假设社会资本和正式制度会影响承租人预期，即如果社会资本或正式制度状况差，则市场不稳定，在承租人预期租金上涨且搬迁、与房东谈判等交易成本高昂的情况下（甚至与月按揭成本接近），承租人会被挤出租赁市场转而求购产权型住房以求稳定住所行为；反之则反。表 6-8 报告显示：在替代核心变量后，正式制度和社会资本因素仍然对租赁行为产生显著影响（在 5%的显著性水平）。特别地，房东提前解除合同的行为甚至会促进承租人产生"逆向选择"，转向产权关系、支出状况和居住状况更为稳定的产权型住房，"房东提前在合同期内提出卖房，提前终止合同"频率每提升 1 等级，住房租赁发生率下降 2.3%（在 5%的显著性水平），且与普通标准误和稳健标准误下的估计结果非常一致，印证了模型的稳健性。其他房屋特征因素和承租人特征因素与未替代核心变量前的边际效应也保持一致，再次证明了模型设定和实证结果——社会资本对租购选择行为影响的稳健性。

表 6-8　北京市租赁市场租赁—购买发生概率比 logit 模型稳健性检验结果

被解释变量：住房租买选择结果，0-1 变量（购买住房 = 0，租赁住房 = 1）

Variables	logit 模型普通和稳健标准误			
	Model 4（Ⅰ）	Model 4（Ⅱ）	Model 4b 模型概率比（Odds）	Model 4b 边际效应 dy/dx
registerrate	0.380** (2.02)	0.380** (1.93)	1.462** (2.02)	0.034** (2.06)
Socialtrust−llsell	−0.256** (−2.04)	−0.256** (0.99)	0.774** (−2.04)	−0.023** (−2.06)
rentincrease	0.095 (1.02)	0.095 (1.02)	1.100 (1.02)	0.009 (1.03)
type	−0.483*** (−3.41)	−0.483*** (−3.36)	0.617*** (−3.41)	−0.044*** (−3.54)
education	−1.065*** (−4.13)	−1.065*** (−4.06)	0.345*** (−4.13)	−0.097 (−4.37)
wage	−0.127* (−1.66)	−0.127* (−1.73)	0.880* (−1.66)	−0.012* (−1.68)
wage^2	0.002 (1.05)	0.002 (1.32)	1.002 (1.05)	0.0002 (1.05)
hukou	0.824*** (5.72)	0.824*** (4.73)	2.280*** (5.72)	0.074*** (6.5)
Constant	5.279*** (4.41)	5.279*** (3.97)	196.104*** (4.41)	—
Pseudo R^2	0.33	—	0.33	
LR Chi^2	143.20	—	143.20	
Correctly classified	87.6%	—	87.60%	

注：***、**、* 分别表示在 1%、5%、10% 的水平上显著。括号内的值为 t 或 z 值。

2. Probit Model 运行结果对照

二值选择模型除了 logit 模型之外，还有 probit 模型。二者适用条件的差别主要在于残差项的分布差异：若残差项符合 logistics 分布，则选用

logit 模型；若残差项符合正态分布，则选用 probit 模型。但在实际计量检验中，很难显著区分二者分布区别。因此，我们采用"由果到因"的方法对 logit 模型的稳健性进行对照：如果两个模型所得结果比较一致，则说明模型设定无偏且有效；如果结果相差较大，则说明残差项分布并不符合模型设定的要求（陈强，2014）。运行 probit 模型（见表 6-9），结果表明：在 5%的显著性水平上，①正式制度—备案登记频率对于住房租赁发生概率比仍然有显著正向影响，备案登记频率增加 1 个等级会使住房租赁发生概率比增长 3.6%，较 logit 模型运行结果 3.4%非常接近；②社会资本因素—房东提前终止合同影响排序对于住房租赁—购买发生概率比同样仍然存在显著正向影响，社会资本因素改善 1 个等级，则住房租赁发生概率比增长 3.0%，较 logit 模型 3.1%的增长也非常接近；③除此之外，住房属性和承租人特征等因素结果与 logit 模型运行结果显示的边际效用水平和显著性水平相一致。因此，可以说明模型在变量选取、设定和运行结果上都具有比较好的稳健性，实证结果可信度高。

表 6-9　北京市租赁市场租赁—购买发生概率比 Porbit（边际效应）模型估计结果
被解释变量：住房租买选择结果，0-1 变量（购买住房 = 0，租赁住房 = 1）

Variables	Probit 模型	
	Model 1（Ⅰ）	Model 1（边际效应）
registerrate	0.218** (2.15)	0.036** (2.17)
socialtrust	0.181** (2.11)	0.030** (2.13)
rentincrease	0.068 (1.37)	0.011 (1.38)
type	−0.263*** (−3.45)	−0.043*** (−3.57)
education	−0.572*** (−4.17)	−0.094 (−4.36)
wage	−0.085** (−1.94)	−0.013** (−1.96)

续表

Variables	Probit 模型	
	Model 1（Ⅰ）	Model 1（边际效应）
wage^2	0.001 (1.29)	0.0002 (1.30)
hukou	0.444*** (5.92)	0.073*** (6.40)
Constant	2.046*** (3.53)	
Correctly classified	88.00%	

注：***、**、*分别表示在1%、5%、10%的水平上显著。括号内的值为t或z值。

第五节　进一步探讨：租赁市场备案登记率低和社会资本低的原因

　　根据调查显示，有37.8%的受访承租人和46.8%的受访出租人表示"从来没有"进行备案登记，仅有20%左右的受访者租赁时"较多"或"非常多"进行备案登记。仅有10.0%的承租人终止和更换租赁房屋的原因中"房东在合同期内提出卖房，提前解除合同"排序在最后，20%的承租人将此原因排在首位，30%的承租人将"房东租赁期内提前涨房租"放到首位。但是，按照《北京市租赁管理若干规定》第十一条：租赁房屋用于居住的，应当进行出租登记出租人应当自与承租人订立房屋租赁合同之日起7日内，到房屋所在地的基层管理服务站办理房屋出租登记手续。从法理逻辑上，租赁合同登记是其发挥效力及其保护的合同双方权益受到司法保护的开端。然而调查却表明，不进行备案登记非常普遍，大量租赁活动都"游离"于司法系统之外，租赁立法形同虚设。出租和承租双方信息并不在"政府租赁备案登记"系统之内，导致政府提供租赁房屋管理和配套公共服务供给的信息基础缺失，其后果就是承租人无法享受到政府为承租人提供的权利保护和公共服务。调查数据显示，仅有13.0%的受访承租人表示对于政府在租赁管理和服务领域的作为表示"满意"和"非常满意"，有51.6%的承租人表示"不满意"和"非常不满意"。

上述实证结果显示，完善的正式制度与较高的社会资本对于承租人继续选择租赁市场建构有着显著的推动作用。对于政府部门在房屋租赁领域里的公共服务以及承租双方之间的信任感，大多数受访者表达了"不满"，那么为什么这样的行为是租赁市场的主导行为且仍然继续存在呢？原因如下：第一，出租房屋备案登记后，随之而来的是对于房东的征税，包括房产税、营业税、个人所得税、城镇土地使用税、印花税五种，为了规避课税，大多数房东或房屋中介选择不进行备案登记。第二，在承租人权利没有法律制度保障且相关专业信息的不对称情况下，承租人往往处于弱势，无力对此行为进行追诉。第三，即使追诉，在经济金融化背景下，租赁市场各方主体仍然会按照投资回报率逻辑行事，特别是在租赁市场显著为卖方垄断市场的状况下，市场需求—价格弹性较供给—价格呈现出更大弹性，"房东不愁租"，承租人会在价格歧视下顺次挤出不同品质的租赁市场，因此在市场结构上房东具备显著优势。第四，社会金融深化的过程使个体成为"金融化的个人"，以投资回报率为核心的多种资本核算大于社会资本的核算。社会资本因投资回报周期长，当期回报率的特点"被边缘化"或在不同资本的投资中被淘汰，导致人与人之间信任度缺失，人与人之间由"差序格局"联结的纽带被城市化和金融化的浪潮所破坏，取而代之的是"资本的联结"，人与人之间"关系的动员"也演变为"资本的动员"。再加上正式制度的缺失，社会资本的低下在几乎无政府主义的租赁市场中被进一步放大。

第六节　小　结

　　本书的研究基于 2014 年北京市住房租赁市场数据，将正式制度和社会资本因素作为在市场制度不健全条件下作用非常突出的外生变量，拓展经典租购选择模型（TCM），并设定 logit 模型进行估计，得出如下结论：①正式制度对于承租人租房选择有显著正向影响，备案登记频率每提高 1 个单位，承租人的继续承租发生率提高 3.6%。②社会资本对于承租人租房选择有显著正向影响，社会资本充足与稳定使承租人更倾向于在租赁市场租房，而非承担高昂房贷和长期债务买房，社会资本因素在承租人心理预期中的排位提高 1 单位，住房承租发生率提高 3.1%。③在现阶段，正式制度相较社会资本因素对于承租人优先选择承租的概率提高有着更大的边际效应。④个人收入、户籍状况等其他资本因素对于承租人租赁发生的概率比影响显著，这些资本多大程度上转化为住房资本对租购选择有不同的边际效应。⑤在现阶段，我国城市住房租赁市场突出表现为公共管理主体地位缺失和公共服务供给不足问题，承租双方出于规避行政程序烦琐，成本高昂，课税等原因拒绝进行备案登记，导致主要城市大部分租赁房屋无法形成规模数据，无法进一步监管和公共服务提供信息基础。

　　结合上述研究结论，我们可以得出一些有价值的政策启示：①从正式制度建构层面，发展住房租赁市场首先需要"自上而下"完善租赁市场法律建构，出台具有高法律位阶的《住房租赁法》或《住房租赁条例》，其中，在法律条文中完善对于房东、中介和租赁合同的备案登记制度是重中之重。同时，房管部门应当加大租赁市场公共服务供给，给予承租人稳定的正式制度预期。②从税收减免层面，政府财政部门应联合住房、土地行政管理和中介机构等部门，进行统一的"税务筹划"，对于承租双方主动进行备案登记的，应予以让承租双方都能切实感受到"获得感"的大规模税费减免，比如，取消城镇土地使用税（在一级开发阶段已经征收过），取消印花税和契税，切实鼓励承租双方的备案登记行为，同时在房东、承租人和住房中介中寻求到课税的均衡点，体现出向承租人倾斜的税收优惠偏好。③加强个人住房租赁征信体系建设，构建信用社会，促进租赁市场社会资本的形成和积累。在具体技术手段上，构建住房租赁市场信用评级体系，包括市场承租双方主体评级、租赁企业评级和以城市为基本单位的区域评级。更进一步，应编制适用于各主要城市租赁市场的、具有科学性、权威性和有效性的住房租赁价格指数，并以此指数作为市场定价、信用评级和租赁市场政策调控的重要技术工具。④从具体的项目操作层面。应考虑引进和推广在英国和澳大利亚等国已比较成熟的 Rent-to-Buy Scheme，针对城市中高于最低收入分位数，同时暂时又无力支付产权型住房价值的"夹心层"，提供允许在锁定期内（通常是 5 年，可根据各地不同情况调整）先租后买，承租人与房东协定在"锁定期"积蓄首付并在进入购买期后补齐房屋剩余价值，承租人享有购买优先权、贷款优惠利率等政策优惠的项目。在建构③中所示完备的个人住房租赁信用系统的条件下，完善符合条件的候选人筛选和"对接"工作，特别是新进入城市的"新市民"和包括刚毕业大学生在内的青年人群形成完整的住房消费阶梯。⑤从社会文化层面，应培育全社会信任文化。"有条件的好客还是无条件的好客"是西方哲学中的一个传统问题（雅克·德里达和安娜·杜夫勒芒特尔，2008）。从经济学角度来看，对于外来人的"好客"与否来源于三个方面因素：一是正式制度的保障，二是经济主体重复交易形成的长期收益和沉淀成本（崔巍，2017），三是社会整体信任文化的形成。从神经生物学角度来看，人的大脑本质上是"信任脑"（帕特里夏·S. 丘奇兰德，2018），因此，人和人之间的联结乃至于整个社会资本的积累和构建具有天然的生物学基础，或者从一定程度上，人类文明的进步本质都是建立在人与人之间的信任基础上（马克·格兰诺维奇，2019）。在我国经济发展依然处于快速城市化的阶段，如何"尊重"并"友好"对待进入城市的"外来人"不只是公共部门自上而下需要构建的公共服务问题，更是全社会每一个人都需要直面和解决的"社会心理问题"。⑥从金融支持层面，房地产租赁市场制度化应与房地产销售市场金融化共同推进，即采取"结构化调控"的方式。所谓结构化调控，是指将房地产市场按照需求性质和住房类型进行细分，区分出投资型住房市场和消费型住房市场，后者包括拥有产权或部分产权的公共住房市场和租赁型住房市场。前者主要面向高收入群体，后者则面向中低收入群体以满足基本民生需求。加大住房租赁市场建设使其成为整个房地产市场重要支撑层面，一方面，通过完善租赁市场供给机制，激活存量住房，对住房销售市场逐渐产生挤出甚至替代效应，同时配套供应租赁住房的土地出让制度，降低租赁型住房的建造和改造成本，比如集体土地建租赁住房以及国有企业和房企的"二手地"上低成本更新、建设租赁住房等，最终在拥有巨大现金流、长期负债特征的销售市场和拥有短期现金流、短期小额债务的租赁市场之间形成平滑的住房产品供给阶梯（叶剑平、李嘉，2015，2016）。另一方面，推动房地产销售市场金融化，并匹配高水平的政策监管。首先，需要开发创新房地产投资工具，对于目前单一的、具有巨大资金沉淀和高昂交易成本的房地产现货交易形成替代效应，并将此类房地产投资工具逐渐向银行间市场、资本市场和民间借贷市场开放；其次，探讨构建依托于兼具科学性、权威性和有效性的房地产价格指数期货市场，并由此培育包含现货交易与期货交易的完整的住房金融产品投资市场体系，形成分散房地产市场投资风险的有效机制系统，通过金融手段化解房地产市场"高收益—高成本—高债务—低风险"的投资悖论（李嘉等，2019），破解市场对于"住房投资=持有住房所有权=住房销售"这一投资观念的长期依赖，精确剥离出房地产的投资需求和居住需求，在抑制住房销售市场价格持续高涨的趋势、稳定资产价值预期的前提下，加快推动租赁市场发展的政策力度，提高租售比和租房品质，真正实现住房租赁市场和住房销售市场的"租购同权"和"租售并举"。

第七章 结 论

中国地方经济增长和地方政府、金融机构、房地产开发企业以及居民部门对于住房部门的依赖是这个时代的典型特征。其根本原因是在经济整体进入金融化阶段后，金融化进程在住房市场供需两端的推行进度和力度并不一致，表现为供给端的金融自由和需求端的金融抑制。

本书系统梳理了经济金融化背景下，住房市场与金融化进程之间紧密的关系，并用"住房金融化"的概念概括了住房部门与金融系统日益增加的渗透性和相互依存性。但是需要指出的是，相对于住房研究中其他较为成熟的概念框架和知识系统，"金融化"的概念仍然较为宽泛，"住房金融化"亦然。更何况，住房金融化本身就是一个已经发生、正在发生且不断变化的过程，因此提出一个具有一般性的、共识性的概念是非常困难的。本书尝试在既有的研究框架下，引入金融化的主体行为逻辑和从金融学研究视角出发，为金融危机之后我国以公共基础设施扩张建设和房地产市场繁荣为主要特征的城市化进程提供必要的补充——城市化进程是与经济金融化，特别是住房金融化的进程相辅相成、相互促进的，本书还尝试对这一基本认识提供扎实的经验证据。

本书主要内容如下：

第一，将住房金融化发展进程归纳为"三级金融化"阶段，我国住房金融化进程处于"二级金融化"阶段，存在未来向"三级金融化"转型的空间和可行性，但是需要在制度上特别是金融制度上寻求"路径突破"。

第二，提出金融危机后我国地方经济增长模式的"引擎"是"双融资循环机制"，土地和住房是串联整个机制的核心。

第三，在上述发展阶段和机制框架下，提出了"一个公理""一个定理"和"三个推论"，本书认为：住房金融化下的双融资循环机制产生了海量债务，这些债务存在边际报酬递增的特征，导致金融资本向投资回报率高的住房部门倾斜。债务的发生和偿还是以个人所有权为基础的，但是债务的流动和扩张却在整个金融系统内部进行，因此债务被"公共化"了，债务激增带来的流动性过剩效应成本、社会成本等在整个社会，特别是住房市场不成比例地分摊了，由此扭曲了金融资本的配置效率，并进一步加剧了住房市场供需双方的非均衡状态。

第四，基于上述理论，本书提出"债务驱动型住房价格增长假说""负债—投资发散模型"和"居民储蓄—住房资本转化"三大研究假说，并且通过不同尺度、不同结构的数据进行实证分析。研究发现如下：一是金融危机前后我国社会融资规模显著扩大，仅在相应管制措施出台后小幅度下降，以社会融资规模为核心指标的金融化规模和金融化水平与住房价格、住房投资之间存在显著的正向相关性，且这一显著关联与土地财政、地方经济发展水平与住房市场繁荣的相关属性一致。金融危机后我国政府自上而下推动的大规模基础设施建设和城镇化浪潮，塑造了地方经济增长的双重融资循环的基本"债务—信用"资金流管道。土地和住房在这一机制中成为产生和吸纳债务的"特殊产品"和必需品。二是在住房市场供给侧，房企在资金流管道和地理空间上离金融部门更近，最先"享受"到全社会资本泛滥导致的债务边际报酬递增的"收益"，房企通过各种融资渠道获得投资资金，房企杠杆率在后金融危机时代显著上升。更为重要的是，房企杠杆率上升的趋势与住房价格和投资之间存在长期且稳定的正相关关系。这表明房企已进入"负债—投资"通道，在"金融化冲动Ⅰ"存在的情况下，这一过程将进一步发散，直到资产价值边际增长停止且无住房销售支撑时，这一过程才能被逆转，迅速向原点塌缩，本书在第四章系统阐述了"负债—投资发散和收敛机制"。三是与供给端房企粗放的"金融自由"趋向不同，需求端居民部门的投融资渠道较少，存在某种程度的"金融抑制"，突出表现为居民部门居高不下的储蓄率。但是这一特征在金融危机后开始反转，我国居民部门出现了储蓄率降低、杠杆率升高的情况，这与社会整体的金融自由化改革密切相关。但是，居民部门的储蓄转向何处了？通过已有研究可知，储蓄率降低并没有对居民消费形成抑制或促进。另外，同期发生的住房价格上涨也并没有显著的挤出居民消费的实证证据。进一步研究发现，代表储蓄率降低和杠杆率增加相对变化趋势的储贷比与居民部门的住房交易行为之间存在长期、稳定且显著的负相关性，供给端储贷比—住房投资之间的关系同样显著。而且，同期的住房价格与储蓄行为呈现显著正相关关系。基于上述经验证据我们做出推断，居民部门降低储蓄增加杠杆，将储蓄资本很大程度上转移到了住房消费或投资领域。与市场供给侧流动性过剩伴生的是市场需求侧的储蓄—投资抑制，在"金融化冲动Ⅱ"下，居民部门存在将储蓄资金投向高投资回报率住房产品的行为倾向（在低利率甚至零利率的时代，显著高于银行存款利率的其他投资品）。市场供需两侧金融深化程度的差异进一步扭曲了住房市场供需两端的力量对比和非均衡点，继续将市场推向资产价值升高、住房产品居住属性下降、投资属性上升的路径上，结构化住房市场供应形成了市场分隔和价格歧视，显著影响了住房产品在居民部门的分配公平，将城镇化大潮中的"新市民"或"流动人口"挤出了产权型住房市场。

第五，在产权型住房市场加速金融化，越来越偏离住房居住属性的基本状况下，有没有可替代的方案呢？市场有没有可能转向租赁市场呢？我们基于微观调查数据进一步分析发现，现阶段大城市住房租赁市场仍然存在正式制度和社会资本的发展瓶颈，显著阻碍了"新市民"承租选择行为，甚至引起了租赁市场的逆向选择行为（"群租"）和"用脚投票"行为（"离开"租赁市场或掏空代际储蓄进入产权型住房市场）。但是，不可否认的是，住房租赁市场仍然是住房市场发展的必然选择，是真正落实"房住不炒"的"金钥匙"。只不过，在住房金融化背景下，体系化的制度建构和政策约束需要跟进市场发展趋势。因此，上述研究结论同样隐含着诸多政策含义。

基于上述研究结论，我们能够得出如下政策含义：第一，完善资本市场，促进股票市场和债券市场的发展，逐步在全社会形成平滑的金融产品投资曲线，这条曲线上的点为投资回报率和风险成本的各种组合，且每个组合对于投资主体来说都是无差异的，由此改变"地产"一家独大的社会投资格局。第二，坚定"房住不炒"的基本要求，深刻变革城市住房供应结构，平衡销售和租赁市场比重，重点发展住房租赁市场，在发展住房租赁市场时应将市场的备案登记制度等制度建设和上位住房租赁立法建设放在首要位置，同时加强社会舆论宣传和市场道德教育，形成良好的承租关系和交往风范，引导城市居民，特别是"新市民"群体和处于收入生命周期前段群体（如大学毕业生、摩擦性失业群体、创业群体等）向住房租赁市场分流。第三，推进结构化住房市场政策调控和精细化市场管理并重。根据人口普查数据、住房调查数据等基础数据库，精确区分面向针对不同收入分布人群的高、中、低住房市场，并进行结构化调控：首先，对于高端住房市场，严控投机性购房行为，特别是国际热钱的流入，引导投资资本从投资买房向投资建房转移；其次，对于中、低端住房市场，要加大保障性住房供应力度，同时加大金融支持，尝试通过引入社会资本，借助金融工具和金融市场进行融资的渠道；最后，对于住房租赁市场的供需双方都应予以税收支持，从成本—收益层面切实做大、做好住房租赁市场，引导部分中低收入人群（尤其是"新城市居民群体"）向住房租赁市场转移。在住房租赁住房的供应，可以与国家大力推动的"城市更新""老旧小区改造"等重大项目并轨，通过税制设计、金融补贴等政策盘活沉淀房源用于住房租赁市场。第四，完善住房金融化下的"住户"、"住房"基础信息库建设和信用评级建设，逐渐实现住房信息与住户信息的精确对接，如基于门牌号和住房、住户信息连接的住房编码系统。同时建立专业评估和管理机构，构建科学、权威地测评系统，如建立包含住房价格指数、住房租赁价格指数在内的住房市场指数系统，并基于此系统，对于市场状况、市场主体信用情况进行长期持续的、科学中立的评估和监管，以期为公共政策部门提供科学参考，逐渐实现从通过户籍、个人收入、贷款信息等为核心的"以人调控"向全面包含住户和住房全部信息的"以人和以房调控并重"模式转型。第五，从我国房企特殊性的角度来看，销售和资本规模排名靠前的房企大多都具有国有资产背景，银行和非银金融机构几乎全部都是国有资产背景，因此，上述企业应当适当履行社会责任，比如对于保障性住房建设、旧城改造等显著改善人民居住生活的领域，应当适度让利，不单纯追求利率指标，积极响应中央政府号召，在居住用地供应、住房供应、资金供应等多维度体现出国有资本的边际优势，推动社会财富的"第四次分配"。第六，配套改善供地制度。目前国有用地出让只能遵循"招拍挂"程序，且参照市场价值出让，土地成本高昂，程序繁琐，显著降低了承担结构化住房供应的开发商和公共住房供应方的参与热情，对于特殊住房供应类型，比如"租赁住房"和"共有产权房"等，应当实施差别化的供应策略，在土地价值和审批程序上予以优惠或豁免，对某些特殊产业用地（特别是空置土地）变换土地性质以进行保障性住房或租赁住房建设的，也应当予以政策上的专项设计和便利。第七，为了使上述政策实施实现统筹管理和行动一致性，制度建构上要成立专业的住房金融委员会，应当包含土地、住房、金融和财税四方面公共政策部门，由这些部门协同提出一揽子"公共政策工具"，并根据科学公共政策评估工具对市场进行定时监测。

我国住房金融化仍然处于发展阶段，住房金融化研究亦是刚刚起步，该领域的研究仍然任重道远。结合已有研究结论和其中蕴含的现实政策含义，未来研究主要关注三大方面：第一，建构完整的住房金融化—经济增长理论。基于文中住房产品在金融化阶段体现出的特殊属性，将住房资本从经典经济增长理论的资本存量 K 中剥离出来，并将住房资本存量 HK 内生于经济增长理论中，刻画出住房资本、人力资本、资本和技术进步率等之间的内在关系，尝试求解新稳态位置，并对比研究传统经济增长理论下稳态位置和内生化住房资本后稳态位置的异同。第二，深入探讨我国住房市场在空间上的异质性。本研究从不同数据尺度，基于不同市场主体，通过比较扎实的实证研究证实了住房金融化下住房市场与金融系统之间紧密的内在关系。接下来的研究应当继续下沉到企业个体和住户个体，深入研究住房金融化下个体的行为逻辑以及不同外生冲击对他们的影响。如果本书是住房金融化的宏观研究的话，那么接下来的研究将更侧重于微观层面。第三，将我国住房金融化研究放到全球金融化的视野下，进行跨国研究，对比我国住房金融化进程与其他国家的异同，并尝试归纳出一般化规律，阐释属于我国特有的住房金融化叙事。

住房产品归根到底是居住场所，而蕴藏于时间中的复杂因素赋予了住房产品金融属性。因此住房市场整体性、持续性地偏离其住房供给功能，强化其金融功能对于住房市场长期健康发展和长效调控机制的形成。住房金融化趋势已经成为摆在市场每一方主体面前亟须正视和解决的现实问题，也是住房研究者应该予以重新审视的理论问题。结构化调控和"人房合一"的精确化管理也为政策制定者未来政策工具箱的构建提出了新的挑战和议题。

参考文献

Aalbers M. B., *The financialization of housing: A political economy approach*, London: Routledge, 2017.

André K.A. and S. J. Eilev, "Self-reinforcing effects between housing prices and credit", *Journal of Housing Economics*, Vol.22, 2013, pp.192-212.

Anselin L., *Spatial econometrics: Methods and models*, New York: Springer, 1988, pp.23-25.

Anselin L.and Florax R., *New directions in spatial econometrics*, New York: Springer, 1995, pp.21-74.

Ansell B.W., "The politics of housing", *Annual Review of Political Science*, Vol.22, 2019, pp.165-185.

Arrighi G., *The long twentieth century: Money, power and the origins of our times*, London: Verso, 1994.

Banfield, Edward C., *The moral basis of a backward society*, Chicago: The Free Press, 1958.

Barnes T., Peck J. and Sheppard E., et al., *Reading economic geography*, Oxford, U.K.: Blackwell, 2003.

Blackburn R., *Banking on death: Or, investing in life—The history and future of pensions*, London: Verso, 2002.

Bourdieu P., "The forms of capital", in: Richardson J. G. ed., *Handbook of Theory and Research for the Sociology of Education*, New York: Greenwood Press, 1986.

Boyer R., "Is a finance-led growth regime a viable alternative to Fordism? A preliminary analysis", *Economy and Society*, Vol.29, No.1, 2000, pp. 1-45.

Carrillo Paul E., "An empirical stationary equilibrium search model of the housing Market", *International Economic Review*, Vol.53, No.1, 2013, pp.203-234.

Cetina K., Karin D. and Preda A., *The sociology of financial markets*, Oxford, U.K.: Oxford University Press, 2004.

Chau K.W. and Wong S. K., "The significance and performance of infrastructure in China", *Journal of Property Investment & Finance*, Vol.27, No. 2, 2009, pp.180-202.

Christophers B., "On voodoo economics: Theorising relations of property, value and contemporary capitalism", *Transactions of the Institute of British Geographers*, Vol.35, No.1, 2010, pp.94-108.

Coakley J., "The integration of property and financial markets", *Environment and Planning*, Vol.26, No.5, 1994, pp.697-713.

Coleman J. S., "Social capital in the creation of human capital", *American Journal of Sociology*, Vol.94, No.1, 1988, pp.95-210.

Collins R., *Four sociological traditions*, New York: Oxford University Press, 1994.

Couch C., *Urban Renewal Theory and Practice*, London: Macmillan Education Ltd, 1990.

Crouch Chris, *Urban Renewal: Theory and practice*, London: McMillan Press, 1990, pp.64-65.

Dipasquale D. and Wheaton W.C., *Urban Economics and Real Estate Markets*, New York: Pearson Education, 2005.

Du J. F. and Peiser R. B., "Land supply, pricing and local governments' land hoarding in China", *Regional Science and Urban Economics*, Vol.

48，2014，pp.180-189.

Dumenil G. and Levy D., "Costs and benefits of neoliberalism: A class analysis", *Review of International Political Economy*, Vol.8, No.4, 2011, pp. 578-607.

Engelen E., "The case for financialization" *Competition and Change*, Vol.12, No.2, 2008, pp.111-119.

Erturk I., Froud. J. and Sukhdev. J., et al., "The democratization of finance? Promises, outcomes and conditions", *Review of International Political Economy*, Vol.14, No.4, 2007, pp.553-575.

Folkman P., Froud J. and Sukhdev J., et al., "Working for themselves? Capital market intermediaries and present day capitalism", *Business History*, Vol.49, No.4, 2007, pp.552-572.

French S., Leyshon A. and Wainwright T., "Financializing space: Spacing financializaion", *Progress in Human Geography*, Vol.35, No.6, 2011, pp. 798-819.

Froud J., Haslam C. and Johal S., et al., "Shareholder value and fmancialization: Consultancy promises, management moves", *Economy and Society*, Vol.29, No.1, 2000, pp.80-110.

Froud J., Johal S. and Leaver A., et al., *Financialization and strategy: Narrative and numbeers*, London: Routledge, 2006.

Fu Y., "A model of housing tenure choice: Comment", *American Economic Review*, vol. 81, No. 1, 1991, pp. 381-383.

Goldsmith, R.W., *Financial structure and development*. New Haven: Yale University Press, 1969.

Guironnet A., Attuyer K. and Halbert L., "Building cities on financial assets: The financialisation of property markets and its implications for city governments in the Paris city-region", *Urban Studies*, Vol.53, No.7, 2016, pp.1442-1464.

Guironnet Antoine, Attuyer Katia and Halbert Ludovic, "Building cities on financial assets: The financialisation of property markets and its implications for city governments in the Paris city-region", *Urban Studies*, Vol.53, No.7, 2016, pp.1442-1464.

Guo Y., Xu W. and Zhang Z., "Leverage, consumer finance, and housing prices in China", *Emerging Markets Finance and Trade*, Vol.52, No. 2, 2016, pp.461-474.

Guo Ye, Xu Wenbin and Zhang Zhiyuan, "Leverage, consumer finance, and housing prices in China", *Emerging Markets Finance and Trade*, Vol.52, No.2, 2016, pp.461-474.

Halbert Ludovic and Attuyer Katia, "Introduction: The financialisation of urban production: Conditions, mediations and transformations", *Urban Studies*, Vol.53, No.7, 2016, pp.1347-1361.

Hall P.A. and Soskice D., *Varieties of capitalism: The institutional foundations of comparative advantage*, Oxford, U.K.: Oxford University Press, 2001.

Hanifan L.J., "The rural cchool community centre", *Annals of the American Academy of Political and Social Science*, Vol.67, No.1, 1916, pp.130-138.

Henderson J.V. and Ioannides Y. M., "A model of housing tenure choice", *American Economic Review*, Vol.73, No.1, 1983, pp.98-113.

Huang Y. and Clark W. A., "Housing tenure choice in transitional urban China: A multilevel analysis", *Urban Studies*, Vol. 39, No. 1, 2002, pp. 7-32.

Jaén-García Manuel and Piedramunoz Laura, "An empirical model for housing tenure choice and demand in the spanish market", *Journal of Post Keynesian Economics*, Vol. 34, No.4, 2012, pp.653-683.

Jensen M. and Meckling M., "Theory of the firm: Managerial behaviour, agency costs and onership structure", *Journal of Financial Economics*,

Vol.3, No.4, 1976, pp.305–360.

Krippher G. R., The Financic lication of the American Economry, *Souo Economic Review*, 2005 (2): 173–208.

Kuijs L., "How will China's saving–investment balance evolve?" *Policy Research Working Paper*, No. 5, 2006, pp.1–32.

Lacoviello M., "House prices, borrowing constraints, and monetary policy in the business cycle", *American Economic Review*, Vol. 95, No. 3, 2005, pp.739–764.

Li M. M., "A logit model of homeownership", *Econometrica*, Vol.45, No.5, 1977, pp.1081–1097.

Lin Ken–Hou and Tomaskovic–Devey Donald, "Financialization and U.S. income inequality, 1970–2008," *American Journal of Sociology*, Vol.118, No.5, 2013, pp.1284–1329.

Liu Zhi, "Land–based finance and property tax in China", *Area Development and Policy*, Vol.4, No.4, 2019, pp.2–15.

Manuel Aalbers, "The financialization of housing: A political economy approach", *Journal of Housing and the Built Environment*, Vol. 31, No. 1, 2018, pp.201–202.

Martin R. L., *Financialization of daily life*, Philadelphia: Temple University Press, 2002.

Martin R. L., *Money and the space economy*, London: Wiley, 1999.

O'Brien P. and Pike A, "'Deal or no deal?' Governing urban infrastructure funding and financing in the UK City Deals", *Urban Studies*, Vol.56, No.7, 2019, pp.1448–1476.

Palley T I., *Financialization: The economics of finance capital domination*, *London*: Palgrave Macmillan, 2013.

Pan F., Zhang F. and Zhu S., et al., "Developing by borrowing? Interjurisdictional competition, land finance and local debt accumulation in China",

Urban Studies, Vol.54, No.4, 2017, pp.897–916.

Pauly L. and Reich S., "National structures and multinational corporate behavior: Enduring differences in the age of globalization", *International Organization*, Vol.51, No.1, 1997, pp.1–30.

Pike A. and Pollard J., "Economic geographies of financialization", *Economic Geography*, Vol.86, No.1, 2010, pp.29–52.

Putnam R. D., *Making democracy work: Civic traditions in modern Italy*, NJ: Princeton University Press, 1993.

Ronald R., *The ideology of home ownership*, London: Palgrave Macmillan, 2008.

Rouanet H. and Halbert L., "Leveraging finance capital: Urban change and self-empowerment of real estate developers in India", *Urban Studies*, Vol. 53, No.7, 2016, pp.1401–1423.

Savage M. and Williams K., "Elites: Remembered in capitalism and forgotten by social sciences", *Sociological Review*, Vol.56, No.s1, 2008, pp.1–24.

Shi Y., Guo S. and Sun P., "The role of infrastructure in China's regional economic growth", *Journal of Asian Economics*, Vol.49, 2017, pp.26–41.

Smart A. and Lee J., "Financialization and the role of real estate in Hong Kong's regime of accumulation," *Economic Geography*, Vol.79, No.2, 2003, pp.153–171.

Stockhammer Engelbert, "Financialization, income distribution and the crisis", *Investigación Económica*, Vol.71, No.279, 2013, pp.39–70.

Turner A., *Between debt and the devil: Money, credit, and fixing golobal finance*, Princeton: Princeton University Press, 2015.

Weber R., "Selling city futures: The financialization of urban redevelopment policy", *Economic Geography*, Vol.86, No.3, 2010, pp.251–274.

William L. and Mary O., "Organization, finance and international competition", *Industrial and Corporate Change*, Vol.5, No.1, 1996, pp.1-49.

Wu L., Bian Y. and Zhang W., "Housing ownership and housing wealth: New evidence in transitional China", *Housing Studies*, Vol.34, No.3, 2019, pp.448-468.

Wu Lili and Bian Yang, "Housing, consumption and monetary policy: How different are the first-, second- and third-tier cities in China?" *Applied Economics Letters*, Vol.25, No.15, 2018, pp.1107-1111.

Yang Daniel You-Ren and Chang Jung-Che, "Financialising space through transferable development rights: Urban renewal, taipei style", *Urban Studies*, Vol.55, No.9, 2018, pp.1943-1966.

Yao Shujie, Luo Dan and Lixia Loh, "On China's monetary policy and asset prices", *Applied Financial Economics*, Vol.23, No.5, 2013, pp.377-392.

Zalewski David A. and Whalen Charles J., "Financialization and income inequality: A post keynesian institutionalist analysis", *Journal of Economic Issues*, Vol.44, No.3, 2010, pp.757-777.

［美］阿蒂夫·迈恩、阿米尔·苏菲:《房债——为什么会出现大衰退,如何避免重蹈覆辙》,何志强、邢增艺译,北京:中信出版社 2014 年版。

［美］爱德华·格莱泽:《城市的胜利》,刘润泉译,上海:上海社会科学院出版社 2012 年版。

［美］爱德华·肖:《经济发展中的金融深化》,邵伏军、许晓明、宋先平译,上海:上海格致出版社、上海三联出版社、上海人民出版社 2015 年版。

蔡俊、项锦雯、董斌:《中国房地产投资驱动力时空特征》,《经济地理》2016 年第 36 卷第 7 期,第 114-121 页。

陈多长、余巧奇、虞晓芬:《城市居民租购住房偏好差异及其影响因素——以杭州市为例的实证研究》,《浙江工业大学学报》2011 年第 10 卷第 1 期,第 1-6 页。

陈浮、刘伟、王良健等:《中国房地产业非均衡性发展研究》,《经济地理》

1998 年第 2 期，第 3-5 页。

陈强：《高级计量经济学及 stata 的应用》，北京：高等教育出版社 2010 年版。

陈少敏、于雪：《储蓄率和投资量的国际比较分析》，《上海金融》2019 年第 3 期，第 34-42 页。

陈卫华、林超、吕萍：《"租购同权"对住房市场的影响与政策改进——基于改进"四象限模型"的理论分析》，《中国软科学》2019 年第 11 期，第 86-95 页。

陈文强、陆嘉玮：《市场情绪、债务融资和房地产企业过度投资》，《杭州：财经论丛》2019 年第 10 期，第 44-52 页。

陈享光、黄泽清：《我国房地产价格变动的金融化逻辑》，《经济纵横》2017 年第 12 期，第 35-43 页。

陈小亮、马啸：《"债务—通缩"风险与货币政策财政政策协调》，《经济研究》2016 年第 51 卷第 8 期，第 28-43 页。

陈彦斌、邱哲胜：《高房价如何影响居民储蓄率和财产不平等》，《经济研究》2011 年第 10 期，第 25-38 页。

陈志勇、陈莉莉：《财税体制变迁、"土地财政"与经济增长》，《财贸经济》2011 年第 12 期，第 24-29+134 页。

程恩富、钟卫华：《城市以公租房为主的"新住房策论"》，《财贸经济》2011 年第 12 期，第 107-113+135 页。

崔斐、严乐乐：《住房租买选择机制缺失对中国房地产市场运行的影响》，《华东师范大学学报（哲学社会科学版）》2010 年第 42 卷第 1 期，第 108-113 页。

崔巍：《社会资本、信任与经济增长》，北京：北京大学出版社 2017 年版。

[美] 大卫·哈维：《资本的限度》，张寅译，北京：中信出版社 2017 年版。

[美] 大卫·哈维：《资本主义的 17 个矛盾》，许瑞宋译，北京：中信出版社 2016 年版。

戴剑锋：《金融化》，北京：经济管理出版社 2017 年版。

[美] 戴维·哈维：《叛逆的城市——从城市权利到城市革命》，叶齐茂、倪

晓辉译，北京：商务印书馆 2016 年版。

[美] 丹尼斯·迪帕斯奎尔、威廉·C.惠顿：《城市经济学与房地产市场》，龙奋杰等译，北京：经济科学出版社 2002 年版。

[美] 道格拉斯·诺斯：《制度变迁与经济绩效》，杭行译，上海：上海三联书社 2011 年版。

董丽霞、赵文哲：《人口结构与储蓄率：基于内生人口结构的研究》，《金融研究》2011 年第 3 期，第 1-14 页。

杜雪君、黄忠华、吴次芳：《中国土地财政与经济增长——基于省际面板数据的分析》，《财贸经济》2009 年第 1 期，第 60-64 页。

冯蕾、梁治安：《通货膨胀风险下家庭住房、消费与投资研究》，《现代财经》2015 年第 35 卷第 6 期，第 93-103 页。

[美] 弗朗西斯·福山：《信任：社会美德与创造经济繁荣》，彭志华译，海南：海南出版社 2001 年版。

傅勇、张晏：《中国式分权与财政支出结构偏向：为增长而竞争的代价》，《管理世界》2007 年第 3 期，第 4-12+22 页。

高培勇：《住房制度改革与房地产市场长效机制探索——评〈我国城市住房制度改革研究：变迁、绩效与创新〉》，《财贸经济》2018 年第 39 卷第 5 期，第 160-161 页。

高然、龚六堂：《论房价波动的区域间传导——基于两地区 DSGE 模型与动态空间面板模型的研究》，《华东师范大学学报（哲学社会科学版)》2017 年第 49 卷第 1 期，第 154-165 页。

高帅、张红：《北京市商品住房市场供求状态的非均衡分析》，《管理科学与工程》2014 年第 3 期，第 116-216 页。

郭琳慧：《区域金融对房地产市场影响的研究——基于山西省的分析》，硕士学位论文，山西财经大学，2015 年，第 13-18 页。

郭艳茹：《中央与地方财政竞争下的土地问题：基于经济学文献的分析》，《经济社会体制比较》2008 年第 2 期，第 59-64 页。

郭一凡：《中国房地产业与国民经济相关性分析》，硕士学位论文，清华大学，2009 年。

何大安：《投资流向与结构调整、结构升级的关联分析》，《经济研究》2001
年第 11 期，第 45-51 页。

贺灿飞、傅蓉：《外资银行在中国的区位选择》，《地理学报》2009 年第 64 卷
第 6 期，第 701-712 页。

洪源、郭平、梁宏亮：《地方政府收支行为对房地产价格的影响》，《经济与
管理研究》2013 年第 1 期，第 42-52 页。

黄玉屏、张曼：《居民家庭收入、住房租购与住房消费选择研究》，《湘潭大
学学报》2018 年第 42 卷第 2 期，第 94-98 页。

蒋雪梅、麦音华、汪寿阳：《我国宏观经济—房地产动态可计算一般均衡模
型研究》，《系统工程理论与实践》2013 年第 33 卷第 12 期，第 3035-
3039 页。

金成晓、卢颖超：《中国潜在经济增长率估计与货币政策操作空间选择——
基于 DSGE 模型的计量分析》，《天津财经大学学报》2014 年第 34 卷第
3 期，第 3-12 页。

[美] 科林·F. 凯莫勒、乔治·罗文斯坦、马修·拉宾：《行为经济学新进
展》，贺京同等译，北京：中国人民大学出版社 2010 年版。

况伟大：《房地产投资、房地产信贷与中国经济增长》，《经济理论与经济管
理》2011 年第 1 期，第 59-68 页。

况伟大：《预期、投机与中国城市房价波动》，《经济研究》2010 年第 45 卷
第 9 期，第 67-78 页。

兰峰、吴迪：《人口流动与住房价格波动——基于我国 35 个大中城市的实
证研究》，《华东经济管理》2018 年第 32 卷第 5 期，第 97-106 页。

李春生、王亚星：《人口半城镇化对房地产价格的影响研究——作用机制与
实证分析》，《财经理论与实践》2018 年第 39 卷第 4 期，第 135-140 页。

李郇、洪国志、黄亮雄：《中国土地财政增长之谜——分税制改革、土地财
政增长的策略性》，《经济学（季刊）》2013 年第 12 卷第 4 期，第
1141-1161 页。

李佳：《资产证券化的流动性扩张：理论基础、效应及缺陷》，《财经科学》2014 年第 4 期，第 11–21 页。

李嘉、朱文浩：《金融化背景下债务驱动型住房市场信用重构研究——基于三维信用论》，《贵州社会科学》2020 年第 1 期，第 146–154 页。

李嘉、董亚宁、贺灿飞：《越负债、越投资——住房金融化背景下的房企行为与空间分异》，《经济管理》2020 年第 42 卷第 8 期，第 171–189 页。

李剑、陈烨、李崇光：《金融化与商品价格泡沫》，《管理世界》2018 年第 34 卷第 8 期，第 84–98 页。

李剑阁：《中国房改：现状与前景》，北京：中国发展出版社 2007 年版。

李勇刚、高波、任保全：《分税制改革、土地财政与公共品供给——来自中国 35 个大中城市的经验证据》，《山西财经大学学报》2013 年第 35 卷第 11 期，第 13–24 页。

梁云芳、高铁梅、贺书平：《房地产市场与国民经济协调发展的实证分析》，《中国社会科学》2006 年第 3 期，第 74–84 页。

廖茂林、许召元、胡翠等：《基础设施投资是否还能促进经济增长——基于 1994~2016 年省际面板数据的实证检验》，《管理世界》2018 年第 34 卷第 5 期，第 63–73 页。

刘贯春、陈登科、丰超：《最低工资标准的资源错配效应及其作用机制分析》，《中国工业经济》2017 年第 7 期，第 62–80 页。

刘金全、吕梦菲：《居民杠杆率驱动了房地产价格吗?》，《社会科学战线》2018 年第 6 期,第 58–63 页。

刘守英、蒋省三：《土地融资与财政和金融风险——来自东部一个发达地区的个案》，《中国土地科学》2005 年第 5 期，第 3–9 页。

刘颜、周建军：《城市房价上涨促进还是抑制了城镇居民消费?》，《消费经济》2019 年第 35 卷第 1 期，第 49–56 页。

刘作丽、贺灿飞、王俊松：《市场、制度与中国房地产外资企业的区位选择》，《经济地理》2009 年第 29 卷第 9 期，第 1512–1517 页。

［美］罗伯特·J. 席勒：《市场波动》，文忠桥、卞东译，北京：中国人民大

学出版社 2014 年版。

[美] 罗伯特·M.哈达威:《美国房地产泡沫史》,陆小斌译,福州:海峡书局 2014 版。

[美] 罗纳德·I. 麦金农:《经济发展中的货币与资本》,卢骢译,上海:上海三联书店、上海人民出版社 1997 年版。

罗知、张川川:《信贷扩张、房地产投资与制造业部门资源配置效率》,《金融研究》2015 年第 7 期,第 60-75 页。

[美] 马克·格兰诺维特:《社会与经济:信任、权力与制度》,王水雄、罗家德译,北京:中信出版社 2019 年版。

莫嘉颖、弋代春:《限购政策对中国住房消费性与投资性需求的影响研究》,《投资研究》2015 年第 34 卷第 10 期,第 110-123 页。

倪鹏飞:《货币政策宽松、供需空间错配与房价持续分化》,《经济研究》2019 年第 54 卷第 8 期,第 87-102 页。

[美] 帕特里夏·S. 丘奇兰德:《信任脑:来自神经科学的道德认识》,袁蓥、安晖译,杭州:浙江大学出版社 2018 年版。

邱剑锋:《城市非户籍人员住房选择行为研究》,硕士学位论文,浙江大学,2010 年。

任荣荣:《住房租与买:理论决定与现实选择》,北京:社会科学文献出版社 2019 年版。

申博:《"去库存"视角下房地产行业对区域金融稳定的影响——基于空间面板模型的实证研究》,《河北经贸大学学报》2016 年第 37 卷第 3 期,第 61-68 页。

沈悦、刘洪玉:《住宅价格与经济基本面:1995~2002 年中国 14 城市的实证研究》,《经济研究》2004 年第 6 期,第 78-86 页。

施昱年:《我国高房价背景下的住宅价格周期上涨与房价溢出效应》,《中国物价》2014 年第 5 期,第 51-54 页。

石先进:《高房价挤出中国储蓄了吗?——2008 年金融危机后中国储蓄率变化原因分析》2019 年第 33 卷第 7 期,第 73-84 页。

陶然、王瑞民、刘明兴：《中国地方财政体制演变的逻辑与转型》，《中央社会主义学院学报》2017 年第 6 期，第 31–41 页。

陶然：《土地融资模式的现状与风险》，《国土资源导刊》2013 年第 10 卷第 8 期，第 26–30 页。

汪伟：《经济增长、人口结构变化与中国高储蓄率》，《经济学（季刊）》2010 年第 9 卷第 1 期，第 29–52 页。

王芳：《经济金融化与经济结构调整》，《金融研究》2004 年第 8 期，第 120–129 页。

王广谦：《经济发展中的金融化趋势》，《经济研究》1996 年第 9 期，第 32–38 页。

王齐鹏、王先柱：《公积金对住房消费和投资的影响研究》，《南方金融》2017 年第 12 期，第 9–18 页。

王少剑、王洋、蔺雪芹等：《中国县域住宅价格的空间差异特征与影响机制》，《地理学报》2016 年第 71 卷第 8 期，第 1329–1342 页。

王万力：《非均衡理论下住宅市场供求机制研究》，上海：上海财经大学出版社 2011 年版。

王贤彬：《土地出让与产业发展》，《经济管理》2014 年第 36 卷第 1 期，第 12–21 页。

王雪青、陈媛、刘炳胜：《中国区域房地产经济发展水平空间统计分析——全局 Moran's I、Moran 散点图与 LISA 集聚图的组合研究》，《数理统计与管理》2014 年第 33 卷第 1 期，第 59–72 页。

王雅龄、王力结：《地方债形成中的信号博弈：房地产价格——兼论新预算法的影响》，《经济学动态》2015 年第 4 期，第 59–68 页。

王彦博、沈体雁：《工业用地与商住用地价格结构性偏离现象研究》，《价格理论与实践》2018 年第 2 期，第 59–62 页。

威廉姆·B. 布鲁格曼、杰夫瑞·D. 费雪：《房地产金融与投资》，遂艳若、张令东、任国军译，北京：机械工业出版社 2003 年版，第 266–267 页。

吴穹、仲伟周、陈恒：《我国区域信息化对工业技术创新效率的影响——基

于劳动—教育决策两部门 DSGE 模型的分析》,《经济问题探索》2018
年第 5 期, 第 1–16 页。

吴士炜、汪小勤:《房价、土地财政与城镇化协调发展关系——基于空间经
济学视角》,《经济理论与经济管理》2017 年第 8 期, 第 25–34 页。

吴晓求:《股市危机》, 北京: 中国金融出版社 2016 年版。

武英涛、陈磊:《住宅价格、人口异质性与城市规模》,《城市发展研究》2017
年第 24 卷第 4 期, 第 73–78 页。

席强敏、梅林:《工业用地价格、选择效应与工业效率》,《经济研究》2019
年第 54 卷第 2 期, 第 102–118 页。

向为民:《房地产产业属性及产业关联度研究》, 博士学位论文, 重庆大学,
2014 年。

[美] 小罗伯特·E. 卢卡斯:《为什么资本不从富国流向穷国?》, 郭冠清译,
北京: 中国人民大学出版社 2014 年版。

肖立顺、徐娜、山显雷:《房地产行业供需模型及调控模型的研究》,《数学
的实践与认识》2012 年第 42 卷第 15 期, 第 148–154 页。

谢家智、王文涛、江源:《制造业金融化、政府控制与技术创新》,《经济学
动态》2014 年第 11 期, 第 78–89 页。

徐文舸:《国内总储蓄率高企及居民消费率下降的分解与探究》,《社会科学
研究》2017 年第 1 期, 第 22–28 页。

[法] 雅克·德里达、安娜·杜夫勒芒特尔:《论好客》, 贾江鸿译, 南宁:
广西师范大学出版社 2008 年版。

严金海、丰雷:《土地供应管制、住房供给弹性与房价周期波动》,《中国土
地科学》2019 年第 33 卷第 3 期, 第 16–24 页。

颜燕、刘涛、满燕云:《基于土地出让行为的地方政府竞争与经济增长》,
《城市发展研究》2013 年第 20 卷第 3 期, 第 73–79 页。

颜燕、满燕云:《土地财政与城市基础设施建设投融资》,《中国高校社会科
学》2015 年第 6 期, 第 131–139+155 页。

杨天宇:《破解 2008 年以来中国国民储蓄率下降之谜》,《经济学家》2019 年

第 11 期，第 14-22 页。

杨赞、张欢、赵丽清：《中国住房的双重属性：消费和投资的视角》，《经济研究》2014 年第 49 卷第 S1 期，第 55-65 页。

叶剑平、李嘉：《"住房—土地—财税—金融"四位一体房地产调控长效机制构建研究——基于 DSII 政策分析框架和 ITS 模型》，《中国软科学》2018 年第 12 期，第 67-86 页。

叶剑平、李嘉：《我国商品性住房租赁市场发展的制度约束与个体行为分析——基于 2014 年北京市租赁市场调查数据》，《贵州社会科学》2016 年第 1 期，第 108-116 页。

余华义、王科涵、黄燕芬：《中国住房分类财富效应及其区位异质性——基于 35 个大城市数据的实证研究》，《中国软科学》2017 年第 2 期，第 88-101 页。

余靖雯、王敏、郭凯明：《土地财政还是土地金融——地方政府基础设施建设融资模式研究》2019 年第 1 期，第 69-81 页。

约翰·贝拉米·福斯特：《资本主义的金融化》，王年咏、陈嘉丽译，《国外理论动态》2007 年第 7 期，第 9-13 页。

曾国安、张河水：《中国城市土地价格与商品房价格关系的检验》，《当代经济研究》2013 年第 6 期，第 19-25 页。

詹世鸿：《中国房地产市场与宏观经济运行的关联性研究》，博士学位论文，吉林大学，2012 年。

张成思、刘泽豪、罗煜：《中国商品金融化分层与通货膨胀驱动机制》，《经济研究》2014 年第 49 卷第 1 期，第 140-153 页。

张成思、张步昙：《再论金融与实体经济：经济金融化视角》，《经济学动态》2015 年第 6 期，第 56-67 页。

张成思、张步昙：《中国实业投资率下降之谜：经济金融化视角》，《经济研究》2016 年第 51 卷第 12 期，第 32-46 页。

张成思：《楼市上涨的逻辑是商品金融化》，《中国金融》2016 年第 20 期，第 80-81 页。

张凤、宗刚:《基于二分类 Logistic 模型的城市居民住房租购选择研究》,《经济体制改革》2014 年第 2 期,第 188-191 页。

张洪、金杰、全诗凡:《房地产投资、经济增长与空间效应——基于 70 个大中城市的空间面板数据实证研究》,《南开经济研究》2014 年第 1 期,第 42-59 页。

张军、高远、傅勇等:《中国为什么拥有了良好的基础设施?》,《经济研究》2007 年第 3 期,第 4-19 页。

张莉、高元骅、徐现祥:《政企合谋下的土地出让》,《管理世界》2013 年第 12 期,第 43-51 页。

张莉、王贤彬、徐现祥:《财政激励、晋升激励与地方官员的土地出让行为》,《中国工业经济》2011 年第 4 期,第 35-43 页。

张立新、秦俊武:《城市化与房地产开发投资区域差异——基于动态面板数据模型的实证》,《当代财经》2014 年第 11 期,第 103-111 页。

张暮濒、孙亚琼:《金融资源配置效率与经济金融化的成因——基于中国上市公司的经验分析》,《经济学家》2014 年第 4 期,第 81-91 页。

张清勇:《中国地方政府竞争与工业用地出让价格》,《制度经济学研究》2006 年第 1 期,第 184-199 页。

张清勇:《住房、住房问题与住房政策:一个综述》,《财贸经济》2008 年第 1 期,第 44-50 页。

张锐:《房地产金融化趋势探讨》,硕士学位论文,东北财经大学,2011 年,第 6-13 页。

张雅淋、孙聪、姚玲珍:《越负债,越消费?——住房债务与一般债务对家庭消费的影响》,《经济管理》2019 年第 12 期,第 40-56 页。

赵西亮、梁文泉、李实:《房价上涨能够解释中国城镇居民高储蓄率吗?——基于 CHIP 微观数据的实证分析》,《经济学(季刊)》2013 年第 13 卷第 1 期,第 81-102 页。

赵燕菁:《货币、信用与房地产——一个基于货币供给的增长假说》,《学术月刊》2018 年第 50 卷第 9 期,第 56-73 页。

赵燕菁:《为什么说"土地财政"是"伟大的制度创新"?》,《城市发展研究》2019 年第 26 卷第 4 期,第 6–16 页。

郑思齐、孙伟增、吴璟等:《"以地生财,以财养地"——中国特色城市建设投融资模式研究》,《经济研究》2014 年第 49 卷第 8 期,第 14–27 页。

周飞舟:《大兴土木:土地财政与地方政府行为》,《经济社会体制比较》2010 年第 3 期,第 77–89 页。

周建成、包双叶:《住房消费,住房投资与金融危机——美国次级债危机对中国房地产业宏观调控理论基础的冲击》,《财经科学》2008 年第 3 期,第 16–22 页。

周黎安:《中国地方官员的晋升锦标赛模式研究》,《经济研究》2007 年第 7 期,第 36–50 页。

周业安、李涛:《地方政府竞争和经济增长》,北京:中国人民大学出版社 2013 年版。

朱微亮、姚余栋:《老龄化对储蓄率的影响》,《中国金融》2016 年第 21 期,第 66–67 页。

朱咏敏:《论非均衡条件下的房地产市场》,《中国房地产》1992 年第 4 期,第 63–66 页。

索 引

后 记

初来时尽是事故，到如今满城故事。

当《中国城市住房金融化论》成稿并将在经济管理出版社出版之际，有关当初决定写出这本书的初衷以及成书背后的种种故事又浮现到脑海中来。在金融机构工作近一年时间再回到高校后，我萌生了尝试系统性地阐述金融系统与住房部门之间关系的想法。在经过实践观察和理论构思之后，我将后金融危机时期的城市住房价格上涨归因于"住房市场供给端的金融自由和需求端的金融抑制"。围绕这一核心观点，我在本书中提出了由一个公理、一个定理和两个推论构成的理论框架，梳了三个重要机制：双重融资循环机制、负债—投资发散模型和储蓄—住房资本转化假说，警示了蕴藏在城市住房系统内部的系统性风险，通过学术性的叙事方式分析并展望了城市住房租赁市场发展的可能性、瓶颈和政策发力点。任何社会研究都暗含着某种立场和社会价值偏好。我想要表达的不仅仅是科学严谨的学科范式和研究所得，还有对于住房系统的系统性批判，我希望这种批判直达痛处，它触及地方政府、金融机构、开发商和市场上的各类投资者，我还想对这个时代的城市居民，特别是在住房市场显著弱势的"新城市居民"表示极大同情，并为他们提供智力支持，因为我也是他们中的一员。

感谢我的老妈。这一年对于您来说最为不易。老妈不善言辞，以至于当还算善言的我提起您时却也不知从何说起。在这有些漫长而跌宕的一年里，您用一位伟大女性所拥有的全部气度撑起了整个家：坚韧与温柔，豁达与坚定，细腻与沉静……在我初为人父的日子里，我也常常回忆，更加体会到为人父母的不易，特别是母亲的不易。我不知道您的精神气质已经有多少内化在我的血液里，体现在我的言行里，但是您所做的点点滴滴都让我心生安全和骄傲！感谢我的老爸，您的"访问马克思"之旅已经结束，不要再来一次了！其他话不说了！老妈，老爸，我爱你们！

感谢贺灿飞教授，没有贺老师的严格把关、纯粹的学术意志熏陶和科学的批判，我的一系列论文不可能成稿。在北京大学这两年，我也深深受到地理学所谓"用脚去丈量世界"精神的影响，开始源自微观个体地、自下而上地、归纳法式地思考问题，这全赖于贺老师的认真培养。我无法忘记那一个个与贺老师、亚宁在3268室探讨论文的日子，跟贺老师的辩论是真的痛苦，没有什么逻辑细节的漏洞能够逃出他的学术体系，但是每一次都受益良多。我也会记住贺老师的叮嘱"真正地去搞清楚住房市场是怎样运行的"，其实我也已经开始去做了。

感谢林肯中心的伟大的同事们。这些"成果"总会如同秋天北京大学的银杏叶一样落下被遗忘，但是你们却陪我见证了取得"成果"的过程，你们最为了解这"成果"背后的故事。我是一个不懂得忘记的人。我又如何会忘记你们呢？

感谢刘志老师，毫不夸张地说，本书多个篇章的细节和思想都是在跟刘老师的反复请教和探讨中流淌出来的，刘老师高屋建瓴的指导和科学严谨的批判精神总是能够让我的学术论述受益匪浅。刘老师与我的父母年龄相仿，专业扎实，阅历深厚，又爱好广泛，人风趣幽默，极富个人魅力，他对于我的影响不仅仅是在纸上，远超过纸上，以至于在很多个寂寞困倦的旧日午后，我都会心生向往：已经强如我的这么一个人如果还能像刘老师那样工作和生活该有多好！感谢金老师，作为全中心唯一一个准确预言禾宝是男孩儿的老师，我一直戏谑称之为"孩儿他金奶奶"。然而，"金奶奶"在日常生活中却如我的亲姐姐一样对我的各种生活事务予以帮助和关照。"金奶奶"的表弟跟我同岁，她常说待我如同她弟弟一样，而我父母两方家中都没有姐姐，从小到大未曾体会过姐姐的关怀的我，不承想却在林肯中心体验到了，我自然不会让姐姐失望。还有赵老师和刘嬴师姐，我怎能忘了与你们日常相处的旧时光？赵老师文学底蕴深厚，是我在林肯中心期间认下的"国学师傅"，在"师傅"的指导下，我创作了3首古典七律、20多篇散文、10余首儿歌和童谣和未曾计算过的词作。刘娥师姐，性格温润，出言却往往一针见血，瘦瘦高高的外表下却隐藏着一颗摇滚的心，我们本来年龄相差不多且出于同校，所以有很多共同话题，特别在流行音乐的探讨时有颇多共鸣。感谢首都经贸大学的颜燕师姐，如果没有你当初的推荐，我不可能回归校园将这几年的思考付诸笔端。当然还有铮哥、翠萍、梦然、秀英、Kate和常锌，原谅我没办法一一叙述我们的故事。不叙述并不是不重要，你们都是各自生活中当之无愧的主角。感谢林肯中心那些可爱的研究生们，特别要感谢卓然、玉欢和俊熙，为我的论文和行政事务提供无私的帮助，你们代表了北大研究生最高水平的风范与传统！我也不会忘记"同桌的你们"，立新和刘颜，我的博士后同事。感谢立新在我回家"陪月子"期间为我的优博申请和学术工作提供的远程支持，以及在就业备考时提供的经验参考，还是那句话：大新，自从你我同屋同事之后，我就开挂了，你是我的幸运星！感谢刘颜，我们在办公室关扇作战的时期也是我在林肯中心期间最为关键的时期，我们很多细致的探讨后来都被我逐渐深化并落于纸上，我们在住房研究方面有很多共识，我们的工作还会继续。"成功不必在我，功力不必唐捐"。这是多么禅意盎然的一句话啊，又是多么谦虚谨严的一句话！而这本身就代表了一种精神，也是北大林肯的精神！在你们一次次默默而又全然忘我地托起中国青年学术的手臂助他们成长、当你们一次次架起中西方学术交流的桥梁时，作为偶然撞入其中的一分子，我的任何"成果"都显得那么微不足道。我是一个住房研究者，但却一直希望成长为一位真正的思想者，在林肯中心的这两年，我向这个方向又迈出了坚实的步伐。

感谢我的硕博导师叶剑平教授。弟子已经读过不少书卷，也走过很多路，到过世界最好的高校又将在中国最好的高校出站。但是我仍然觉得叶老师是我见过的最好的导师。您跟我说，"十年磨一剑"，但是这磨一剑的过程却有您大半的锻造和呵护。您不仅言传，更是身教。这种身教蕴藏在对于每一个学术问题思考的高度和深度里，蕴藏在您对待学生和朋友的谦逊和包容里，蕴藏在您对于家人温柔的爱和责任里，蕴藏在点点滴滴的处事风范里。读博时您常对我们说"为者常成，行者常至"，作为老师的"为人师表，行为世范"，您切切实实地实现了。您可能都忘了，我曾经戏言，"我还是希望成为像老师这样的人"。渐渐地，我也真的向这个方向发展了。自古"叶师傅和李徒弟"的配对往往能相得益彰、出人意表，只希望徒弟能够对得起师傅的栽培！

感谢我的搭档董亚宁。在这个时代，任何一件事情一个人都很难独立完成，而你就是在我身后一直"支撑"着我的那个男人。当年你毅然辞职回校，心路历程跟我如出一辙，注定了我们将会是最好的搭档。这一篇篇"住房金融化"的论文里，蕴含了我们无数次的探讨和学术互怼，可以说，没有你的建设和意见，我的论文和书稿都不可能成稿。"文人相轻"，学术圈是垄断竞争，拼的不是知识溢出而是知识收敛。但是在这样的氛围里，我们像是两个异端，架起了跨学科研究的广阔桥梁，开拓了一片新的天地。而我们的叙事其实才刚刚开始，更精彩的内容还在继续。我们一直相信，真正的知识是属于全人类的，而非独占。中国的大师离世界不是差了100篇经济学五大期刊，而是差了几个"对问题一以贯之的追问"，而你我都是在不断追问的人。还有你们，牛津大学的朋友们，孜孜不倦躬耕生物工程学的范海天博士，机械工程系不断批判穆里尼奥的George，不断给我提供最新技术支持的经济系的焦兮彧博士和计算机系的张鹏飞博士，你们撑起了每一个早醒的清晨，那种对绝对真理的一致追求让我们在各自的路上不断前行又在人生的路上殊途同归。

感谢我的新同事，中国宏观经济研究院投资所的刘琳主任、任荣荣主任和梁城城，感谢可以让我继续从事所热爱的房地产经济研究工作。

感谢经济管理出版社的宋娜老师、张鹤溶老师和编辑部优秀的编辑们。书稿从初审、专家评审到出版凝聚了你们太多的心血。书稿几易其稿，让还有其他研究工作的我偶感崩溃。但是你们对待书稿严谨的态度和对待出版事业专业的精神确实延展了我对于书稿议题更深入的思考，可以让它最终成型，并公之于众。

感谢我的妻子文浩和儿子一禾。在完成本书写作的一年时间里，文浩默默承担了很多，是她在我身后辛劳而充满睿智地工作支撑着我在学术道路上前行，并完成此书。同时，她也是本书的第一个读者和审稿人。她在金融学领域深厚的知识储备和严谨的学术精神是本书很多内容的直接灵感来源，也是本书科学规范性的保障。禾宝，你有一个学房地产经济学的爸爸和学金融学的妈妈，这本《中国城市住房金融化论》几乎和你一同诞生，它是我送给你和妈妈的礼物。

时光在窗外流转着，已是花灯上时。镰月已在枯枝半梢，街上已是行人寥寥。我还是那个不善于忘记的人啊。我看到那个在德州站铁道边奔跑的孩子，在不远处一位老人正笑盈盈地看着他胡闹，一列红皮儿的火车呼啸而过，带来余烟袅袅，西斜的夕阳透过飞驰着的车厢内的缝隙断断续续地洒落在堆满杂草的墙角，节奏像是致爱丽丝的前奏，又像是秋日私语的开篇。我该回去看看那位老人了。我又看到在澄蓝色的天空上映衬着的繁星开始闪耀，像是调皮的孩子的眼睛，它们照耀着一个有些愤愤的少年的回家的路，"我是一个仰望星空的人啊！"在济南街头，他对自己这样说。但是转头看向他的书桌上，摆放着他、他的爱人和他们的儿子的照片，他和爱人一起托着儿子，儿子一脸开心地吃着手，笑盈盈地看着天空。"放心大胆地去仰望星空吧，儿子！"只要你用心地爱人，就会追得上时光！我现在也还会不时仰望星空，看看是否还是最初的样子，只不过现在每次仰望，天空中多了两颗星星，在万籁俱寂的苍穹里平添几分温暖。我把我在这一年取得的成果的"荣光"也献给你们，相信你们会以我们不可知的方式知道。

博士后阶段结束了。初来时尽是事故，现如今满城故事。而我，仍然并不世故。

2020 年 8 月成稿于西北大漠

专家推荐表

第九批《中国社会科学博士后文库》专家推荐表 1

　　《中国社会科学博士后文库》由中国社会科学院与全国博士后管理委员会共同设立，旨在集中推出选题立意高、成果质量高、真正反映当前我国哲学社会科学领域博士后研究最高学术水准的创新成果，充分发挥哲学社会科学优秀博士后科研成果和优秀博士后人才的引领示范作用，让《文库》著作真正成为时代的符号、学术的示范。

推荐专家姓名	刘　志	电　话	
专业技术职务	研究员	研究专长	住房经济
工作单位	北京大学—林肯土地研究院城市发展与土地政策研究中心	行政职务	主任
推荐成果名称	中国城市住房金融化论		
成果作者姓名	李　嘉		

（对书稿的学术创新、理论价值、现实意义、政治理论倾向及是否具有出版价值等方面做出全面评价，并指出其不足之处）

　　住房兼具消费品和投资品属性。在传统住房研究中，基于住房的消费品属性的研究较多，且往往放在一般均衡框架下进行分析，而对住房的投资品属性和住房市场的非均衡特征考虑很少。《中国城市住房金融化论》尝试从金融化视角解释后国际金融危机时期中国住房市场的变化特征和趋势，提出双重融资机制，并刻画住房金融化现象与地方经济发展关系的"一个定理和三个推论"，提出了"三大假说"，为住房研究提供一个新的研究视角和分析框架，具备研究视角的创新性和住房经济理论建构方面的价值。

　　作者立足于我国城市住房市场的基本现实，并基于大量数据进行了细致严谨的实证研究，充分论证了住房金融背景下的市场行为主体不同的行为逻辑和特征，并层层深入解释住房市场进入金融化阶段后的发展瓶颈，基于扎实的理论演绎和实证验证，提出相应的政策建议，对于坚决落实"房住不炒"，建构多层次的住房供应体系，稳步推进"租购同权"等新政策具有现实指导意义。

　　本书选题为学术前沿问题，并且把握住了现阶段住房市场转型的特殊性和公共政策取向，具有较强时效性。非常适合于住房专业研究人员、住房政策研究人员和住房经济学研究生群体阅读和思考。具有较强的出版价值。

签字：刘志

2019 年 12 月 27 日

说明：该推荐表须由具有正高级专业技术职务的同行专家填写，并由推荐人亲自签字，一旦推荐，须承担个人信誉责任。如推荐书稿入选《文库》，推荐专家姓名及推荐意见将印入著作。

第九批《中国社会科学博士后文库》专家推荐表 2

《中国社会科学博士后文库》由中国社会科学院与全国博士后管理委员会共同设立，旨在集中推出选题立意高、成果质量高、真正反映当前我国哲学社会科学领域博士后研究最高学术水准的创新成果，充分发挥哲学社会科学优秀博士后科研成果和优秀博士后人才的引领示范作用，让《文库》著作真正成为时代的符号、学术的示范。

推荐专家姓名	叶剑平	电　　话	
专业技术职务	教授，博士生导师	研究专长	住房经济
工作单位	中国人民大学公共管理学院	行政职务	
推荐成果名称	中国城市住房金融化论		
成果作者姓名	李　嘉		

(对书稿的学术创新、理论价值、现实意义、政治理论倾向及是否具有出版价值等方面做出全面评价，并指出其不足之处)

　　我国住房市场一直以来"重售轻租"，城市住房自有率高居不下，主要原因是资产价值持续上涨，住房已经不再是一种普通商品，更是一种投资品。对于住房市场繁荣的原因已有大量研究，但是金融系统对于住房市场的影响机制与与住房市场之间的相互关系研究却不多。本文作者准确把握住了市场的脉搏，以"住房金融化"的概念贯穿地方城市经济增长、地方政府、金融部门和住房部门之间的内在关系，并对其各自"金融化"的行为逻辑进行深入分析，在研究视角和研究内容上都具有较强创新性。

　　作者最后落脚于住房金融化阶段后由产权型住房向租赁住房市场的转型，并根据住房市场发展现阶段的约束提出政策约束，具有较强的政策指导价值，对于充分贯彻中央"房子是用来住的，不是用来炒的"提出了金融工具化解金融化的政策思路，具有很强的实践价值。

　　更为重要的是，作者体现出了对于住房市场弱势群体——城市居民，特别是"新居民"广泛的同情和关怀，并通过科学、严谨的学术论述加以阐释，点出了"债务驱动型"经济状态下，蕴藏于金融系统和住房系统内部的风险，具有极强的现实意义。

　　本书行文符合学术规范，文笔流畅，且直接面对并解析当前社会重大问题，或引发学界、地产专业人士和读者的思考和共鸣，具有出版价值。

签字：叶剑平

2019 年 12 月 30 日

说明： 该推荐表须由具有正高级专业技术职务的同行专家填写，并由推荐人亲自签字，一旦推荐，须承担个人信誉责任。如推荐书稿入选《文库》，推荐专家姓名及推荐意见将印入著作。

经济管理出版社
《中国社会科学博士后文库》
成果目录

第一批《中国社会科学博士后文库》（2012年出版）

序号	书　名	作　者
1	《"中国式"分权的一个理论探索》	汤玉刚
2	《独立审计信用监管机制研究》	王　慧
3	《对冲基金监管制度研究》	王　刚
4	《公开与透明：国有大企业信息披露制度研究》	郭媛媛
5	《公司转型：中国公司制度改革的新视角》	安青松
6	《基于社会资本视角的创业研究》	刘兴国
7	《金融效率与中国产业发展问题研究》	余　剑
8	《进入方式、内部贸易与外资企业绩效研究》	王进猛
9	《旅游生态位理论、方法与应用研究》	向延平
10	《农村经济管理研究的新视角》	孟　涛
11	《生产性服务业与中国产业结构演变关系的量化研究》	沈家文
12	《提升企业创新能力及其组织绩效研究》	王　涛
13	《体制转轨视角下的企业家精神及其对经济增长的影响》	董　昀
14	《刑事经济性处分研究》	向　燕
15	《中国行业收入差距问题研究》	武　鹏
16	《中国土地法体系构建与制度创新研究》	吴春岐
17	《转型经济条件下中国自然垄断产业的有效竞争研究》	胡德宝

第二批《中国社会科学博士后文库》（2013 年出版）

序号	书　名	作　者
1	《国有大型企业制度改造的理论与实践》	董仕军
2	《后福特制生产方式下的流通组织理论研究》	宋宪萍
3	《基于场景理论的我国城市择居行为及房价空间差异问题研究》	吴　迪
4	《基于能力方法的福利经济学》	汪毅霖
5	《金融发展与企业家创业》	张龙耀
6	《金融危机、影子银行与中国银行业发展研究》	郭春松
7	《经济周期、经济转型与商业银行系统性风险管理》	李关政
8	《境内企业境外上市监管问题研究》	刘　轶
9	《生态维度下土地规划管理及其法制考量》	胡耘通
10	《市场预期、利率期限结构与间接货币政策转型》	李宏瑾
11	《直线幕僚体系、异常管理决策与企业动态能力》	杜长征
12	《中国产业转移的区域福利效应研究》	孙浩进
13	《中国低碳经济发展与低碳金融机制研究》	乔海曙
14	《中国地方政府绩效管理研究》	朱衍强
15	《中国工业经济运行效益分析与评价》	张航燕
16	《中国经济增长：一个"破坏性创造"的内生增长模型》	韩忠亮
17	《中国老年收入保障体系研究》	梅　哲
18	《中国农民工的住房问题研究》	董　昕
19	《中美高管薪酬制度比较研究》	胡　玲
20	《转型与整合：跨国物流集团业务升级战略研究》	杜培枫

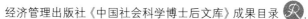

第三批《中国社会科学博士后文库》(2014 年出版)

序号	书　名	作　者
1	《程序正义与人的存在》	朱　丹
2	《高技术服务业外商直接投资对东道国制造业效率影响的研究》	华广敏
3	《国际货币体系多元化与人民币汇率动态研究》	林　楠
4	《基于经常项目失衡的金融危机研究》	匡可可
5	《金融创新与监管及其宏观效应研究》	薛昊旸
6	《金融服务县域经济发展研究》	郭兴平
7	《军事供应链集成》	曾　勇
8	《科技型中小企业金融服务研究》	刘　飞
9	《农村基层医疗卫生机构运行机制研究》	张奎力
10	《农村信贷风险研究》	高雄伟
11	《评级与监管》	武　钰
12	《企业吸收能力与技术创新关系实证研究》	孙　婧
13	《统筹城乡发展背景下的农民工返乡创业研究》	唐　杰
14	《我国购买美国国债策略研究》	王　立
15	《我国行业反垄断和公共行政改革研究》	谢国旺
16	《我国农村剩余劳动力向城镇转移的制度约束研究》	王海全
17	《我国吸引和有效发挥高端人才作用的对策研究》	张　瑾
18	《系统重要性金融机构的识别与监管研究》	钟　震
19	《中国地区经济发展差距与地区生产率差距研究》	李晓萍
20	《中国国有企业对外直接投资的微观效应研究》	常玉春
21	《中国可再生能源决策支持系统中的数据、方法与模型研究》	代春艳
22	《中国劳动力素质提升对产业升级的促进作用分析》	梁泳梅
23	《中国少数民族犯罪及其对策研究》	吴大华
24	《中国西部地区优势产业发展与促进政策》	赵果庆
25	《主权财富基金监管研究》	李　虹
26	《专家对第三人责任论》	周友军

第四批《中国社会科学博士后文库》（2015年出版）

序号	书　名	作　者
1	《地方政府行为与中国经济波动研究》	李　猛
2	《东亚区域生产网络与全球经济失衡》	刘德伟
3	《互联网金融竞争力研究》	李继尊
4	《开放经济视角下中国环境污染的影响因素分析研究》	谢　锐
5	《矿业权政策性整合法律问题研究》	郗伟明
6	《老年长期照护：制度选择与国际比较》	张盈华
7	《农地征用冲突：形成机理与调适化解机制研究》	孟宏斌
8	《品牌原产地虚假对消费者购买意愿的影响研究》	南剑飞
9	《清朝旗民法律关系研究》	高中华
10	《人口结构与经济增长》	巩勋洲
11	《食用农产品战略供应关系治理研究》	陈　梅
12	《我国低碳发展的激励问题研究》	宋　蕾
13	《我国战略性海洋新兴产业发展政策研究》	仲雯雯
14	《银行集团并表管理与监管问题研究》	毛竹青
15	《中国村镇银行可持续发展研究》	常　戈
16	《中国地方政府规模与结构优化：理论、模型与实证研究》	罗　植
17	《中国服务外包发展战略及政策选择》	霍景东
18	《转变中的美联储》	黄胤英

第五批《中国社会科学博士后文库》（2016 年出版）

序号	书　名	作　者
1	《财务灵活性对上市公司财务政策的影响机制研究》	张玮婷
2	《财政分权、地方政府行为与经济发展》	杨志宏
3	《城市化进程中的劳动力流动与犯罪：实证研究与公共政策》	陈春良
4	《公司债券融资需求、工具选择和机制设计》	李　湛
5	《互补营销研究》	周　沛
6	《基于拍卖与金融契约的地方政府自行发债机制设计研究》	王治国
7	《经济学能够成为硬科学吗？》	汪毅霖
8	《科学知识网络理论与实践》	吕鹏辉
9	《欧盟社会养老保险开放性协调机制研究》	王美桃
10	《司法体制改革进程中的控权机制研究》	武晓慧
11	《我国商业银行资产管理业务的发展趋势与生态环境研究》	姚　良
12	《异质性企业国际化路径选择研究》	李春顶
13	《中国大学技术转移与知识产权制度关系演进的案例研究》	张　寒
14	《中国垄断性行业的政府管制体系研究》	陈　林

第六批《中国社会科学博士后文库》（2017年出版）

序号	书　名	作　者
1	《城市化进程中土地资源配置的效率与平等》	戴媛媛
2	《高技术服务业进口对制造业效率影响研究》	华广敏
3	《环境监管中的"数字减排"困局及其成因机理研究》	董　阳
4	《基于竞争情报的战略联盟关系风险管理研究》	张　超
5	《基于劳动力迁移的城市规模增长研究》	王　宁
6	《金融支持战略性新兴产业发展研究》	余　剑
7	《粮食流通与市场整合——以乾隆时期长江中游为中心的考察》	赵伟洪
8	《文物保护绩效管理研究》	满　莉
9	《我国开放式基金绩效研究》	苏　辛
10	《医疗市场、医疗组织与激励动机研究》	方　燕
11	《中国的影子银行与股票市场：内在关联与作用机理》	李锦成
12	《中国应急预算管理与改革》	陈建华
13	《资本账户开放的金融风险及管理研究》	陈创练
14	《组织超越——企业如何克服组织惰性与实现持续成长》	白景坤

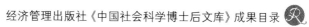

第七批《中国社会科学博士后文库》（2018 年出版）

序号	书　名	作　者
1	《行为金融视角下的人民币汇率形成机理及最优波动区间研究》	陈　华
2	《设计、制造与互联网"三业"融合创新与制造业转型升级研究》	赖红波
3	《复杂投资行为与资本市场异象——计算实验金融研究》	隆云滔
4	《长期经济增长的趋势与动力研究：国际比较与中国实证》	楠　玉
5	《流动性过剩与宏观资产负债表研究：基于流量存量一致性框架》	邵　宇
6	《绩效视角下我国政府执行力提升研究》	王福波
7	《互联网消费信贷：模式、风险与证券化》	王晋之
8	《农业低碳生产综合评价与技术采用研究——以施肥和保护性耕作为例》	王珊珊
9	《数字金融产业创新发展、传导效应与风险监管研究》	姚　博
10	《"互联网+"时代互联网产业相关市场界定研究》	占　佳
11	《我国面向西南开放的图书馆联盟战略研究》	赵益民
12	《全球价值链背景下中国服务外包产业竞争力测算及溢出效应研究》	朱福林
13	《债务、风险与监管——实体经济债务变化与金融系统性风险监管研究》	朱太辉

第八批《中国社会科学博士后文库》（2019 年出版）

序号	书　名	作　者
1	《分配正义的实证之维——实证社会选择的中国应用》	汪毅霖
2	《金融网络视角下的系统风险与宏观审慎政策》	贾彦东
3	《基于大数据的人口流动流量、流向新变化研究》	周晓津
4	《我国电力产业成本监管的机制设计——防范规制合谋视角》	杨菲菲
5	《货币政策、债务期限结构与企业投资行为研究》	钟　凯
6	《基层政区改革视野下的社区治理优化路径研究：以上海为例》	熊　竞
7	《大国版图：中国工业化 70 年空间格局演变》	胡　伟
8	《国家审计与预算绩效研究——基于服务国家治理的视角》	谢柳芳
9	《包容型领导对下属创造力的影响机制研究》	古银华
10	《国际传播范式的中国探索与策略重构——基于会展国际传播的研究》	郭　立
11	《唐代东都职官制度研究》	王　苗

第九批《中国社会科学博士后文库》（2020年出版）

序号	书　名	作　者
1	《中度偏离单位根过程前沿理论研究》	郭刚正
2	《金融监管权"三维配置"体系研究》	钟　震
3	《大股东违规减持及其治理机制研究》	吴先聪
4	《阶段性技术进步细分与技术创新效率随机变动研究》	王必好
5	《养老金融发展及政策支持研究》	娄飞鹏
6	《中等收入转型特征与路径：基于新结构经济学的理论与实证分析》	朱　兰
7	《空间视角下产业平衡充分发展：理论探索与经验分析》	董亚宁
8	《中国城市住房金融化论》	李　嘉
9	《实验宏观经济学的理论框架与政策应用研究》	付婷婷

《中国社会科学博士后文库》
征稿通知

为繁荣发展我国哲学社会科学领域博士后事业，打造集中展示哲学社会科学领域博士后优秀研究成果的学术平台，全国博士后管理委员会和中国社会科学院共同设立了《中国社会科学博士后文库》（以下简称《文库》），计划每年在全国范围内择优出版博士后成果。凡入选成果，将由《文库》设立单位予以资助出版，入选者同时将获得全国博士后管理委员会（省部级）颁发的"优秀博士后学术成果"证书。

《文库》现面向全国哲学社会科学领域的博士后科研流动站、工作站及广大博士后，征集代表博士后人员最高学术研究水平的相关学术著作。征稿长期有效，随时投稿，每年集中评选。征稿范围及具体要求参见《文库》征稿函。

联系人：宋　娜
电子邮箱：epostdoctoral@126.com
通讯地址：北京市海淀区北蜂窝 8 号中雅大厦 A 座 11 层经济管理出版社掌尚文化分社
邮编：100038

经济管理出版社